ein Ullstein Buch

ein Ullstein Buch
Nr. 20017
im Verlag Ullstein GmbH,
Frankfurt/M – Berlin – Wien
Titel der Originalausgabe:
To Jerusalem and back.
A personal account
Aus dem Amerikanischen
von Walter Hasenclever

Ungekürzte Ausgabe

Umschlagentwurf: Jürgen Spohn

Printed in Germany 1979
Gesamtherstellung: Mohndruck
Reinhard Mohn GmbH, Gütersloh
ISBN 3 548 20017 6

CIP-Kurztitelaufnahme
der Deutschen Bibliothek

Bellow, Saul:

Nach Jerusalem und zurück: e. persönl. Bericht/Saul Bellow. [Aus d. Amerikan. von Walter Hasenclever]. – Ungekürzte Ausg. – Frankfurt/M, Berlin, Wien: Ullstein, 1979.
([Ullstein-Bücher] Ullstein-Buch; Nr. 20017) Einheitssacht.: To Jerusalem and back«dt.»
ISBN 3-548-20017-6

Saul Bellow

Nach Jerusalem und zurück

Ein persönlicher Bericht

ein Ullstein Buch

Sicherheitsvorkehrungen sind streng bei Flügen nach Israel, die Koffer werden durchsucht, die Männer abgetastet, und die Frauen werden vorn und achtern von einem über sie gleitenden elektronischen Reifen geprüft. Dann wird das Handgepäck geöffnet. Niemand ist sehr geduldig. Die Sicht in der Warteschlange ist schlecht wegen der vielen Chassiden, die sich auf den Flugplatz Heathrow gesenkt haben, mit ihren breiten Hüten und Bärten und Schläfenlocken und baumelnden Schaufäden, und die viel zu geschäftig sind, um in der Schlange zu warten, sondern statt dessen mit Gesten und Geschrei ein- und ausscheren. Die Gänge wimmeln von ihnen. Etwa zweihundert Chassiden fliegen nach Israel, um die Beschneidung des erstgeborenen Sohnes ihres geistlichen Führers, des Belzer Rabbi, mitzufeiern. Als meine Frau und ich die 747 betreten, werden wir von Augen bestrichen, die dunkel in haarigem Hinterhalt liegen. Für mich sind diese Hüte, Schläfenlocken und Schaufäden nichts Fremdes. Es ist eine Rückkehr in meine Kindheit. Im Alter von sechs Jahren trug ich selbst ein Tallith Katan oder den Gebetsmantel ersetzende Schaufäden unter dem Hemd, nur war meiner ein Stück grünbedruckter Kattun, während ihr Gebetsmantel aus weißem Leinen ist. Gott gebot Moses, mit den Kindern Israel zu reden und »zu sprechen, daß sie sich Quasten machen an den Zipfeln ihrer Kleider . . . und blaue Schnüre auf die Quasten an die Zipfel tun«. Daher tragen sie sie noch etwa viertausend Jahre später. Wir finden unsere Plätze, zwei in einer Dreierreihe, im hinteren Teil des Flugzeugs. Der dritte Platz ist von einem jungen Chassid besetzt, der sehr erregt ist und mich anstarrt.

»Sprechen Sie jiddisch?« fragt er.

»Ja, gewiß.«

»Ich kann nicht neben Ihrer Frau sein. Bitte sitzen Sie zwischen uns. Seien Sie so gut«, sagt er.

»Ja, natürlich.«

Ich nehme den Mittelplatz, den ich nicht mag, aber ich bin tatsächlich darüber nicht verärgert. Eher neugierig. Unser Chassid ist Ende Zwanzig. Er ist verpickelt, sein Hals ist dünn, seine blauen Augen stehen vor, seine Unterlippe hängt. Er bemüht sich nicht um ein zivilisiertes Gesicht. Gedanken und Impulse, die mit Zivilisation nichts zu tun haben – keineswegs niedrige Impulse und Gedanken – beherrschen es. Und obwohl es ihm nicht erlaubt ist, neben einer ihm nicht verwandten Frau zu sitzen oder sie anzusehen oder irgendeine Verbindung mit ihr aufzunehmen (was ihm alles wahrscheinlich eine ganze Menge Kummer erspart), sieht er aus wie ein gutherziger junger Mann, und er ist sichtlich vergnügt. Alle Chassiden sind vergnügt, denn sie drängen sich durch die Gänge, besuchen einander, stehen ungeduldig in den langen Schlangen vor den Toiletten, sind freundlich und geschäftig wie die Gänse. Sie beachten keine Leuchtzeichen. Verstehen sie kein Englisch? Die Stewardessen sind wütend auf sie. Ich frage eine von ihnen, wann ich erwarten kann, einen Drink serviert zu kriegen, und sie ruft ärgerlich: »Zurück mit Ihnen auf Ihren Platz!« Sie sagt das mit so durchdringender Stimme, daß ich mich zurückziehe. Nicht so die frohgestimmten Chassiden, die allerorten ein fröhliches Geschrei machen. Die Anordnungen dieser jungen, christlichen, uniformierten Weiber bedeuten ihnen nichts. Für sie sind das bloß Angestellte, exotische *bediener,* praktisch körperlos.

Da ich Schwierigkeiten ahne, bitte ich die Stewardess, mir ein koschere Lunch zu servieren. »Das kann ich nicht, wir haben nicht mal genug für *die*«, sagt sie. »Wir waren nicht darauf vorbereitet.« Ihre großen britischen Augen sind gekränkt, und ihr Busen schwillt vor Ärger. »Wir müssen extra den Umweg über Rom machen, um mehr von ihren Spezialmahlzeiten zu holen.«

Belustigt fragt mich meine Frau, warum ich einen koscheren Lunch bestellt habe. »Weil dieser Junge mit dem Bart Zustände kriegt, wenn sie mir mein Hühnerfleisch bringen«, erkläre ich.

Und so kommt es auch. Das Huhn der British Airways liegt kalt und tot vor mir. Aber nach drei Stunden Sicherheitsübungen in Heathrow bin ich hungrig. Der junge Chassid fährt zurück, als mir das Tablett gereicht wird. Er spricht mich wieder auf jiddisch an. Er sagt: »Ich muß mit Ihnen sprechen. Sie werden's mir nicht verübeln?«

»Nein. Ich glaube kaum.«

»Vielleicht werden Sie mich ins Gesicht schlagen wollen.«

»Warum sollte ich?«

»Sie *sind* ein Jude. Sie müssen ein Jude sein, wir sprechen jiddisch. Wie können Sie *das* essen?!«

»Es sieht scheußlich aus, nicht wahr?«

»Sie dürfen's nicht anrühren. Meine Frauen zu Hause haben mir koschere Rindfleischsandwiches eingepackt. Ist Ihre Frau jüdisch?«

Hier fühlte ich mich verpflichtet zu lügen. Alexandra ist Rumänin. Aber ich kann ihm nicht zu viele Schocks auf einmal versetzen, und ich sage: »Sie ist nicht im jüdischen Glauben aufgezogen worden.«

»Sie spricht nicht jiddisch?«

»Kein Wort. Aber entschuldigen Sie mich, ich möchte jetzt meinen Lunch essen.«

»Wollen Sie statt dessen etwas von meinem koscheren Essen? Mir zu Gefallen?«

»Mit Vergnügen.«

»Dann will ich Ihnen ein Sandwich geben, aber nur unter einer Bedingung. Sie dürfen nie – nie – wieder *trephena*-Speise essen.«

»Das kann ich Ihnen nicht versprechen. Sie verlangen zu viel. Und nur für ein Sandwich.«

»Ich habe eine Pflicht Ihnen gegenüber«, sagt er zu mir. »Darf ich Ihnen einen Vorschlag machen?«

»Aber bitte.«

»Dann wollen wir einen Handel schließen. Ich bin bereit, Sie zu bezahlen. Wenn Sie für den Rest Ihres Lebens ausschließlich koscher essen, schicke ich Ihnen wöchentlich fünfzehn Dollar.«

»Das ist sehr großzügig«, sage ich.

»Nun, Sie sind ein Jude«, sagt er. »Ich muß versuchen, Sie zu retten.«

»Womit verdienen Sie Ihr Geld?«

»In einer chassidischen Pulloverfabrik in New Jersey. Wir sind dort alle Chassiden. Der Chef ist Chassid. Ich bin vor fünf Jahren aus Israel gekommen, um in New Jersey zu heiraten. Mein Rabbi ist in Jerusalem.«

»Wie kommt es, daß Sie kein Englisch können?«

»Wozu brauche ich Englisch? Ich frage also: wollen Sie meine fünfzehn Dollar nehmen?«

»Koscheres Essen ist viel teurer als andere Speisen«, sage ich. »Fünfzehn Dollar sind nicht annähernd genug.«

»Ich kann bis zu fünfundzwanzig gehen.«

»Ich kann von Ihnen kein solches Opfer annehmen.«

Achselzuckend gibt er auf, und ich wende mich meinem zwiefach ungeliebten Huhn zu und esse schuldbewußt. Der Appetit ist mir verdorben. Der junge Chassid öffnet sein Gebetbuch. »Er ist so inbrünstig«, sagt meine Frau. »Ob er wohl für dich betet?« Sie belächelt mein Unbehagen.

Sobald die Tabletts abgeräumt sind, blockieren die Chassiden die Gänge mit ihrem Mintschah-Gottesdienst, wiegen sich und recken die Hälse empor. Das Band des gemeinsamen Gebets ist sehr stark. Das hat die Juden über Tausende von Jahren zusammengehalten. »Sie gefallen mir«, sagt meine Frau. »Sie sind so voller Leben, so kindlich.«

»Du würdest deine liebe Not haben, mit ihnen zu leben«, sage ich ihr. »Du müßtest alles so tun, wie sie's tun; da gibt's keine Wahl.«

»Aber sie sind fröhlich, und sie sind warm und natürlich. Ich liebe ihre Kostüme. Könntest du dir nicht einen von diesen bildschönen Hüten beschaffen?«

»Ich weiß nicht, ob sie sie an Außenseiter verkaufen.«

Als der Chassid nach den Gebeten zu seinem Platz zurückkehrt, erzähle ich ihm, daß meine Frau, eine Gelehrte, an der Hebrew University in Jerusalem Vorlesungen halten wird.

»Was ist sie?«

»Mathematikerin.«

Er ist verwirrt. »Was ist das?« fragt er.

Ich versuche, es zu erklären.

Er sagt: »Ich habe noch nie davon gehört. Was tun die denn nun in Wirklichkeit?«

Ich bin erstaunt. Ich wußte, daß er ein Naiver war, aber ich hätte nie geglaubt, daß er von so etwas nichts weiß. »Sie wissen also nicht, was Mathematiker sind. Wissen Sie, was ein Physiker ist? Kennen Sie den Namen Einstein?«

»Nie gehört. Wer ist das?«

Das ist zu viel für mich. Stumm lasse ich mir seinen Fall durch den Kopf gehen. Menschen mit offenen Ohren, mit einer Hirnkultur, die an alle Oberflächen rührt, haben von Einstein gehört. Aber wissen sie, was sie gehört haben? Die Mehrheit weiß es nicht. Diese Chassiden wollen es nicht wissen. Schließlich öffne ich ein Taschenbuch und versuche, mich in bloße Politik zu verlieren. Ein Dutzend Chassiden in der Schlange vor der Toilette starrt auf uns nieder.

Wir landen und quellen aus dem Flugzeug und gehen unsere getrennten Wege. Am Gepäckkarussell sehe ich meinen jungen Chassiden wieder, und wir tauschen einen letzten Blick. In mir sieht er, was für Mißgebilde das moderne Zeitalter aus Abrahams Samen hervorbringen kann. In ihm sehe ich ein Stück Geschichte, eine Antiquität. Es ist etwa so, wie wenn die Puritaner in der Kleidung des siebzehnten Jahrhunderts und mit den Sitten des siebzehnten Jahrhunderts noch in Boston oder Plymouth lebten. Israel, das uns unparteiisch aufnimmt, ist seltsame Ankömmlinge gewöhnt. Aber Israel ist auch wieder etwas anderes.

Wir wohnen in Israel als Gäste des Mischkenot Scha'ananim, der Behausung feierlicher Muße. Bürgermeister Teddy Kollek, unverwüstlicher Organisator wundervoller Ereignisse (einige davon zu üppig für mein Blut) führt uns zum Essen zu einem der armenischen Erzbischöfe in der Altstadt. Auf der Dachterrasse der luxuriösen Wohnung stehen Kübel mit duftenden Blumen. Der Mond ist beinahe voll. Unten ist die Kirche, die teilweise bis ins vierte Jahrhundert zurückreicht. Der Erzbischof ist, um ein altmodisches Wort zu gebrauchen, ein behäbiger Mann. Seine Soutane, dunkelrot, schwillt mit seinem Leib. Auf der Brust sind zwei Kugelschreiber zwischen den Knöpfen festgeklemmt. Er hat ein jugendliches, kluges Gesicht, einen schwarzen Bart, klein und adrett. Die Augen sind grün. Anwesend sind Isaac Stern, Alexander Schneider, ehemals Mitglied des Budapester Streichquartetts, Kolleks Sohn Amos; zwei israelische Ehepaare, die ich nicht identifizieren kann, und der ausländische Korrespondent von *Le Monde*, Michel Tatu. Im Wohnzimmer des Erzbischofs befinden sich goldene Ikonen. In beleuchteten Schaukästen sieht man antike Gegenstände. Ich kann mich selten für solche Kästen und Gegenstände begeistern. Armenier mittleren Alters servieren Getränke und bedienen uns. Sie tragen fürchterlich auffallende Hemden, blaugrün mit roten Beeren gesprenkelt, aber sie machen auf mich den Eindruck von netten Burschen und sind sauber und gewandt am Tisch. Das Gespräch ist schnell und übermäßig allwissend. Auf französisch, englisch, hebräisch und gelegentlich auf russisch. (Tatu, der jahrelang in Moskau gelebt hat, unterhält sich russisch mit Stern und Schneider.) Der Erzbischof, der die Auberginen und die Lammkeule eigenhändig zubereitet hat, verrät den Anwesenden seine Rezepte. Er und Kollek sprechen über Gewürze. Schneider beschwört die Erinnerung an einen großen armenischen Musiker und Lehrer (seinen eigenen Lehrer) mit Namen Dirian Alexanian, den Herausgeber von Bachs Suiten für Cello Solo und intolerantesten Perfektionisten – »Genau so pingelig mit Musik wie andere Leute mit Gewürzen. Als Pablo Casals einmal einige dieser Suiten gespielt hatte, sagte Alexanian ihm: ›Sie haben drei schlimme Fehler gemacht. Grauenhaft.‹ Casals hat nicht geantwortet. Er wußte, daß Alexanian recht hatte.«

Tatu, ein blasser Mann mit üppigem schwarzem Haar, ist einer jener klein gewachsenen Leute, die gelernt haben, sich gegen große zu behaupten. Er sitzt da mit einer Gelassenheit, die diese Art von Spannung tarnt. Seine Zeitung ist Israel nicht freundlich gesinnt. Zwei- oder dreimal überlege ich mir, ob ich einen Brief erwähnen soll, den ich während des Krieges von 1973 wegen der von Frankreich eingenommenen Haltung an *Le Monde* geschrieben habe. Ich möchte ihn fragen, warum er nicht abgedruckt worden ist. Aber es gelingt mir, das zu unterdrücken – ein Triumph über mich selbst. Zudem sieht Tatu nicht so aus, als hätte er ein leichtes Leben, und ich sehe nicht ein, warum ich ihm sein Abendessen in Jerusalem verderben soll – in sein Tagebuch wird es wahrscheinlich eingehen als »Ein bezaubernder Abend in *le proche orient* mit einem armenischen Erzbischof«. Ich will ihn sein Essen genießen lassen. In dem Bemühen, eine gemeinsame Basis mit meiner Frau zu finden (ein löblicher Wunsch), erzählt er ihr, daß auch er rumänischer Herkunft ist. Das kann er ungestraft sagen, denn seine Familie ist im siebzehnten Jahrhundert nach Frankreich eingewandert. Worauf es vor allem ankommt, ist französisch zu sein oder eine gute lange Zeit französisch gewesen zu sein. Und französisch ist er ganz entschieden. Aber ich bemerke, daß der Erzbischof ihm einen Tadelstrich gibt, weil er sich nach dem Hauptgang eine Zigarette anzündet. Das ist *inculte*. Wirklich kultivierte Menschen rauchen nicht am Eßtisch. Man weiß nie, wen man sich in seinen Palast einlädt.

Der Erzbischof sieht tatsächlich sehr gut aus mit seinen vollen Wangen, seinen langen, klaren, dunkelgrünen Augen und dem kurzen starken Bart. Seine Kirche ist verehrungswürdig reich und schön. Sie enthält das Haupt von Jakobus, dem Bruder des Johannes, und viele Reliquien. Das Haus von Annas, wo Jesus verhört und gegeißelt wurde, liegt innerhalb des Gebäudekomplexes. Die Manuskriptsammlung der Kirche ist die größte außerhalb der Sowjetrepublik Armenien. Die antiken Kacheln sind herrlich. Aber alle diese Dinge sind irgendwie äußerlich. Wir Außenseiter sind nicht *gefestigt* genug, um sie zu schätzen. Wir haben unsere Art der Einschätzung von den Viktorianern übernommen, von einer Zeit der Sicherheit und Muße, als es Abendessensgästen nicht im Traum eingefallen wäre, nach dem Hauptgang zu rauchen, als Levantiner Levantiner waren und Kultur noch Kultur. Aber was bedeuten in unserer Zeit von Panzerüberfällen am Jom-Kippur-Tag, von Vietnam, von Watergate, Manson, Amin, Terroristenmassakern bei den

Olympischen Spielen illuminierte Manuskripte, was bedeuten Meisterwerke der Schmiedeeisenkunst, was bedeuten heilige Stätten?

Wir kommen bald auf zeitgeschichtliche Themen zu sprechen. Ein Anruf für den Erzbischof; er entschuldigt sich zweisprachig; als er zurückkommt, erzählt er uns, daß er mit einem seiner libanesischen Freunde gesprochen hat, der aus Zypern oder Griechenland angerufen hat. Er setzt sich und sagt, daß der Einfluß von Jassir Arafat offenbar geschwächt und im Abnehmen sei. Arafat sei nicht imstande, das klassische Guerillaschema auszuführen und die Massen in den Kampf zu ziehen. Dann sagt jemand, es könne nicht mehr lange dauern, bis die Russen Arafat abschreiben. Sie hätten unzweifelhaft ihren Mißerfolg in der arabischen Welt erkannt und könnten sich sogar darauf einstellen, wieder diplomatische Beziehungen mit Israel aufzunehmen. Die meisten Gäste sind sich einig, daß Rußland durch seine schweren inneren Schwierigkeiten gezwungen werden könnte, sich von Syrien abzukehren. Ja, es könnte sogar gezwungen werden, sich ganz vom Nahen Osten abzusetzen und sich auf seine inneren Probleme zu konzentrieren. Die Getreidekäufe von Amerika seien vielleicht nicht ausreichend. Um einen Zusammenbruch zu vermeiden, könnten die Russen zu einem Krieg mit China getrieben werden. Der Außenminister Henry Kissinger habe die Auseinandersetzung um den Nahen Osten gewonnen, indem er Ägypten ins amerikanische Lager gezogen habe. Er sei ein Genie. Die Russen seien in Bedrängnis, vielleicht schon auf dem Rückzug.

Ich höre derartige Gespräche schon ein halbes Jahrhundert lang. Ich erinnere mich gut, was intelligente, gut unterrichtete Leute über die letzten Jahre der Weimarer Republik gesagt haben, was sie einander in den ersten Tagen vorschwatzten, nachdem Hindenburg Hitler eingesetzt hatte. Ich erinnere mich an Tischgespräche aus der Zeit von Léon Blum und Edouard Daladier. Ich erinnere mich, was die Leute über das italienische Abenteuer in Äthiopien, über den Spanischen Bürgerkrieg und über die Schlacht um England gesagt haben. Intelligente Diskussionen dieser Art haben nicht *immer* unrecht gehabt. Falsch daran ist, daß die Diskutanten unweigerlich ihre eigene Intelligenz auf das übertragen, was sie diskutieren. Später zeigen dann historische Studien, daß beim sächlichen Geschehen eine solche Intelligenz fehlte. Sie fehlte im flandrischen Feldzug und in Versailles, fehlte, als die Ruhr besetzt wurde, fehlte in Teheran, Jalta und Potsdam, fehlte vor, während und nach der »Endlösung«. Geschichte und Politik gleichen in keiner Weise den Vorstellungen, die von intelligenten und informierten Menschen entwickelt worden sind. Tolstoj hat das auf den ersten Seiten von *Krieg und Frieden* klargemacht. In Anna Schérers Salon diskutieren die vornehmen Gäste über den Skandal von Napoléon und den Herzog von Enghien, und Prinz Andrej sagt, daß schließlich ein großer Unterschied bestehe zwischen Napoléon dem Kaiser und Napoléon der Privatperson. Es gebe *raisons d'état* und Privatverbrechen. Und das Gespräch geht weiter. Was sich in allen zivilisierten Diskussionen verewigt hat, ist das Ritual der zivilisierten Diskussion.

Tatu ist in bezug auf die Russen mit dem Erzbischof einer Meinung. Dort also liegt, wie man in Chicago sagt, das *smart money*, das Geld der Eingeweihten. Der Vatikan ist das nächste Thema und erfährt eine ähnliche Behandlung. Einige armenische Prälaten sind zum Kaffee erschienen und nehmen an der Dikussion teil. Irgendwer macht die Bemerkung, daß die Kirche den Erfolg anbetet und immer der Mehrheit nachläuft. Man sehe nur, was sie jetzt mit den Ländern des Warschauer Paktes tue, sie mache Geschäfte mit den Kommunisten. Würde der Papst, falls der Kommunismus Italien überrollen sollte, nach Jerusalem ziehen? Eher, sagt einer der Prälaten, würde er in Rom bleiben und Parteisekretär werden. Und da sind wir nun, Kissinger hat die russische Nahostpolitik völlig zunichte gemacht, und der Papst ist im Begriff, den Vatikan mit dem Kreml zu vertauschen. Der Nachtisch wird serviert.

In meinem Brief an *Le Monde* hatte ich gesagt, daß es in der französischen Tradition zwei Einstellungen zu den Juden gebe: eine revolutionäre Haltung, die ihnen das Bürgerrecht verliehen habe, und eine antisemitische. Die geistigen Führer der Aufklärung seien entschieden antisemitisch gewesen. Ich fragte, welche dieser beiden Einstellungen im Frankreich des zwanzigsten Jahrhunderts die Oberhand behalten werde – des Jahrhunderts der Dreyfus-Affäre und der Vichy-Regierung. Der Außenminister Maurice Jobert habe im Oktoberkrieg von 1973 die Position vertreten, daß die palästinensischen Araber den naturgegebenen und gerechtfertigten Wunsch hätten, »heim« zu kehren. Ich habe, höflich, die Hoffnung ausgedrückt, daß die andere Einstellung, die revolutionäre, nicht aufgegeben werde. Ich habe dafür gesorgt, daß mein Brief nicht verlorenging. Eugène Ionescu hat den Herausgebern ein Exemplar gegeben; ein zweites wurde ihnen von Mannès Sperber, dem Romancier, überreicht. Der Brief ist nie bestätigt worden.

Seit 1973 hat *Le Monde* offen die Partei der Araber in ihrem

Kampf gegen Israel ergriffen. Er unterstützt die Terroristen. Er ist Amin freundlicher gesinnt als Rabin. Eine kürzlich erschienene Besprechung der Autobiographie eines Fedajin spricht von den Israelis als »Kolonisten«. Am 3. Juli 1976, bevor Israel die Geiseln in Entebbe befreit hatte, bemerkte die Zeitung mit einiger Genugtuung, daß Amin »der beunruhigende Marschall«, über den alle herzögen, nun die Stütze und die Hoffnung seiner törichten Verleumder geworden sei. *Le Monde* frohlockte über diese Umkehr. Am 12. Juli, nach dem Überfall, wurde Israel bezichtigt, die Reaktionäre von Rhodesien und Südafrika durch seine Demonstration militärischer Überlegenheit und durch den Gebrauch westlicher Waffen und Technik ermutigt zu haben, so daß das Gleichgewicht zwischen reichen und armen Ländern gestört und die Arbeit von Männern in Paris beeinträchtigt sei, die mit gutem Willen versuchten, ein neues Klima zu schaffen und die Länder der Dritten Welt als Gleichberechtigte und Partner zu behandeln. Rhodesier und Südafrikaner, sagte *Le Monde,* feierten die Israelis mit Champagner. Aber wenn die Europäer den Überfall guthießen, so würde das die Pläne Frankreichs für eine neue internationale Ordnung gefährden. Am 4.-5. Juli, wiederum vor der Rettungsaktion, hatte *Le Monde* ohne Kommentar Witze gebracht, die Amin in einer Rede in Port Louis gerissen hatte. Vor einer Versammlung der OAS hatte Amin Gelächter und Beifall von den Abgeordneten geerntet, als er sagte, daß die Geiseln sich so behaglich fühlten, wie es unter den Umständen möglich sei – umgeben von Sprengkörpern. »Als ich abreiste«, sagte er lachend, »weinten die Geiseln und flehten mich an zu bleiben.« Damit erregte er Lachstürme.

Wir treten auf die Straße, und mein Freund David Schahar, dessen Brust breit ist, holt tief Atem und rät mir, ein Gleiches zu tun. Die Luft, ja selbst die Luft, ist in Jerusalem gedankenfördernd; die Weisen haben es selbst gesagt. Ich bin bereit, es zu glauben. Ich weiß, daß sie besondere Kräfte haben muß. Die Zartheit des Lichts berührt mich auch. Ich blicke hinab zum Toten Meer, über zerklüftete Felsen und kleine Häuser mit Zwiebeldächern. Sie haben die Farbe des Erdbodens, und auf diese seltsame Leblosigkeit drückt die schmelzende Luft mit einem fast menschlichen Gewicht. Etwas Verständliches, etwas Metaphysisches teilt sich durch diese Farben mit. Das Universum deutet sich selbst vor unseren Augen in der Offenheit des felsenübersäten Tales, das in totem Wasser endet. Anderswo stirbt man und zerfällt. Hier stirbt man und vermischt sich. Schahar führt mich abwärts vom Mischkenot Scha'ananim, das auf einer Erhöhung steht und auf den Berg Zion und die Altstadt blickt, nach dem Gai-Hinnom (der Dschehenna der Überlieferung), wo die Anhänger des Moloch einst ihre Kinder opferten. Er führt mich vom Gai-Hinnom hinauf zu einem alten Begräbnisplatz der Karäer, wo man die Vermischung selbst beobachten kann. Das wirkt sonderbar auf meine Nerven (sozusagen durch die Füße), weil ich fühle, das ein großer Teil dieses Staubes aus Menschenknochen gemahlen sein muß. Ich wüßte nicht, daß Jerusalem geologisch älter ist als andere Orte. Ich habe aber nie etwas so Altersgraues gesehen wie den hiesigen Dolomit und die Erde. Grau und versunken, wie in den Gedanken von Mr. Bloom in Joyces *Ulysses*. Aber nichts in der funkelnden Luft und in den schweren weißen Wolken, die über den eingesunkenen Bergen hängen, läßt an Erschöpfung denken. Diese Atmosphäre verleiht dem amerikanischen Gemeinplatz »out of this world« (nicht von dieser Welt) genügend Wahrheit, um die Seele zu beflügeln.

Die Stadtverwaltung hat Gai-Hinnom in einen Park verwandelt. Die Wolfson-Stiftung in London hat für die Anpflanzung der Gärten bezahlt, und arabische Kinder kicken einen Fußball in der grünen Talsohle. Vierzehnjährige Halbstarke aus Ost-Jerusalem rauchen Zigaretten, ziehen die Schultern zurück und üben sich in der Rolle der gefährlichen Lungerer, als wir vorbeigehen und Schahar derweil erklärt. Schahar ist kahl, muskulös, und sein Hemd ist mit Mustangs, Hufeisen und Zügeln geschmückt – gelber Druck auf Dunkelblau. Komisch, da er ein Schriftsteller und nachdenklicher Mann ist, alles andere als ein Pferdenarr. So sehen wir also in alte Grabhöhlen und in die Nischen, in die einst die Leichen gebettet wurden. Jetzt rosten hier die Kotflügel von Lastwagen, wodurch das zwanzigste Jahrhundert sein verrottendes Metall der großen Staubmischung von Jerusalem beifügt. Du kannst dich absolut darauf verlassen, sagt Schahar, daß der Prophet Jeremia hier vorbeigegangen ist. Genau da, wo wir stehen.

Ich finde in Elie Kedouries *Arabic Political Memoirs* Fakten über die amerikanische Diplomatie in den späten vierziger Jahren, die den meisten unbekannt sind. Ich habe sie bestimmt nicht gekannt.

Im Nahen Osten, und wahrscheinlich auch anderswo, haben sich die Vereinigten Staaten weitgehend auf Industrieberater und PR-Experten verlassen. Die amerikanische Firma Booz, Allen & Hamilton hat einen ihrer Spezialisten namens Miles Copeland an das State Department ausgeliehen, wo er im Jahr 1955 Mitglied einer »Middle East Policy Planning Committee« (Planungs-Ausschuß für Nahost-Politik) genannten Gruppe war, die vornehmlich die Aufgabe hatte – in seinen eigenen Worten – »Wege zur Nutzung der Freundschaft auszuarbeiten, die sich zwischen uns und Nasser anbahnte«*.

Im Jahr 1947 war Copeland nach Damaskus geschickt worden (»es wird nicht angegeben, von wem«, sagt Kedourie), um mit syrischen Führern »inoffizielle Kontakte aufzunehmen und Möglichkeiten der Überredung zu sondieren, damit sie aus eigenem Antrieb ihr politisches System liberalisieren«.

In ihrem Bestreben, Demokratie über die Welt zu verbreiten, bekämpften die Amerikaner zuerst Wahlschiebungen in Syrien, aber trotz Geld und Macht ging die alte Korruption weiter. Frustriert entschlossen sich die Amerikaner mit den besten Absichten, wie immer, zu einem gewichtigeren Schritt: »Der amerikanische Gesandte in Damaskus beschloß, einen militärischen *coup d'état* zu fördern, damit Syrien in den Genuß der Demokratie käme«, schreibt Kedourie. Das galt nicht als besonders ausgefallen; andere amerikanische Botschafter und Gesandte in der arabischen Welt waren durchaus für eine »echte« Revolution, um die alten Landbesitzer, reichen Betrüger und Politiker zu entmachten. »Gebraucht wurde eine Elite, um die Herrschenden zu stützen, und die dann ihrerseits von einer Bevölkerung getragen und gehalten wurde, die vermutlich die Ziele einer solchen Elite verstand, guthieß und legitimierte. Wer den Nahen Osten kennt, wird zugeben, daß ein solches Streben gewissermaßen die Suche nach dem politischen Stein der Weisen ist.«

Als die Amerikaner in Syrien Schiffbruch erlitten, machten sie sich an Ägypten. Kermit Roosevelt von der CIA »traf sich mit einer Anzahl Offiziere, die an der Verschwörung teilgenommen hatten, die zum *coup d'état* vom 22. Juli 1952 führte«. Die Amerikaner wünschten, daß das neue Regime der Bevölkerung Lesen und Schreiben beibringe, »eine große und tragfähige Mittelschicht« schaffe . . . »Eine ausreichende Identifikation mit örtlich gebunde-

* *The Game of Nations* (New York 1970)

nen Idealen und Werten, damit sich wahrhaft bodenständige demokratische Institutionen daraus entwickeln könnten«. Die Amerikaner, die damit in einen neuen politischen Bereich hineinschlitterten, besorgten Anleihen für die ägyptische Regierung. Sie glaubten, daß wahre Demokratie jetzt im Entstehen sei. James Eichelberger, ein Politologe des State Department, der bei J. Walter Thompson, einer der größten Reklame- und Public-Relations-Firmen der Welt, Manager der Kundenwerbung gewesen war, »wurde nach Kairo geschickt, wo er mit Nasser und seinen Beratern sprach und eine Anzahl von Berichten anfertigte, in denen die Probleme der neuen Regierung umrissen und Maßnahmen zu ihrer Behebung empfohlen wurden«. Einer dieser Berichte, die Eichelberger selbst verfaßt hat, wurde ins Arabische übersetzt, »von Mitgliedern in Nassers Stab kommentiert, und für Eichelberger ins Englische zurückübersetzt«. Dieses Dokument mit der Überschrift »Machtprobleme einer revolutionären Regierung« ging, nach Copeland, so lange »zwischen dem Englischen und Arabischen hin und her, bis eine endgültige Fassung gefunden wurde. Der endgültige Bericht wurde der Außenwelt als die Arbeit von Zakaria Mohjeddin vorgelegt, dem (in westlichen Augen) bedachtsamsten und vernünftigsten Vertreter Nassers, und wurde von den politischen Analytikern des Außenministeriums, der CIA und wahrscheinlich ähnlichen Stellen anderer Regierungen für bare Münze genommen.«

Wer hätte gedacht, daß ein früherer amerikanischer Kundenmanager schreiben könnte: »Die Polizei sollte ›politisiert‹ und soweit wie nötig ein paramilitärischer Partisanen-Arm der revolutionären Regierung werden«? Das ist Leninismus, unverdünnt, ohne Eis oder Angostura. Oder: »Das Nervenzentrum des gesamten Sicherheitssystems in einem revolutionären Staat (oder irgendeinem Staat) liegt in einem geheimen Gremium, dessen Identität – ja sogar dessen Vorhandensein – aus Sicherheitsgründen nur dem Staatsoberhaupt und der denkbar geringsten Zahl von anderen Schlüsselfiguren bekannt sein darf.« Jefferson hat gesagt, daß der Baum der Freiheit gelegentlich mit dem Blut von Patrioten und Tyrannen aufgefrischt werden muß. Wir müssen jetzt glauben, daß dieselbe romantische Überzeugung irgendwo in den Geschäftsräumen von J. Walter Thompson lebendig geblieben ist. Die Vereinigten Staaten sind schließlich das *ursprünglich* revolutionäre Land. Oder war Eichelberger nichts weiter als ein Manager, der einen Kunden erfreuen und ein Geschäft machen mußte – ein reiner Professioneller?

Oder gibt es inzwischen in der Welt ein naturgegebenes Verständnis von Revolution, Massenorganisation, Kadern, Polizeiherrschaft und geheimen Regierungsgremien? Das ist ein schrecklicher Verdacht. Natürlich behauptet der Bericht von Mr. Eichelberger und seinen ägyptischen Mitarbeitern, das Ziel von Nassers Machtergreifung sei »die Lösung dringlicher sozialer und politischer Probleme, die die Revolution nötig machte« gewesen.

Um Probleme zu lösen, um zu helfen, Freunde zu gewinnen, um Freiheit zu mehren. Um Amerikas Stellung zu stärken und zugleich Gutes zu tun; um die Sache einer universalen Gleichheit zu fördern, um der illusionslose, hartgesottene Bursche im Weltformat zu sein; zu bewegen, aufzurütteln, Schicksal zu spielen – oder vielleicht sich Phantasien von Allmacht hinzugeben, der nationenschaffende amerikanische Bevollmächtigte zu sein, der hinter den Szenen agiert und vertrauensvoll selbst mit dem bolschewistischen Feuer spielt.

Und welche Probleme wurden gelöst? Nasser hat keine Probleme bewältigt. Kedourie bezweifelt, daß er »für derartige Lektionen in Tyrannei den Schatz der amerikanischen politischen Wissenschaften zu Hilfe holen mußte. Was am erstaunlichsten bleibt«, sagte er, »ist die Frage, warum man glaubte, daß die Erteilung solcher Lektionen den Interessen der Vereinigten Staaten nützen oder dem Wohlergehen des ägyptischen Volkes dienen könnte.« Für einen Amerikaner ist die spannendste Frage die: Woher kommt diese Leidenschaft für Sozialtheorie bei den hohen Funktionären der Reklamewelt? Wie haben Managertypen jemals derartige Dinge gelernt?

Als ich gestern abend Faulkners *Schall und Wahn* las, stieß ich in Quentin Comsons Gedanken auf Worte, die zu E. E. Cummings und den dreißiger Jahren paßten, aber nicht zum Jahr 1910. »Land der Itzigs, Heim der Spaghettis«, sagt Compson zu sich, als er ein Stück Backwerk von einem kleinen italienischen Mädchen kauft. Das hätte ich ohne zu zucken in Chicago gelesen, aber in Jerusalem zuckte ich zusammen und legte das Buch weg. Als ich es am nächsten Tag wieder aufnahm, fand ich, daß Faulkner sich keines Verstoßes schuldig gemacht hatte. Es ist möglich, daß die Menschen um die Jahrhundertwende »Land der Itzigs« gesagt haben und Faulkner es nicht von Cummings übernommen hat. Ich hatte Schahar erzählt, als wir im Gai-Hinnom spazierengingen, es sei mir gegen den Strich gegangen, daß David Ben-Gurion bei einem seiner Besuche in den

Vereinigten Staaten die amerikanischen Juden aufgefordert habe, ihre Illusionen über eine Goi-Demokratie fahren zu lassen und eiligst nach Israel auszuwandern. Als ob Amerikas zweihundertjährige Geschichte einer liberalen Demokratie gar nichts bedeutete. Wenn Israel so regiert würde wie Ägypten oder Syrien, wäre ich dann überhaupt hergekommen?

Allerdings ist für strengere, linksgerichtete Kritiker, von denen einige Juden sind, Israel auch nicht die »demokratische Ausnahme«, als die es hingestellt wird. Die Neue Linke sieht es als ein reaktionäres kleines Land. Seine Widersacher erzählen einem, daß es seine arabische Bevölkerung, und in geringerem Maße jüdische Immigranten aus Nordafrika und dem Orient, mißhandele. Es wird gelegentlich von einigen Israelis als korrupt, »levantinisch« und theokratisch verschrien. Die schlimmsten finanziellen Betrügereien in Israel hätten ihren Ursprung bei den strengsten orthodoxen Juden, behauptet das Gerücht. Man hat mir oft gesagt, daß die alten Führer der Askenasi phantasielos seien, daß die neue Gruppe um Rabin keine Größe besitze, daß Ben-Gurion ein grauenhafter alter Mann, aber ein echter Führer gewesen sei, daß die jüngere Generation den nordafrikanischen und asiatischen Juden feindlich gesinnt sei. Diese nordafrikanischen und orientalischen Einwanderer werden bezichtigt, eine »Bakschisch-Mentalität« nach Israel eingeführt zu haben; die Intellektuellen werden bezichtigt, die Lebensqualität (ein beklagenswerter Ausdruck) verschlechtert zu haben – ich hatte gehofft, sechstausend Meilen von meiner Heimat nichts mehr von Lebensqualität hören zu müssen –, und dann gibt es die palästinensische Frage, die Israel am meisten und beharrlichsten Kopfzerbrechen bereitet: »Wir sind gekommen, um eine gerechte Gesellschaft aufzubauen. Und was passiert als erstes?«

Ich spreche darüber mit Schahar. Er sagt mir: »Wo es kein Paradox gibt, ist kein Leben.«

In Jakov Linds interessantem kurzem Buch über Israel wird Ben-Gurion mit dem Ausspruch zitiert: »Die Juden wissen kaum etwas von einer Hölle, die sie erwarten könnte. Ihre Hölle ist eine persönliche Unzufriedenheit mit sich selbst, wenn sie mittelmäßig sind.«* Die Juden stellen, wie allgemein bekannt, übermäßige Ansprüche an sich selbst und aneinander. Auch an die Welt. Ich

* *The Trip to Jerusalem* (New York 1973), dt. *Israel. Rückkehr für 28 Tage*, Berlin 1972

frage mich zuweilen, ob das der Grund ist, warum sie der Welt so unbehaglich sind. Zuweilen habe ich den Verdacht, daß die Welt froh wäre, ihr Christentum auf ewig los zu sein, und daß es die Beharrlichkeit der Juden ist, die dies verhindert. Ich sage dies in Erinnerung daran, daß Jacques Maritain den europäischen Antisemitismus des zwanzigsten Jahrhunderts einmal als den Versuch charakterisiert hat, die moralische Bürde des Christentums loszuwerden. Und was hat die Juden dazu geführt, sich nach dem größten Desaster ihrer Geschichte in eine Gefahrenzone zu begeben? Ein jüdischer Professor in Harvard sagte mir vor kurzem: »Wäre es nicht die schaurigste der Ironien, wenn sich die Juden zweckdienlich für eine zweite Endlösung in einem Land versammelt hätten?« Das ist ein Gedanke, der in jüdischen Köpfen gelegentlich auftaucht. Er ist von der weiteren Überlegung begleitet (teils stolz, zumeist bitter), daß wir Juden das Talent zu besitzen scheinen, den Kern der Krise zu finden.

Das Tal Jehosaphat mit seinen Gräbern. Eine enge Straße und an den Hängen unendliche Steinhalden. Höhlen, Gräber, Abfälle, heruntergestürzte Steinbrocken und in winzigen Schulzimmern arabische Jungen, die ihre Lektionen singen. Selbst im November ist die Gegend unangenehm warm. Die Jordanier haben eine Straße über jüdische Gräber gebaut. Die Stadtverwaltung von Jerusalem plant den Bau einer neuen Straße und will die jordanische abbrechen. Die Überreste aus der Zeit des Herodes sind genau das, was Überreste sein sollten – verunstaltete, zeitverwitterte Säulen, Absaloms Grab mit seinem Zwiebeldach und dem seltsamen Schornstein, der darüber spitz zuläuft. Die Heere der Toten in allen Richtungen, ohne Ende. Eine feine Sache für Zwangsvorstellungen: Beerdigung und Klage und unter den Mauern von Jerusalem liegen und warten, daß die Trompete des Messias ertönt. Ein paar arabische Hennen scharen im Staub und picken. Kein Frühstücksei kommt auf den Tisch, das nicht mit dem Tod gesprenkelt ist. Gruppen amerikanischer Mädchen laufen in Jeans den Hügel herunter, die Jacken mit den Ärmeln um die Taille gebunden. Oben zur Linken ein islamischer Friedhof. Das große Goldene Tor, das sich erst öffnen wird, wenn der Erlöser kommt, steht verschlossen. Dicht dahinter der Garten Gethsemane. Wie der Name sagt, war es ein Olivenhain. Jetzt wachsen dort Pinien, Zypressen und Eukalyptusbäume unter den Kuppeln der russisch-orthodoxen Kirche. Ihr gegenüber gibt es noch Oliven, die von Arabern mit langen Stangen geerntet werden. Sie schlagen auf die Zweige und fuchteln mit den Stangen in den Blättern, und die Früchte regnen nieder.

Als wir die Via Dolorosa hinaufgehen, hören wir ein aufregendes Geklingel. Arabische Jungen machen mit ihren Eseln ein Rennen hügelabwärts. Man sieht sich nach Schlitten und Frost um, wenn man dieses Gebimmel hört. Statt dessen sind es Jungen, ernst und fröhlich, die auf Teufel komm raus auf ihren Eseln zum Löwentor galoppieren.

»Von Ramlah nach Lydda geritten«, schrieb Hermann Melville in seinem Reisetagebuch von 1857. »... Eine berittene Eskorte von etwa dreißig Mann, alle bewaffnet. Gutes Reiten. Musketenschießen. Kurbettieren und Karakolieren der Reiter. Meisterreiter. Reiter, die ohne auf die Gefahr zu achten, einseitig reiten.« Und ein paar Tage später über die Dürre Judäas »weißlicher Meltau, der ganze Landstriche bedeckt – gebleicht – Aussatz – Verkrustung der Flüche – alter Käse – Gebeine von Felsen – zerstoßen, zernagt und zerkaut – bloßer Müll und Abfall der Schöpfung – wie das, was vor dem Tor von Jaffa liegt – ganz Judäa scheint aus solchen Abfallhaufen zu bestehen ... *Kein Moos wie in anderen Ruinen – keine Anmut des Verfalls – kein Efeu – die unverblümte Nacktheit des Trostlosen* – weißliche Asche – Kalköfen ... *Dörfer von Aussätzigen* – Häuser, der Mauer zugewandt – Zion. Ihr Park: ein Dunghaufen. – Sie sitzen am Tor und bitten um Almosen – winseln dann – Abscheu vor ihnen und Grauen ... *Wandern zwischen den Gräbern* – bis ich beginne, mich selbst für einen Teufelsbesessenen zu halten.«

Anwar Sadats Besuch in Amerika. Man muß das mit Israelis besprechen, bevor sie bereit sind, über etwas anderes zu reden. Eine empörte Bibliothekarin, eine Frau mittleren Alters, deren Gesicht so heiß ist, daß es beinahe den Duft der Entrüstung ausstrahlt, will von mir mit einem überkultivierten, fast schon aus Oxford stammenden Akzent wissen: »Wie erklären Sie sich das?«

Ich zucke die Achseln. Dies würde ich sagen, wenn ich ihr antworten würde: Amerikaner lieben es, ausländischen Besuchern ihr Herz zu öffnen. Diese Besucher werden manchmal behandelt, als seien sie die Helden aus Tausendundeiner Nacht. Wir wollen ihnen zeigen, wie gut wir alle sind, wie wohlmeinend und großzügig und aufgeschlossen und ausgewogen. Wir sind dann voller Gefühl, und die Besucher sind dann ihrerseits voller Gefühl, und wenn man sie getränkt und gefeiert und gespeist und getoastet und im Fernsehen übertragen und paradiert und beklatscht hat und die Gewährung einer Anleihe und einer atomaren Anlage und der militärischen Metallwaren besprochen worden ist, werden sie uns lieben. Ich hoffe, daß sie uns eine bessere Liebe schenken als wir ihnen, denn die unsere ist eine sehr geringwertige aufwallende Art von Pflanzenliebe, so kurzlebig wie spontan. Sobald sie weg sind, sind sie vergessen. Ein alter mormonischer Missionar im Nauvoo hat mich einmal fest am Knie gepackt, als wir nebeneinander saßen, seinen Arm um mich gelegt und mich »Bruder« genannt. Wir hatten uns erst vor zehn Minuten getroffen. Seine Augen begannen feucht zu werden. Ich war ein möglicher Kunde, ein exotischer Kunde in alten Tennisschuhen und einem Sweater. Sein Herz schlug mir entgegen. Es öffnete sich wie eine Kuckucksuhr. Aber es hat mir nicht mal die Tageszeit geboten.

»Aber wissen die Amerikaner denn nicht, daß Sadat ein Nazi war?« fragt die Bibliothekarin.

Doch, doch, gut informierte Leute haben diese Information in ihren Akten. Die *New York Times* hat sie bestimmt, aber die *Times*, wie ich sie sehe, ist eine Regierung innerhalb einer Regierung. Sie hat ihr eigenes Außenministerium, und ihre hohen Beratergremien haben sich wahrscheinlich entschieden, daß es im Augenblick politisch nicht opportun wäre, die Aufmerksamkeit auf Sadats Bewunderung für Hitler zu lenken.

Ich sage der Dame, daß ich die Kopie einer Lobrede auf Hitler, die Sadat im Jahr 1953 gehalten hat, an Sydney Gruson von der *Times* und gleichzeitig auch an Katherine Graham von der *Washington Post* geschickt hätte.

»Werden sie's abdrucken?« hat sie gefragt.

»Schwer zu sagen«, erkläre ich ihr. »Die *Times* müßte in der Politik eigentlich stärker sein als in der Literatur, aber wer weiß. Natürlich muß sie besonders stark in der Finanzsparte und im Sport sein. Wenn sie über Baseballspiele so schlecht berichtete, wie sie Bücher bespricht, dann würden die Fans sie stürmen wie die Bastille. Offenbar haben Leser von Büchern nicht die leidenschaftliche Intensität von Sportfans.«

Beunruhigend ist die Frage, ob die Amerikaner die Welt überhaupt verstehen, ob sie den Russen gewachsen sind – die Sadats sind an sich verhältnismäßig unwichtig. Für russische Dissidentenschriftsteller wie Lew Nawrosow können die Amerikaner es niemals mit den Russen aufnehmen. Er zitiert aus Dostojewskis »Aus einem Totenhaus« ein Gespräch zwischen dem Schriftsteller und einem brutalen Mörder, einem jener Verbrecher, die ihn faszinierten.* Ich habe das Buch nicht zur Hand und gebrauche daher meine eigenen Worte. »Warum bist du so gut zu mir«, fragt Dostojewski. Und der Mörder, der mit einem der Genies des neunzehnten Jahrhunderts spricht, antwortet: »Weil du so einfältig bist, daß man unwillkürlich mit dir Mitleid haben muß.« Selbst als er Dostojewski beraubte, hatte er Mitleid mit ihm wie mit einem »kleinen engelgleichen Kind.« Nawrosow, der außerordentlich intelligent, aber für einen Menschen aus dem Westen seltsam entstellt ist (wie könnte ein unabhängiger Intellektueller in der Sowjetunion der Entstellung entgehen?), sieht uns, die Amerikaner, als Kinder, die von den Stalins durch die Schnurrbartspitzen belächelt werden. Vielleicht steckt darin ein gewisser Vautrin-bewundernder Romantizismus. Dostojewski, kein übler Richter in solchen Dingen, meinte, daß sich für den Standpunkt des Mörders einiges anführen ließe.

Nawrosow weitet diesen Standpunkt aus. Die liberale Demokratie ist so kurzlebig wie eine Seifenblase. Hin und wieder beschenkt uns die Geschichte mit einer Periode der Freiheit und Zivilisation, und wir machen viel davon her. Wir vergessen, so denkt er anscheinend, daß wir als Gattung im allgemeinen dem »Naturzustand«, wie Hobbes ihn beschrieben hat, nahe sind – einem häßlichen, tierischen, erbarmungslosen Zustand, in dem die Menschen den Tod zu sehr fürchten, um viel an die Freiheit zu denken. Wenn Hobbes als Autorität zu »schick« ist, dann wollen wir die gesellschaftlichen Anschauungen von Jimmy Hoffa ins Auge fassen. Oder des *Paten.* Oder Lenins, wie ihn Nawrosow zutreffend charakterisiert. Und genau damit muß sich ein vor politischen Illusionen überschäumendes Amerika auseinandersetzen. So scheint es zumindest Nawrosow. Vielleicht ist Alexander Solschenizyn teilweise seiner Ansicht. Anscheinend neigen alle Russen dazu, uns so zu sehen. Mein eigener Vetter, Nota Gordon, der vor zwei Jahren die Sowjetunion verlas-

* *The Education of Lev Navrozov* (New York 1970)

sen hat, sagt zu mir: »Ihr seid denen nicht gewachsen. Ihr habt keine Ahnung, mit wem ihr's zu tun habt.«

Nota hatte den Rang eines Hauptmanns in der russischen Armee und kämpfte bis 1945 gegen die Deutschen. Er wurde dreimal schwer verwundet. Er hat die Familienähnlichkeit – die braunen Augen, gewölbten Augenbrauen, dunklen Teint und weißes Haar. Er hat überdies die Goldkronen der russischen Zahnarztkunst. Verbrecher, die während des Krieges aus dem Gefängnis entlassen wurden, haben in seiner Kompanie gedient. Nota spielt sich nicht auf, aber er ist vom Krieg gehärtet. Es wurde keine Verpflegung in die vordersten Linien geschickt. Man aß gefrorene Kartoffeln, man requirierte und stahl. Bei der Lebensmittelbeschaffung konnte man sich auf seine kriminellen Soldaten verlassen. »Ich hatte die absolute Autorität, jeden in meiner Befehlsgewalt zu töten. Auf eigene Verantwortung. Keine Erklärung nötig«, sagte Nota. Wir sind Vettern ersten Grades, aber er ist Russe, und ich bin Amerikaner, und aus seiner russischen Sicht ist der Amerikaner nett, gutmütig, vielleicht attraktiv, aber unterentwickelt, hilflos: alles, was Dostojewski für seinen Mitsträfling, den Mörder, gewesen ist.

Dennoch finde ich in einem Buch mit dem Titel *Things to Come*, daß zwei Amerikaner, die sich für alles andere als unterentwickelt und hilflos halten, Herman Kahn und B. Bruce-Briggs, von den russischen Leistungen nicht beeindruckt sind. »Am auffälligsten ist die enttäuschende Führung der sowjetischen Außen- und Innenpolitik seit Ende der fünfziger Jahre«, schrieben sie im Jahr 1972. »Auf dem Gebiet der Außenpolitik haben die Sowjets eine fast ununterbrochene Reihe von Niederlagen und Enttäuschungen erlitten. Es ist ihnen nicht gelungen, ihren Einfluß in Europa zu erweitern . . . Ihre Versuche, sich bei Indien und anderen neutralistischen Nationen einzuschmeicheln, haben ihnen wenig eingebracht . . . Fünfzehn Jahre lang hat die Sowjetunion im Nahen Osten die Araber gegen Israel unterstützt und sich dafür nichts als die Demütigung ihrer Schützlinge und die Eroberung ihres Rüstungsmaterials durch Israel eingehandelt. Die Araber haben keine Neigung zur kommunistischen Ideologie bewiesen, und ihr Öl fließt immer noch für den Westen. (Die einzige Alternative wäre für die Araber, ihr Öl im Boden zu lassen.)«

Ich schreibe dies zu meiner eigenen Belustigung ab – ein Beispiel illusionsloser amerikanischer Politanalyse. Diese Ansichten – kein Ersatz für gesunden Menschenverstand – gründen sich auf sorgfältige Kollektivforschung im Hudson Institute. Die Verfasser Kahn und Bruce-Briggs sagen in einer Vorbemerkung, daß ihr Buch »im Grunde ein Gemeinschaftsprodukt ist. Alle Angestellten von Hudson haben auf irgendeine Weise zu diesem Werk beigetragen, und dazu noch die Tausende von Menschen, mit denen wir in Konferenzen, Seminaren und Besprechungen im Institut und an anderen Orten in der ganzen Welt diese Fragen besprochen haben«.

Womit sich die literarische Phantasie in diesen politischen Zeiten befassen muß! Einer der besten Schriftsteller Israels, A. B. Jehoschua, spricht davon in einem ausgezeichneten Interview-Buch *Unease in Zion*, dessen Herausgeber Ehud ben Ezer ist. Jehoschua schreibt: »Weil sich unser geistiges Leben heutzutage um nichts anderes drehen kann als um diese Fragen (politische Fragen), kann man sich, endlos engagiert, wie man ist, tatsächlich geistig für nichts anderes aufsparen. Auch kann man die wahre Einsamkeit, die die Bedingung und Voraussetzung, Quelle und Stärke des Schaffens ist, nicht erlangen. Statt dessen ist man unablässig zur Solidarität aufgerufen, mehr von innerem als von äußerem Zwang aufgerufen, denn man lebt von einer Nachrichtensendung zur anderen; dabei wird die Solidarität technisch und vom Standpunkt der Gefühlsreaktion automatisch, denn inzwischen ist man ganz darauf eingerichtet, daß man so reagiert und in der Spannung lebt. Die Gefühlsreaktionen auf irgendeine Nachricht über einen israelischen Verlust, ein abgeschossenes Flugzeug, sind vorprogrammiert . . . Daher der Mangel an Einsamkeit, die Unfähigkeit, im geistigen Sinne allein zu sein und zu einem Leben des intellektuellen Schöpfertums zu gelangen.« Während des Sechs-Tage-Krieges, sagt Jehoschua, fühlte er sich an ein großes Ereignis gekettet, befand er sich innerhalb einer historischen Woge und war eins mit ihrem Fluß. Das war ein angenehmes und erhebendes Gefühl. Aber heute, da er das Ende des Krieges nicht absehen kann, hat er das Gefühl verloren, von einer solchen Woge getragen zu werden. »Man gewinnt den Frieden nicht aus der Geschichte«, sagt er. »Das Gefühl, mitgerissen zu werden und einer unsicheren Zukunft entgegenzugehen, hindert einen, die Dinge aus irgendeiner Perspektive zu sehen . . . Man lebt dem Augenblick, ohne eine Perspektive, aber man kann sich vom Augenblick nicht lösen, den Augenblick nicht vergessen. Man kann sich nicht losschneiden und *keine* Zeitungen lesen oder *nicht* Woche um Woche die Nachrichten im Rundfunk hören, wie man es noch vor sechs oder sieben Jahren konnte.«

Bei uns ist das etwas anders. Unsere Medien machen aus Nachrichten Krisengeschwätz und füllen unseren Kopf mit Angstphantomen der Wirklichkeit – ein Gipfeltreffen in Helsinki, ein Vertrag in Ägypten, eine Verfassungskrise in Indien, eine Abstimmung in den Vereinten Nationen, der finanzielle Kollaps von New York. Wir können nicht verhindern, politisiert zu werden (um ein Wort zu benutzen, das so nebelhaft ist wie der Zustand, den es beschreibt), weil man schließlich wissen muß, was sich ereignet. Schlimmer noch, was sich ereignet, läßt uns nicht in Frieden. Weder die Tatsachen noch ihre Verformung, die hinterhältigen Plattheiten der Medien (quälend, weil die zugrundeliegenden Realitäten so riesig und so schrecklich sind) können gefiltert werden. Selbst die Beschäftigung mit Literatur ist stark »politisiert«. Ich denke an eine kluge, beharrliche junge Frau, die mir oft aus Italien schreibt und darauf besteht, den alltäglichsten Begebenheiten in meinen Romanen eine politische Deutung zu unterlegen. Ein Lunch in einer New Yorker Cafeteria bezieht sich dann tatsächlich auf eine Konferenz zwischen Churchill und Roosevelt in Kanada, und ein Zusammenstoß mit einem Betrunkenen in einer Fremdenpension entspricht dem Tag Null. Alles reflektiert ein bedeutendes Ereignis, denn das bedeutende Ereignis ist historisch und politisch, nicht privat. Sie findet es hinterhältig von mir, daß ich das leugne.

Sich dem nicht unterwerfen, was Gesellschaften und Regierungen für wichtig halten. Wenn Stendhals Helden im Gefängnis sind, denken sie lieber an Liebe. E. E. Cummings, der von der französischen Regierung eingesperrt wurde, findet sein ästhetisches Paradies in dem Internierungslager von Ferté Macé. Die tapfersten der modernen Schrifsteller sind die Mandelstams und die Sinjawskis. Bevor Osip Mandelstam vor Kälte, Hunger und Erschöpfung in Sibirien starb, rezitierte er vor den anderen Strafgefangenen auf ihre Bitte seine Gedichte. Andrej Sinjawski konzentriert sich in seinem Gefängnistagebuch auf die Kunst. Wenn man unter solchen Umständen ein Dichter bleibt, so gelangt man vielleicht auch ins Zentrum der Politik. Dann rücken menschliche Gefühle, menschliche Erfahrung, die menschliche Gestalt und das menschliche Antlitz wieder an ihren angestammten Platz – in den Vordergrund.

Mein Freund John Auerbach kommt von Caesarea, um mich zu besuchen. Ein Kibbuznik und Seemann, der gerade von einer Fahrt zurückgekommen ist. Ich kenne ihn erst seit ein paar Jahren, aber er ist ein lieber Freund geworden. Man hatte mich gewarnt, daß es schwierig werden würde, neue Freundschaften zu schließen, wenn ich älter würde. Ich finde es jedoch im Gegenteil jetzt mit sechzig Jahren viel leichter, mich Menschen zu nähern. John sieht viel zu sehr wie ein Schriftsteller aus – zierlich gebaut, zart –, um Oberingenieur zu sein. Er hat jedoch ein Ingenieurspatent und kann mitten auf dem Ozean komplizierte Notreparaturen ausführen. Jungenhaft, bärtig (der Bart ist kurz und kupferbraun), nervös, ein bißchen berauscht, dünner als bei unserem letzten Treffen, trägt er einen Pappkoffer, der Bücher und Fusel und einen Pyjama und ein Gastgeschenk enthält. Er ist begeistert, hier zu sein, und er leidet – eins bewirkt das andere. Er trauert um seinen Sohn. Adam Auerbach hat in einer elektronischen Einheit gedient und war auf dem Rückflug von einem militärischen Einsatz, als sein Hubschrauber abstürzte. Wir umarmen uns und gehen dann vor die Tür, um zu trinken und uns zu sonnen. Selbst an einem sonnigen Morgen kriegt man in den Steinhäusern Jerusalems kalte Hände und Füße. Als ich heraustrete, fühle ich mich ein bißchen taub, wie eine Wespe im Herbst. Wir sitzen auf einer Steinmauer über dem Garten und trinken Aquavit. Er möchte reden. Er liebt Bücher leidenschaftlich, er will über amerikanische Literatur sprechen, wunderbare Dinge von mir hören. Aber ich kann sehen, daß der große Strom seines Leidens in vollem Fluß ist. *Er* ist von der Fahrt zurückgekehrt, *er* sitzt draußen in der Sonne, die von den Bergen Moabs herüberscheint, *er* trinkt Aquavit mit einem lieben Freund und blickt hinüber zum Berg Zion. Aber sein Sohn ist *tot.*

Mit sechzehn ist John aus dem Ghetto von Warschau entkommen, wo er seine Eltern und seine Schwester zurückließ. Sie wurden umgebracht. Alle wurden umgebracht. John bekam irgendwie die Papiere eines polnischen Seemanns und arbeitete mehrere Jahre im Maschinenraum deutscher Frachtschiffe. Als der Krieg vorbei war, kam er über Zypern nach Israel, trat ins Kibbuz Sdot Jam ein, heiratete und hatte zwei Kinder. Seine erste Frau ist vor etwa zehn Jahren an Krebs gestorben, und er hat wieder geheiratet. Er sagt: »Ich frage mich, worin mein Leben nicht typisch gewesen ist. Für einen Juden aus Osteuropa ist es absolut typisch gewesen. Krieg, Tod der Mutter, Tod des Vaters, Tod der Schwester, vier Jahre getarnt unter den Deutschen, Tod der Frau, Tod des Sohnes. Dreißig Jahre harte Arbeit, Pflanzen und Ernten im Kibbuz. Nichts Außergewöhnliches.«

John geht nur noch selten auf See. Die neuen riesigen Tanker gefallen ihm nicht. Supermechanisiert, ultraleistungsfähig, lassen sie der Mannschaft keine Zeit in fremden Häfen. Die Ladung auf der Fahrt, von der er gerade zurückgekehrt ist, war Pottasche vom Toten Meer. Sie sollten dafür italienischen Stahl zurückbringen. Nördlich von Neapel hatten sie schlechtes Wetter und Maschinenschaden, aber sie erreichten ihren Hafen und ankerten in der Nähe zweier japanischer Schiffe. Auf Rat des Lotsen wurden sie von zwei Schleppern tiefer in den Hafen bugsiert. Innerhalb von fünf Stunden hatte John die Maschine repariert, aber die Hafenbehörde behauptete, daß das Schiff nicht seetüchtig sei, und verlangte, daß der Kapitän eine Kaution von zwanzigtausend Dollar hinterlege, um die Kosten, die sich durch sein »defektes Schiff« ergeben könnten, zu decken. Gewiß, das Schiff mußte von den Schleppern an seinen Liegeplatz gebracht werden, aber es war nur kurze Zeit »defekt« gewesen. Na schön, die Sache war umstritten. Das Schiff lag unbeladen, und das Liegegeld stieg – kurz gesagt, eine Erpressung von örtlichen Gangstern. Das war jetzt überall dasselbe. Alle haben irgendeine Schiebung laufen, sagt John. Die Reederei in Haifa versuchte, von der Versicherungsgesellschaft Rückendeckung zu bekommen. Es waren lange Tage im Hafen, ohne irgendeine Tätigkeit. Die Stadt war mit Pottaschestaub bedeckt. Kellner und Barmixer wischten dauernd ihr Geschirr und ihre Gläser aus. Staubwischen war die häufigste Geste in der Stadt. Eine Stadt von etwa zwanzigtausend Einwohnern, mit Verkehrsstauungen, die Rom Ehre gemacht hätten. Die Autos stürzten sich ganz selbstverständlich in die Fahrbahnen, die für Busse reserviert waren, brachten alles durcheinander und hupten wie toll. Dann kam alles ohne Ausnahme morgens und abends zu einem keuchenden Halt. Um dem Verkehrschaos zu entrinnen, konnte man auf einen nahegelegenen Berg steigen und von dort hinab zu einem verlassenen Strand, der dem Strand bei Sdot Jam glich. John und sein Hund Mississippi wanderten jeden Tag dorthin. Die deutschen Touristen waren nach Hause gereist, die Badekabinen waren zugenagelt. Es war herrlich, die kurzen Wellen kamen in stetigem Strom. In kleinen Stößen, sagte John.

Ein Teil der amerikanischen Sechsten Flotte lag in der Nähe vor

Anker. Der Flugzeugträger *John F. Kennedy* mit seinen Hubschraubern erinnerte John an den Tod seines Sohnes. Er verbrachte die Zeit mit jungen amerikanischen Matrosen. Beim Landurlaub tragen sie jetzt Zivil. Das macht sie wahrscheinlich weniger rowdyhaft. Einer der Jungen kam aus Oklahoma, aus der Nähe von Tulsa. Er hatte von Israel gehört, aber nur gerade so, und interessierte sich nicht besonders dafür. John fand das großartig. Eine reine junge Seele, sagte er. Solche Unwissenheit war erfrischend. Der junge Matrose wußte nichts von Gaskammern oder Panzern in der Wüste oder Terroristenbomben.

Wieder auf See, mußte John doppelt Wache schieben, weil die Crew zu klein war. In den Mußestunden las er in seiner Kabine oder plauderte mit seinem Vertrauten, Mississippi. Die Mannschaft sagte, daß er sich in seinem Quartier toll und voll saufe. Als das Schiff bei Nacht am Stromboli vorbeifuhr, sah man einen roten Lavastreifen vom Vulkan fließen, doch die Seeleute ließen sich nicht vom Fernsehen wegholen, um sich dieses Naturschauspiel anzusehen. Aber eine Eule von der Insel, die von den Funken aufgestört worden war, flog hinüber zum Schiff und wurde am nächsten Tag auf dem Mast entdeckt. Einer der jungen Seeleute brachte sie herunter. Dann sagte ein Maschinist vom Balkan: »In unserem Dorf haben wir Eulen an die Kirchentür genagelt, wenn wir sie gefangen hatten.« Sie sperrten die Eule in die Farbenkammer, während sie berieten, was sie mit ihr anfangen sollten, und in der Nacht schenkte ihr John die Freiheit. Der Vogel verpaßte ihm ein paar böse Kratzer am Arm. »Zurück mit dir nach Stromboli, du dummes Vieh«, sagte er. So flog sie denn davon, und das Schiff fuhr weiter auf seinem schmutzigen Kurs. Es ist das Wasser, das als Ballast in die Tanks gepumpt und dann wieder rausgepumpt wird, das die Meere verschmutzt, sagt John.

Bevor ich aus Chicago abreiste, sagte mir der Kunstkritiker Harold Rosenberg: »Sie fahren nach Jerusalem? Und fragen sich, ob die Leute freimütig reden werden? Sie machen wohl Witze; die werden Ihnen die Ohren vom Kopf reden.« Er sprach als Jude zu einem Juden über die jüdische Macht der Rede. Wenn sich bei einem Flug die Tür des Flugzeugs öffnet, wird man in den Luftraum gesogen. Wenn man hier in Jerusalem die Wohnungstür hinter sich schließt, gerät man in einen Gesprächssturm – Exposition, Argument, Tirade, Analyse, Theorie, Aufschrei, Drohung und Prophezeiung. Von Diplomaten hört man schlaue Erläuterungen; von verantwortlichen Leuten vorsichtige und mißmutig gegebene Erklärungen, die einem die eigenen Fragen nur umformulieren und ergänzen; von Eltern und Kindern tödliche Meinungsverschiedenheiten; von Freunden, die sich gehen lassen, leidenschaftliche Reden, wütende Denunziationen Westeuropas, Rußlands, Amerikas. Ich höre gewissenhaft zu, genau, genauer, als ich je in meinem Leben zugehört habe, mit äußerster Aufmerksamkeit, aber ich habe oft das Gefühl, als sei ich in ein uferloses Meer gefallen.

Das Thema all dieser Reden ist, letzten Endes, das Überleben – das Überleben der anständigen Gesellschaft, die in Israel innerhalb weniger Jahrzehnte geschaffen wurde. Das ist zunächst schwer zu begreifen, weil der Rahmen so zivilisiert ist. Man ist in einer Stadt, wie es viele gibt – das stimmt nicht ganz, denn Jerusalem ist die einzige alte Stadt, die ich kenne, in der die Antiquitäten nicht als Reliquien zur Schau gestellt werden, sondern in täglichem Gebrauch sind. Trotzdem ist es eine moderne Stadt mit modernen Einrichtungen. Man kauft in Supermärkten, sagt seinen Freunden telefonisch guten Morgen, hört Symphoniekonzerte im Radio. Aber plötzlich wird die Musik unterbrochen für die Meldung über eine Terroristenbombe. Eine neue Explosion vor einem Café in der Jaffa Road: sechs junge Menschen getötet und achtunddreißig verwundet. Traurig stellt man sein zivilisiertes Getränk nieder. Voller Unbehagen geht man zu seinem zivilisierten Abendessen. Bomben explodieren überall. Dynamit ist gerade auch in London hochgegangen; der Unterschied ist der: wenn eine Bombe im Westend losgeht, dann steht das fundamentale Recht Englands auf seine Existenz nicht in Frage.

Aber hier sitzt man beim Abendessen mit reizenden Menschen in einem Speisezimmer wie andere auch. Man weiß, daß die Hausfrau einen Sohn verloren hat, daß ihre Schwester Kinder im Krieg von 1973 verloren hat, daß in dieser Jerusalemer Straße, die durch die Nachtblumen und das dunkle Grün unter den Lampen von kühler Süße ist, viele andere Familien Kinder verloren haben. Und in der Jaffa Road sind gerade wieder durch eine Bombe sechs junge Menschen – zwei davon während einer Pause der Abendschule –, die in einem Café saßen, um Brötchen zu essen, gestorben. Aber in der häuslichen Zeremonie von gereichten Speisen und gefüllten Gläsern sind die Vorstellungen von einem zerstörerischen Feind schwer faßbar. Man weiß nur, daß eine Tatsache des jüdischen Lebens durch die Schöpfung eines jüdischen Staates unverändert geblieben ist: man kann das Recht auf das eigene Leben nicht als gegeben betrachten. Andere können es; man selbst kann es nicht. Das soll nicht heißen, daß alle anderen angenehm und gut unter einem menschlichen Regime leben. Nein, es bedeutet lediglich, daß die Juden, weil sie Juden sind, niemals das Recht auf Leben als ein natürliches Recht ansehen konnten.

Allerdings weigern sich viele Israelis zuzugeben, daß dieses historische Unbehagen nicht getilgt worden sei. Sie scheinen sich als eine dauerhafte Macht zu betrachten, unumstößlich. Sie haben es klargemacht. Sie sind eine Nation unter Nationen und werden es immer bleiben. Man muß sich gedanklich von dieser Überzeugung losreißen, wie man sich von »zivilisierten« Äußerlichkeiten losreißen muß, um zur Realität zu gelangen. Die Suche nach der Erlösung von der inneren Unruhe ist die Realität Israels. Der Nationalismus hat keine vergleichbare Realität. Wenn man wie George Steiner sagt, daß der Zionismus von jüdischen Nationalisten geschaffen worden sei, die von Bismarck beeinflußt waren und einem preußischen Vorbild folgten, so kann das nicht richtig sein. Die Juden wurden nicht nationalistisch, weil sie sich ihre Kraft aus der Bewunderung für irgend etwas holten, das dem germanischen *Blut und Eisen* glich, sondern weil sie als einziges unter den Völkern der Erde nicht das naturgegebene Recht durchgesetzt hatten, unangefochten in den Ländern ihrer Geburt zu existieren. Dieses Recht wird ihnen offenbar immer noch nicht gewährt, nicht einmal im liberalen Westen.

Zugleich werden die Juden jedoch aufgerufen (von Mr. Steiner in *The Listener**) und rufen sich selbst dazu auf, gerechter und moralischer zu sein als andere.

Mr. D. vom Außenministerium trägt einen Anzug. Israelis tragen selten formelle Kleidung. Noch außergewöhnlicher ist Mr. Ds Schlips, denn in Israel bevorzugen die Herren Walt Whitmans – oder Ben-Gurions – offene Kragen. Mir wurde erzählt, daß Winston Churchill Ben-Gurions saloppe Kleidung schwer beanstandete, aber ich kann mich dafür nicht verbürgen. Mr. D. ist dagegen

* »Israel's Failure of Vision«, *The Listener*, 18. September 1975

ein korrekter Diplomat, der unter dem englischen Mandat aufgewachsen ist. Obwohl er gegen England gekämpft hat, liebt er es und ist in London oder Oxford glücklicher als sonstwo in der Welt, mit Ausnahme von Israel. Er gibt mir einen kurzen Abriß der diplomatischen Posten, die er bekleidet hat. Er sagt nicht direkt, daß er Schweden haßt – ich sage es für ihn. Er läßt durchblicken, daß in Stockholm alle sehr korrekt, tadellos, aber vielleicht auch herzlos waren. Frankreich? Nun, was kann man mit den Franzosen anfangen, sie sind so wunderbar, sie sind so unangenehm. Frankreich ist eine offene Gesellschaft für jeden, der gewillt ist, Franzose zu werden. Amerikaner? Ein seltsamer und gemischter Haufen. Nette Leute, aber ungehobelt und ohne Benimm – mit den besten Erzeugnissen der englischen Kultur nicht zu vergleichen. Wir trinken Tee, englischen Tee mit Milch. An jedem Türpfosten seiner Wohnung gibt es eine Mesusah. Durch die Gitterfenster sehen wir den Berg Zion und die Schanzen der Moslems. Das Licht des späten Nachmittags auf den Steinen macht sie nur noch steinerner. Gelb und grau: sie haben ihre endgültige Farbe gefunden; die Sonne kann ihnen nichts mehr anhaben.

Ich stelle Mr. D. mit einer meiner Fragen auf die Probe. Er hat in Washington gearbeitet. Wissen die Amerikaner, was in der Welt vor sich geht? Unzweifelhaft, erwidert er, sind die Amerikaner gut unterrichtet, ihr Apparat zum Sammeln von Informationen ist ungeheuer. Aber gut unterrichtet zu sein, beharre ich, ist nicht dasselbe wie zu verstehen, was sich abspielt. Mein korrekter Besucher gibt das zu. Ist er derselben Meinung wie der armenische Erzbischof und M. Tatu von *Le Monde*, daß Kissinger die Russen übertölpelt hat, als er Ägypten dazu brachte, das Sinai-Abkommen zu akzeptieren? Mr. D. ist nicht der Ansicht, daß Kissinger die Russen im Nahen Osten ins Hintertreffen gebracht hat. Darauf folgt die unvermeidliche Überlegung: Was *ist* Kissinger? Die Israelis sind zutiefst und bitter über ihn verärgert. Wie ist er überhaupt zu seiner Macht gekommen? Wir zählen die üblichen Punkte auf. Ohne eine wirkliche Basis hat er die exotische Zauberwirkung des klugen Juden, des *Jud Süß*, des Finanzjongleurs und Geschäftskünstlers kleiner deutscher Fürstentümer. Er hat einen kühnen Zugriff, er ist verschlagen, er ist ein Jet-Setter, ein Verehrer von Glamour und ein Publicity-Experte. Er hat offenbar verstanden, daß man, da das Fernsehen in den Vereinigten Staaten eine Unterhaltungskultur geschaffen hat, sich der Unterhaltungswelt anschließen muß, wenn man keine andere

Machtbasis besitzt, und darin so etwas wie ein Star werden muß. Kissinger hat das brillant gemacht. Vielleicht ist es letzten Endes sein dramatisches Talent, das alles erklärt. Sein guter Freund Danny Kaye kann sowohl ernst wie komisch sein, und Kissinger kann zu Scherzen aufgelegt sein. In der Diplomatie ist er zu derben Scherzen aufgelegt. Israels gegenwärtiger Botschafter wurde von dem überragenden Kissinger beherrscht. Ich habe gehört, daß er Simtschah Dinitz dazu gebracht hat, für ein Sinai-Abkommen bei den Abgeordneten Stimmung zu machen. Es war unter der Würde eines Botschafters, die Büros der Kongreßabgeordneten unsicher zu machen und dort Stimmen zu sammeln, sagen meine Informanten. Israel ist in Washington schlecht vertreten. Für Israel ist der Posten in Washington die wichtigste aller diplomatischen Stellungen, und trotzdem werden fortwährend unzulängliche Leute hinübergeschickt. Aber allerdings wird Israel gegenwärtig auch schlecht regiert. Die Gründergeneration hat keine geeigneten Nachfolger.

Glaubt Mr. D., daß die Russen, die von ihren Bemühungen in der arabischen Welt enttäuscht sind, gern wieder diplomatische Beziehungen zu Israel aufnehmen würden? Das kommt auf die Russen an, sagt Mr. D. »Wenn wir den ersten Schritt tun, werden sie es als ein Zeichen der Schwäche deuten. Sie werden zu uns kommen, sofern und wann es ihnen vorteilhaft erscheint, diese Beziehungen wieder aufzunehmen. Ihre Botschaft in Ramat-Gan zu eröffnen, hätte für sie gewisse Vorteile. Sie könnten leichter Informationen sammeln. So wie es jetzt steht, müssen sie sich auf ihre Agenten verlassen. Vielleicht werden sie die Polen dazu kriegen, zurückzukommen und für sie tätig zu werden.«

Henry Kissinger hat in Genf Privatgespräche zwischen Andrej Gromyko und den Israelis arrangiert. Das war im Dezember 1973. Obwohl Gromyko im öffentlichen Auftreten mürrisch, sauertöpfisch, grob und unbeugsam erscheint, kann er sich auch anders geben. Der unzugängliche Gromyko begegnete dem Außenminister Abba Eban mit Liebenswürdigkeit, wie es einem alten Kollegen zukommt. Wieviele wundervolle Ereignisse sie gemeinsam erlebt hätten. Sie hätten sich gestritten, nun ja, und ihre Auseinandersetzungen seien gelegentlich mörderisch gewesen, aber auf der menschlichen Ebene – und Gromyko ist schließlich Mensch – gibt es persönliche, gefühlsmäßige Bindungen.

Leute, die es wissen müßten, haben mir oft gesagt (gerade wieder vor ein paar Tagen eine junge Amerikanerin, die kürzlich ihren

Doktor in russischer Literatur gemacht hatte), daß das Russische als Sprache eine der Hochburgen des menschlichen Herzens sei. Es hat, wie die Sozialwissenschaftler sagen würden, »charismatische Tiefen«. Eine alltägliche russische Unterhaltung enthält äußerst liebevolle Ausdrücke. Und selbst wenn man Menschen zum Tode verurteilt, wird man durch den Genius der Sprache gezwungen, das Todesurteil in liebevolle Worte zu kleiden. Es scheint in der Muttersprache ein Kampf zwischen Licht und Dunkel stattzufinden, und vielleicht ist die russische Geschichte teilweise eine Rebellion gegen diese liebevollen Ausdrücke, durch die sich »realistische Menschen« verraten fühlen. Sie sprechen liebevolle Wörter und haben vielleicht das Gefühl, daß ein von Liebe bewegter Geist gefährlich ist. Gefahr mobilisiert die Abwehr, und dann mordet man, weil die Seele gerührt worden ist. Aber Gromyko kann sich hinter dem Leichengebirge sicher genug fühlen, um im Privatgespräch liebenswürdig mit dem Vertreter eines winzigen Landes zu sprechen, mit dem er vertraulich eine Tasse Tee trinkt. Israel ist mit dem Segen der Sowjetunion geboren worden. Das ist durchaus richtig. Aber wie steht's mit den Milliarden russischer Militärhilfe für Syrien und mit den SAM-Raketen, der Bewaffnung der palästinensischen Terroristen, den Schmähungen in der Sowjet-Presse und in den Vereinten Nationen? Ach ja, es stimmt, wir sind gegen die territoriale Vergrößerung Israels, und wir können Aggression, Besetzung und das alles nicht hinnehmen. Aber wir sind nicht eigentlich unfreundlich gegen Israel. Von Anfang bis Ende ist unsere Haltung konsequent gewesen.

Wenn man von einem solchen Gespräch hört, hat man die Empfindung, daß Israel so etwas ist wie ein gefährdeter Zahn, an den die Russen nicht mit der Zange heranwollen. Sie wollen daran wakkeln, und wenn er locker genug ist, wollen sie ihn mit den Fingern entfernen.

Der intelligente Mr. D. ist sehr manierlich und spricht mit Anstand, übertreibt nicht und macht nichts von sich her. Er sagt und sagt es still, daß es für ihn eine Wonne ist, in England zu sein.

Letzte Woche bemerkte der Romancier Amos Oz mir gegenüber, daß Israel mehr unterschiedliche Visionen vom Himmel in sich birgt, als sich ein Außenstehender vorstellen kann. Jeder, der kam, brachte seinen persönlichen Traum vom Paradies mit. Im Kibbuz, dem Oz angehört, arbeiten die Leute schwer bis zwei Uhr nachmittags. Dann waschen sie sich und ruhen aus und kleiden sich an, und nach dem Mittagessen lesen sie, da viele von ihnen russischer Abstammung sind, ernste Bücher und hören Musik; die Nachmittage und Abende verbringen sie in feierlicher Diskussion des Marxismus. Ihr größtes Vergnügen besteht darin, nach alter Weise über Revolution und Sozialismus und die Zukunft der Menschheit zu reden. Die deutschen Juden hier ruhen oft in einem *Kultur*paradies, lesen Homer und Plato und Goethe und hören Musik von Mozart.

Der alte Friseur im King-David-Hotel, Ephraim Misrahi, ein geborener Jerusalemer, fragt mich, wie alt ich bin. Dann sagt er: »Auch ich bin sechzig.« Wir sprechen spanisch – oder richtiger Ladino. Er ist ein Charmeur: seine Hände zittern ein bißchen, aber er schneidet einem ausgezeichnet die Haare. Seine blauen Augen sind klein und werden von wilden weißen Haaren überhangen. Ich spreche mit ihm über Hubert H. Humphrey, und eine blaue Flamme erwacht wieder in diesen beiden Glutresten. Eine Art senile Kraft und Fröhlichkeit richtet seinen Körper auf. Er verehrt Hubert H. Humphrey. Signierte Fotos von Humphrey hängen an allen Wänden. Er hat Humphrey oft die Haare geschnitten. Er hat Briefe vom Senator und dem Vizepräsidenten Humphrey bekommen. Ich gebe mir die Mühe, die Runde zu machen und sie zu lesen. Sie triefen von parlamentarischem Schmalz. Alles ist groß und offen, beglückwünschend, wunderbar und ehrlich.

»Wie gefällt Ihnen das?« fragt Ephraim. *Un hombre tan importante que me escribe and me ha dado su retrato – a mí, un barbero sencillo!*« Der Senator sieht äußerst gesund aus, und seine Frau auch. Sie halten Händchen und spazieren in Sportkleidung durch die Blumen.

Der schwächliche Misrahi kehrt zu seiner Schnippelei zurück. Ich frage mich, ob meine Ohren sicher sind, wenn er das Rasiermesser auseinanderklappt. Aber das ist ganz nebensächlich. Was mir durch den Kopf geht, ist, daß Humphrey tatsächlich ein äußerst gescheiter Politiker war. Tausende von einflußreichen amerikanischen Juden, die große Trinkgelder zahlen, wohnen im King David. Wie genial von Humphrey, das Herz des Friseurs mit Briefen und Fotos zu gewinnen und damit die Wände dieses Ladens zu bedecken. Und vielleicht hat Humphrey wirklich sein Herz an den alten Knaben verloren. Jedenfalls ist Misrahi, der hinter mir seufzt und brabbelt und schnippelt, kein Schade widerfahren. Humphrey war bestimmt ein

Freund Israels, und man konnte darauf bauen, daß er auch als Präsident einer gewesen wäre. Alexandra und ich haben Humphrey vor nicht langer Zeit bei einem im Weißen Haus für Harold Wilson veranstalteten Bankett gesehen. Wilson, dicklich, gebeugt und klein, ohne das geringste Interesse für die Leute, die ihm vorgestellt wurden, das ziemlich lange weiße Haar auf dem staubigen Kragen seiner Frackjacke gestaut, wurstelte sich lediglich durch den Abend und sehnte sich dabei nach seinem Bett und seinem Krimi. Und da war Humphrey, schlank, sportlich, elastisch, eifrig, rosig und geschwätzig. Alexandra und ich waren gerade aus der Eingangshalle nach oben gekommen. Im unteren Geschoß spielte ein junger Marinesoldat, in Paradeuniform und mit Tapferkeitsorrden verziert, italienische Barockmusik auf der Harfe. Wir gaben unsere Mäntel an der Garderobe ab, ein zweiter uniformierter Marinesoldat geleitete Alexandra die Treppe hinauf, und dort oben spielte eine Marinekapelle Melodien aus Broadway-Musicals. Dann betraten wir das Ostzimmer und mischten uns unter die anderen Gäste. Ich kannte viele von ihnen oder glaubte, sie zu kennen, da ich ihre Gesichter im Fernsehen oder in der Zeitung gesehen hatte. Aber das war eine Illusion. Ich war nie mit Cary Grant oder Danny Kaye zusammengetroffen – es schien mir nur so. Senator Humphrey war der einzige Anwesende, von dem ich behaupten konnte, daß ich ihn kannte. »Da ist jemand, den ich kenne«, sagte ich zu Alexandra und stellte sie dem Senator vor, der uns die Hand gab. Aber er hatte eine seiner Öffentlichkeitspsychosen. Er war vom Wahn gepackt. Er konnte es nicht ertragen, auf uns zwei beschränkt zu sein. Er suchte nach jemandem, der wirkungsvoller war, nach der wirkungsvollsten Begegnung, der Begegnung, die zu versäumen den Tod bedeuten würde. Er war von einem geradezu dämonischen Verlangen nach der optimalen Begegnung gepackt. Er berührte unsere Hände, sah an uns vorbei und war fort. Nelson Rockefeller hatte die gleichen Anwandlungen. Nur die alten Senatoren ohne Ehrgeiz, Präsident zu werden, eilten nicht von Gast zu Gast. Verschrumpelte Senior-Elefanten wie Hugh Scott warteten geduldig auf die Fütterung.

Alexandra lächelte mich an und sagte: »Senator Humphrey erinnert sich nicht an dich.« Aber er saß neben ihr bei Tisch, und sie erzählte mir nach dem Essen, daß er sich plötzlich doch an mich erinnert hätte: »Minneapolis und so weiter.« Sie fand ihn recht nett.

Kissinger war tief im Gespräch mit Danny Kaye. Sie hatten sich gegenseitig die Arme um die Schulter gelegt. Einer von Kissingers Assistenten sagte ernst: »Das ist eine alte Bekanntschaft und eine sehr bedeutsame.« Nelson Rockefeller, gedrungener und kleiner, als ich ihn mir vorgestellt hatte, kam quer durch den Raum, um mir die Hand zu schütteln. Er hatte mich mit jemandem verwechselt und bemerkte seinen Irrtum mitten auf dem Weg, als es zu spät war, seitlich zu verduften. Wir schüttelten also Händchen, ich murmelte meinen für ihn bedeutungslosen Namen, und der Vizepräsident ging weiter, um eine wichtigere Begegnung zu suchen. Das gab mir eine Vorstellung davon, was es bedeutet, hörig zu sein wie der arme Ritter in Keats' »La Belle Dame sans Merci« – allerdings im öffentlichen Leben.

Als wir gingen, konnten uns die Bedienten unten kein Taxi verschaffen. Sie sagten: »Taxis kommen nicht zum Weißen Haus.«

»Warum?«

»Ja, die sind wütend auf uns. Sie kommen auf einen Ruf, und bis sie hier sind, ist der Betreffende schon bei jemand anderem eingestiegen. Daher sagen sie jetzt, zum Teufel mit dem Weißen Haus.«

Man riet uns, zu Fuß am alten State-Department-Gebäude entlang und durch das Tor zur Pennsylvania Avenue hinauszugehen. Und das taten wir unter einem kalten Regen, der Alexandras Seidenschuhe ruinierte. Auf der Pennsylvania Avenue war wenig Verkehr. Ich stellte mich auf die Straßenmitte und hielt ein Taxi an. Der Fahrer weigerte sich, uns zu unserem Hotel zu fahren. Er sei auf dem Weg nach Virginia, sagte er und fuhr davon. Dann hielt ein Streifenwagen an und fragte uns: »Was macht ihr hier?« Sie betrachteten Alexandras Abendkleid und waren erstaunt über uns. Es sei gefährlich hier. Vom Rinnstein aus behielten sie die Lage im Auge. Sie wollten nicht, daß die Gäste des Präsidenten nach einer Fête niedergeschlagen und beraubt wurden. Das Weiße Haus hinter uns war voller Licht. Die Gäste tanzten noch in den schönen alten Räumen.

Schließlich fuhr ein alter Neger in seinem Taxi rechts ran und befreite uns aus dem eisigen Regen. »Meinetwegen«, sagte er, »steigt ein.« Und wir fuhren nach Hause.

Wir hatten Schildkrötensuppe und dunkelgraue Scheiben von Taubenfleisch gegessen und wilden Reis und Palmherzsalat und irgend etwas Schokoladiges zum Nachtisch, und wir hatten kalifornischen Wein getrunken. Wir hatten mit Danny Kaye und dem Präsidenten und seiner Gattin und Kirk Douglas und Senator Fulbright und Beverly Sills und Margaret Truman Daniels und Harold Wilson und Nelson Rockefeller (ein Fall von Personenverwechslung) und mit Hubert H. Humphrey und mit vielen Ehefrauen Hände geschüttelt – Ehefrauen, die vielleicht Mitglieder eines Vereins waren, den man »Die akademischen Ballköniginnen der dreißiger Jahre« nennen könnte. Ich habe mich im Enfant Plaza Hotel ins Bett gelegt und das Phänomen, das Neurologen als Beleidigung des Gehirns bezeichnen, ein wenig verstehen gelernt. Als ich die Augen schloß, tat sich die Nacht gnädig vor mir auf, und mein Geist verließ dankbar diese Welt.

Das Tagebuch von Andrej Sinjawskij, der unter dem Pseudonym Abram Terz schreibt, ist bisher nicht in englischer Sprache erschienen. Ich habe die französische Ausgabe. Ich übersetze: » . . . nicht mehr Männer, sondern große Flächen. Räume, Felder, keine Personen«, sagt er von seinen Mitgefangenen. »Die menschlichen Grenzen verwischen sich, wo sie die Unendlichkeit berühren. Jenseits der Biographie. Der Mensch, jeder Mensch entzieht sich der Biographie. Wenn man versucht, sein Gewicht an ›Persönlichkeitsmerkmalen‹ zu tragen, dann sinkt man bis zur Mitte ein. Persönlichkeit ist ein Graben, der dünn von einem Wuchs psychologischer Merkmale bedeckt ist, von Temperamenten, Gewohnheiten, Handlungsmethoden. Kaum habe ich einen Schritt zu einem sich nahenden Fremden hin getan, als ich merke, daß ich in ein Loch gefallen bin.« Und: »Wir sind in die Welt gekommen, um gewisse Dinge zu verstehen. Nur einige Dinge, sehr wenige, aber überaus wichtige . . . Kunst ist ein Treffpunkt. Vom Verfasser und dem Gegenstand seiner Liebe, von Geist und Stoff, von Wahrheit und Phantasie, von der gezogenen Bleistiftlinie, der Kontur eines Körpers, von einem Wort mit einem anderen. Diese Begegnungen sind selten, unerwartet. ›Bist du das?‹ ›Bist du es?‹ Wenn sie sich erkennen, sind beide Teile in einem Taumel und drücken sich die Hände. In diesen Gesten der Überraschung und Freude sehen wir die Kunst.«

Der erschöpfende Bericht von Amnesty International, einer privaten Organisation, die für die Rechte Gefangener kämpft, ist in London an Reuter, UPI und AP gegeben worden. Er befaßt sich mit Gewissenstätern und politischen Dissidenten in Rußland, die so verzweifelt in den Lagern leiden, daß sie sich selbst phantastische Verletzungen zufügen. »Hunger, übermäßige Arbeit und andere

Entbehrungen, darunter medizinische Vernachlässigung, haben Gefangene veranlaßt, Selbstmord zu begehen.« Sie täuschen einen Fluchtversuch vor, um von den Wachen erschossen zu werden. Sie verüben »kollektive Selbstverstümmelung«. Beweismaterial hat man unter anderem Eduard Kusnezow entnommen: »Ich habe Strafgefangene gesehen, die eine riesige Menge Nägel und Unmengen Stacheldraht geschluckt haben. Ich habe sie Quecksilberthermometer schlucken sehen . . . Schachfiguren, Dominos, Nadeln, gestoßenes Glas, Löffel, Messer und viele andere Gegenstände. Ich habe gesehen, wie Gefangene ihre Münder oder Augen mit Faden oder Draht zugenäht haben, Knöpfe an ihre Leiber genäht oder ihre Hoden ans Bett genagelt, einen wie ein Haken gebogenen Nagel geschluckt und dann den Haken mit einem Faden so befestigt haben, daß man die Tür nicht öffnen konnte, ohne den ›Fisch‹ aus dem Leibe zu ziehen. Ich habe Gefangene gesehen, die sich die Haut an den Armen und Beinen anschneiden und sie wie einen Strumpf abziehen oder Fleischklumpen aus ihrem Bauch oder den Beinen herausschneiden und sie essen oder das Blut aus einer aufgeschlitzten Ader in eine Terrine tropfen lassen.«

Aber genug!

Der Bericht erklärt: »Es gibt heute mindestens zehntausend politische oder religiöse Gefangene in der UdSSR.« Unter Bedingungen gefangengehalten, die »die internationalen Richtlinien für die Unterbringung von Gefangenen verletzen«.

Wieviel ist davon in den freien Ländern des Westens bekannt? Die Informationen sind in den Tageszeitungen zu finden. Wir sind über alles informiert. Wir wissen nichts.

Feuerwaffen sind in Jerusalem zu jeder Zeit ein vertrauter Anblick. In jedem Teil der Stadt sowie in jeder Gemeinde Israels gibt es bewaffnete Bürgerpatrouillen, zu denen auch Studenten gehören. Bevor die Schulen morgens öffnen, werden sie täglich von Eltern nach Bomben durchsucht. Arabische Studenten wurden aufgefordert, sich an der Hebrew University an den Wachen zu beteiligen, haben aber abgelehnt. Meiner Meinung nach war es ein Fehler, sie zur Teilnahme an solchen Patrouillen aufzufordern. Sie versuchen, dem Vorwurf der »Kollaboration« zu entgehen. Der Status der israelischen Araber ist ohnehin zweideutig. Sie genießen gleiche Rechte und genießen sie nicht. Sie erregen großes Unbehagen. Mehr als einmal hat man mir gesagt, daß die Palästinensische Befreiungsorganisation gern Aufstände in der Altstadt provozieren würde, und die Behörden fürchten, daß Explosionen wie die neulich abends, als sechs junge Leute getötet wurden, sie provozieren könnten. Das wäre eine politische Katastrophe, weil die Araber bewiesen haben, daß sie das Plenum der Vereinten Nationen beherrschen und leicht Strafresolutionen durchsetzen können. Die PLO soll bei den Vereinten Nationen Fotos der jugendlichen Opfer herumgereicht und behauptet haben, daß sie »hingerichtet« worden seien. Fatah-Terroristen haben vor kurzem im Golan-Streifen drei junge Männer erschossen. Sie kamen mit Feuerwaffen und Beilen über die syrische Grenze und hatten die Absicht, ihren Opfern die Köpfe abzuhacken – dies nach dem Geständnis eines Terroristen, der vorher gefangengenommen worden war. Man muß lernen, mit Gerüchten zu leben. Ich habe neulich gehört, daß man in Jerusalem wieder eine Bombe gefunden und entschärft hätte. Mein Freund Joseph Ben-David, Soziologie-Professor an der Hebrew University, versicherte mir, daß es keine Bombe gegeben habe, aber am selben Tag wurde von der Entschärfung einer neuen Bombe in der Zeitung berichtet. Und gegen Mitternacht entschuldigen sich Partygäste, weil sie auf Patrouille müssen.

Wir sind zu Tee und Kuchen bei Schula und David Schahar und dem Dichter Dennis Silk, und ich erzähle von einer Unterhaltung, die ich mit Mahmud Abu Zuluf, dem Chefredakteur von *El Kuds*, der größten arabischen Zeitung in Jerusalem, geführt habe. Der gemäßigte Abu Zuluf wird von den Linken gehaßt. Sein Leben und das seiner Kinder ist bedroht worden. Sein Auto ist einmal in die Luft gesprengt worden, aber er folgt weiterhin dem Pfad von Versöhnung und Frieden. Sein Büro ist möbliert wie der Warteraum eines Parkplatzes – mit dunklem Kunststoff überzogene Sitze, ein Schreibtisch, auf dem die Leute sowohl sitzen wie schreiben, eine angenehme entspannte Verstaubtheit hier, ein Ort, wo sich niemand mit Kleinigkeiten aufhält. Es gibt in dem Büro nur ein Kunstwerk, das dem Chefredakteur gegenüber hängt: das Bild eines hübschen Kätzchens mit Riesenaugen, ein Geschöpf, das eigentlich zu jung ist, um so verliebt auszusehen. Der Chef ist bullig und groß – ein sehr großer, unbedrohlicher, träumerischer Mann mit rundem Gesicht, der einen Straßenanzug trägt. Er hat bunte Socken an, und seine Füße sind riesig. Er schüttelt einem eigentlich nicht die Hand, sondern läßt sie in der seinen verschwinden. Ich bin bereit, mich von ihm auf das angenehmste einwickeln zu lassen. Wer bin ich, daß er mir sagen sollte, was er wirklich denkt? Er drückt auf einen Knopf – wie jeder, der in Jerusalem etwas ist, kann er nach einem Gehilfen klingeln. Kaffee wird bestellt.

David Farhi hat mich übrigens zu *El Kuds* gebracht. Farhi, ein Arabist, hatte den Posten eines Beraters für »Arabische Angelegenheiten« beim Westufer-Kommando und ist ein Freund von Bürgermeister Kollek. Er trinkt seinen Kaffee schnell aus und entschuldigt sich; er will, daß ich mich ungehindert mit Abu Zuluf unterhalte. So trinken denn der Chefredakteur und ich übersüßes Zeug aus winzigen Tassen, und während die Setzmaschinen in den benachbarten Räumen klappern, sagt er mir – seine Stimmung schwankt irgendwie zwischen Langeweile und Leidenschaft –, daß die Juden in Ost-Jerusalem nachgeben müssen, daß sie die Regierungsmacht mit den Arabern teilen müssen. Sie sind zu wenig gewillt, Realitäten zu akzeptieren, zu langsam. Je länger sie warten, desto schlimmer wird es werden. Die Araber gewinnen ständig an Stärke, während Israel schwächer wird. Zwischen Verschwommenheit und Intensität, manchmal vage, manchmal schulmeisterlich, pocht Abu Zuluf mit der Handfläche hart auf die Tischplatte und sagt: »Mehr Krieg, mehr Verluste an Männern, mehr Abhängigkeit von Ihrer Heimat. Während die arabischen Nationen reicher, moderner und einflußreicher werden. Nein, Israel muß schnell mit Friedensplänen rausrücken und Verhandlungen anbahnen, sich zu Verhandlungen bereit zeigen.« Es gibt keine friedlichen Augenblicke in Jerusalem, nicht für die, die sich informieren wollen. Man setzt sich mit einer Tasse Kaffee zurück, um ein orientalisches Gespräch mit einem intelligenten Mann zu genießen. Und sogleich ist man in einer qualvollen Diskussion befangen.

Jetzt erzähle ich den Schahars beim Tee, was Abu Zuluf gesagt hat. Ich will diese Dinge ihnen gegenüber nicht leichtfertig abtun, weil ich weiß, was sie persönlich erlitten haben. Es gibt wenige Familien in Israel, die nicht Söhne in den Kriegen verloren haben. Man macht hier keine vor sich hinplätschernde politische Konversation. Im Nebenzimmer sitzt in diesem Augenblick der sechzehn Jahre alte Sohn der Schahars und macht Schularbeiten. Wenn er mit Physik fertig ist, wird er auf dem Klavier seinen Schumann üben. Bald ist er alt genug für den Militärdienst. Und William Colby von der CIA hat vor einem Kongreß-Ausschuß ausgesagt, daß im nächsten Krieg der Sieg Israel neuntausend Tote und sechunddreißigtausend Verwundete kosten könne. Ein solcher Sieg würde eine Niederlage bedeuten. Die Krankenhäuser haben noch mit den Verwundeten des letzten Krieges zu tun. Das siebente Opfer der Explosion in der Jaffa Road, ein fünfzehnjähriges Mädchen, ist gerade gestorben. Und Kurt Waldheim, der Generalsekretär der Vereinten Nationen, ist in Jerusalem angekommen, um das Problem an der syrischen Grenze zu besprechen. Mr. Waldheim wird in Israel nicht eben geschätzt. Die Leute sagen, er scheine einfach nicht zu wissen, wovon er rede. Und ich bin so taktvoll wie möglich, als ich mein Gespräch mit Abu Zuluf beschreibe. Die Schahars sind höflich zu mir und sagen zunächst nur wenig. Dennis Silk senkt die Augen. Er ist einer jener massigen Männer, die in Feingefühl gehüllt sind. Er wird kahl, wie ich auch. Sein Haar wächst in langen und unregelmäßigen Büscheln. Seine Nase ist edel gebogen und schlank. Er spürt den aufziehenden Sturm und errötet.

Als Schahar mit seiner Erwiderung beginnt, ist er zuerst noch sanft. Er kann Abu Zuluf nicht recht geben, sagt er. Die Juden sind nicht unbeugsam und negativ gewesen. Zugeständnisse werden dauernd angeboten. Sie werden zurückgewiesen. Der ursprüngliche Teilungsplan der Vereinten Nationen vom Jahr 1947 wurde abgelehnt, weil die Araber überhaupt keinen jüdischen Staat akzeptieren konnten, nicht einmal einen winzig kleinen. Wenn sie einen Staat haben wollten, dann hätten sie ihn vor Jahren haben können. Sie haben ihn abgelehnt. Und sie sind von allen Seiten ins Land eingedrungen, weil sie hofften, die Juden vertreiben und den Reichtum, den sie geschaffen hatten, erben zu können. Dieses Land war eine Wüste, ein Land wandernder Stämme und kleiner steiniger Farmen und Dörfer. Die Zionisten haben unter dem Mandat derartige wirtschaftliche Fortschritte erzielt, daß sie Araber aus anderen Gegenden anlockten. Deshalb ist die arabische Bevölkerung so groß geworden. In Jerusalem hatten die Juden die Araber und Christen sehr lange zahlenmäßig übertroffen. Bevor sie in den späten vierziger Jahren aus der Altstadt vertrieben wurden, waren sie dort in der Mehrheit. Aber so hat die Welt die Nahostfrage geregelt: Jordanien oder Transjordanien ist willkürlich von den Briten geschaffen worden – ja, von Winston Churchill persönlich, wahrscheinlich mit einem Bleistift, zwischen Drinks. »Hier, diesen Kram geben wir den Haschemiten.« So, jetzt hatte man hier eine »legitime« Nation. Die Ägypter hatten in den vierziger Jahren einen äußerst dürftigen Anspruch auf Sinai. Ich weiß, daß manches von dem, was Schahar sagt, nicht stimmt, aber ich sage nichts. Als England nach dem ersten Weltkrieg wollte, daß Sinai ein Teil des Palästina-Mandats würde, und Frankreich sich widersetzte, wurde es Ägypten zugeschlagen, das nicht darum gebeten hatte. Worauf gründete sich ihr gegenwärtiger Anspruch? fragt Schahar. Alle diese Länder, die plötzlich so stolz und nationalistisch und anspruchsvoll sind, waren bloße Schnipsel und Stücke des ottomanischen Reiches gewesen. Die Saudis, die dollarstolzen Verteidiger von Jerusalem, hatten kaum eine historische Verbindung zur Stadt. »Sechs Generationen meiner Familie sind in Jerusalem geboren worden«, sagt Schahar, der Feuer fängt. Schahar ist ein Romancier, und ein guter. Er liebt die französische Literatur. Er verehrt Proust. Wir unterhalten uns oft französisch, und ein Wort dieser geliebten Sprache beschreibt ihn gut. Er ist *costaud*, stämmig, er hat ein großes Knochengerüst, breite Schultern, einen muskulösen Hals, große Adern. Die Adern schwellen jetzt an. Ich fange an, ihn mit meiner amerikanischen Ausgewogenheit zu ärgern, meiner Objektivität auf seine Kosten. Es ist für Außenseiter so einfach zu sagen, daß die Frage zwei Seiten hätte. Was für ein scheußlicher Ausdruck! Ich beginne, ihn zu hassen.

»Die wollen unsere Friedensvorschläge nicht. Sie wollen keine Konzessionen, sie wollen uns vernichtet haben!« Schahar schreit und haut auf den Tisch. »Du kennst sie nicht. Der Westen kennt sie nicht. Sie wollen uns nicht leben lassen. Wir müssen um unser Leben kämpfen. Es kostet die Welt nichts zu debattieren, debattieren, debattieren. Und die Franzosen sind Huren und verkaufen ihnen alle Waffen, die sie haben wollen, und die Engländer ebenso. Und wer weiß mit den Amerikanern! Und wenn die Araber sich endlich durchgesetzt haben, dann sind vielleicht die Franzosen und Engländer so nett und senden Schiffe, um unsere Frauen und Kinder zu evakuieren.« Jetzt hat Schahar das selten ausgesprochene Schrecknis genannt: den Alptraum der Ausrottung. Damit muß Israel leben. Obwohl die Leute nicht oft davon reden, ist er doch immer da. Ich blicke in Silks großes feines Gesicht. Es ist gesenkt, und er sieht auf den Tisch. Und ich, ich sage nichts weiter. Kann ich Schahar erzählen, das »Gewissen des Westens« werde niemals zulassen, daß Israel vernichtet wird? So etwas kann ich nicht sagen. So große Behauptungen werden nicht mehr aufgestellt; unsere ganzen Übertreibungen sind heutzutage dem Schweigen vorbehalten. Wir wissen, daß alles möglich ist. Zum ersten Mal in der Geschichte ist die

Menschheit als Ganzes in die Politik eingetreten. Jeder spielt dabei mit, und es ist offen, was dabei herauskommt.

In der Knesset, dem Parlamentsgebäude Israels, sind die Sicherheitsmaßnahmen sehr streng. Das Taxi wird am Toreingang angehalten, man steigt aus und betritt ein kleines Amtszimmer, wo sechs oder sieben Soldaten mit Barett und auf den Boden gestellter Maschinenpistole herumstehen. Sie unterhalten sich über Filme und den bevorstehenden Besuch von Frank Sinatra. Man gibt den Zweck des eigenen Besuchs am Amtstisch an. Man ist gekommen, um mit Mr. Abba Eban, jetzt einem Abgeordneten der Knesset, zu lunchen. Der Paß wird geprüft und Ebans Büro angerufen. Ein alter religiöser Jude in Schwarz und mit Bart naht sich mit talmudisch aussehenden Oktavbänden unter den dafür nicht ausreichenden Armen. Er ist frohgemut, hat gute Zähne, seine Nase ist mit Äderchen übersät, und er gibt das Anliegen seines Besuches gutmütig und ausführlich an. Hinter ihm streichelt sich ein junges Paar, demonstrative Liebhaber, gegenseitig den Kopf, während sie auf die Ausgabe der Passierscheine warten. Der Beamte hinter dem Tisch bittet, einen der talmudisch aussehenden Bände sehen zu dürfen, legt den Finger an die Stirn und vertieft sich in einen dicht geschriebenen Text. Darauf folgt eine gelehrte Unterhaltung. Ich warte. Schließlich werde ich aufgefordert, eine von Vorhängen umschlossene Kabine zu betreten, wo mich ein Soldat nach Waffen durchsucht, den Stoff meines Regenmantels abtastet (das Wetter ist heute übel), in meinen Hut schaut, mich eine kleine Plattform besteigen läßt und meine Beine, Taschen und Seiten befühlt. Er öffnet meinen Füllfederhalter und prüft ihn. Dann grunzt er und nickt mich zur Tür hinaus zu dem großen offenen Platz vor dem Parlamentsgebäude. Die Knesset ist gewaltig. Ein Land von dreieinhalb Millionen Einwohnern sollte etwas Gedrängteres, Bescheideneres haben, aber die Gründer sind nicht berühmt für ihren guten Geschmack. Teddy Kollek hat mir erzählt, daß Ben-Gurion nach 1967 ganz dafür war, die Mauern der Altstadt zu schleifen. »Laßt das alles offen sein«, war sein Argument. »Macht eine Stadt, keine Mauern.« »Kein Sinn für Schönheit«, sagt Kollek.

Bei der Auskunft sind die Angestellten streng, aber die Damen, die einem den Mantel abnehmen, klatschen miteinander. Eine strickt einen kreisförmigen Gegenstand aus hellrosa Wolle. Ich erkläre, daß ich zum Lunch gekommen bin, und werde die Treppe hinunter gewiesen. Es gibt zwei Speisesäle, einen für Fleischesser – die alte Trennung nach Diäten. Mr. Eban wartet. Er liest mehrere Zeitungen zugleich – Zeitungen unter dem Arm und in den Fingern. Seine großen Augen sind durch große getönte Linsen noch vergrößert und scheinen die Flut von kleinem hebräischem Druck mit Augenkraft zu überfluten. Seine Brille besteht aus schwarzumrandeten Rechtecken, und er gibt sich mit plumper, gesandtschaftlicher Würde. Er und ich gehen an einen Tisch im Saal der Fleischesser und bestellen jeweils gekochtes Huhn und Wiener Schnitzel. Eine Flasche Schweppes Bitter Lemon wird auf den Tisch geknallt, und wir gießen ein und trinken. Mr. Eban hat bisher in den Zeitungen nicht gefunden, was er suchte, und zieht sie unter dem Arm hervor wie ein Mann, der sich anschickt, Semaphor-Signale zu geben. Ich versuche, ihn durch leichtes Geschwätz zu unterstützen, während er durch *Ha'aretz* flattert. Schließlich wird das Essen serviert. Mein verwirrter Geist seufzt, und ich nehme einen Löffel zur Hand. Mr. Eban ist scheu und zugleich allzu selbstsicher – verdüstert, aber nicht unhöflich verdüstert. Er wünscht und wünscht nicht zu sein, wo er ist. Seine Gedanken kreisen um die Welt wie ein Satellit. Er ist ein Typ, mit dem ich vollständig vertraut bin. Die Suppenteller werden abgetragen und das Huhn in richtiger Erkenntnis Mr. Eban vorgesetzt. Es ist ein jüdisches Huhn, in der Haut gekocht, auf Wellen von Kartoffelpürree sitzend und umgeben von Reisufern und brauner Sauce. Mein Schnitzel ist nicht aus Kalbfleisch, sondern irgendeinem anderen Tiergewebe, das schwer zu schneiden ist. So esse ich also meinen Reis und trinke Schweppes. Der hungrige Mr. Eban ist füllig unter dem Kinn. Seine Stimme stammt aus Oxford, seine Ansichten sind hoch organisiert. Er ist nicht einer, der zuhört. Aber ich bin ja hier, um zu hören, was er zu sagen hat.

Er sagt, daß die Beziehungen zwischen Israel und den Vereinigten Staaten niemals besser waren. Israel erhält gerade zu dieser Zeit mehr Hilfe von Amerika als in allen Jahren seit seiner Gründung. Die Rolle Amerikas im Krieg von 1973 ist in weiten Kreisen mißverstanden worden. Kissinger ist nicht aus Schwäche oder weil die Russen mit einer Intervention gedroht haben, nach Moskau geeilt. Gewiß, er brauchte nicht den Anschein zu erwecken, als folge er einer gebieterischen Vorladung. Vielleicht sah seine Eile dienstbeflissen aus, aber was er getan hat, war richtig. Amerika hatte bereits die Oberhand, und zu der Zeit war es eben notwendig, Rußlands

Macht im Nahen Osten anzuerkennen und der Sowjetunion die Mitverantwortung bei der Feuereinstellung einzuräumen. Tiefer nach Kairo vorzudringen, hätte den Verlust weiterer tausend Israelis bedeutet und vielleicht die Russen veranlaßt, einzugreifen. Was Rußland verlangt, ist Anerkennung seiner großen Macht – Ehrerbietung. Es muß eingeladen werden, alle Abmachungen zu sanktionieren, es muß konsultiert werden. Kissinger hatte seinen Sieg schon gewonnen.

Dann ist *détente* kein sinnentleerter Begriff?

Keineswegs, wenn man sie sorgfältig definiert.

Und wenn sie nun so definiert wird, wie Solschenizyn sie in seiner Ansprache vor der amerikanischen Gewerkschaft AFL-CIO definiert hat?

Sie können nicht erwarten, daß russische Dissidenten Rußland unparteiisch darstellen.

Mr. Eban hat nicht die schlechteste Meinung von Rußland, die möglich wäre. Er betrachtet es nicht als die schlechteste Gesellschaft der Geschichte oder als ein dämonisches Imperium, das seine Macht zu erweitern sucht und der Vernichtung der kapitalistischen Demokratie verpflichtet ist. Er vertritt eine ausgewogenere Ansicht. Die Sowjetunion mag eine bösartige Supermacht sein, aber man kann sie verstehen, einschätzen und danach behandeln. Sie ist nicht etwas unmenschlich Festgefügtes und Brutales. Sie begeht auch Dummheiten, zögert; ihre menschlichen Schwächen sind beruhigend Man braucht nur zu lesen, was Mohammed Heikals Buch *The Road to Ramadan* über die russischen Führer enthüllt. Heikal sagt, daß sie bei einer Gelegenheit, die er beobachtet hat, ein Memorandum endlos unter einem halben Dutzend Personen zirkulieren ließen, bevor sie eine unwichtige Entscheidung fällten. Drei Unterschriften auf einem Dokument waren notwendig, bevor eine Anordnung gegeben werden konnte. Die Russen wollen vor allem festhalten, was sie bereits haben, und die anderen Supermächte dauernd verunsichern. Im Jahr 1973 haben sie Syrien und Ägypten nicht gedrängt, Israel anzugreifen, sondern eine abwartende Haltung eingenommen. Sie wollen nicht Israels Zerstörung – nur, daß es sich in die Grenzen von 1967 zurückzieht.

Der Bericht, den ich über Ebans Privatgespräch mit Gromyko gehört habe, war zutreffend.

Und was die PLO anbelangt, so ist sie nach Ebans Meinung für die Russen lästig, und Arafat bereitet ihnen viele Schwierigkeiten.

Die Intervention der PLO im Libanon ist kein rauschender Erfolg. Die Russen sind in Ägypten enttäuscht worden. Vielleicht würden sie Sadat gern loswerden. Durch einen *coup d'état*? Mr. Eban ist zu diplomatisch, um gerade heraus zu antworten.

Er zieht die getüpfelte Haut von seinem Hühnerbein. Ich rieche den Dampf von gekochtem Huhn, ich sehe das Fleisch, ich versuche von neuem mein Schnitzel. Amtliches Essen kann man in Israel runterkriegen, wenn man die Augen schließt und an was anderes denkt. Leider Gottes fällt mir dabei ein, was ich vor zwei Tagen in der Altstadt gesehen habe, als ich mit John Auerbach spazierenging. Junge Hammel wurden zum Schlachten auf einen Lastwagen geladen. Sie versuchten davonzulaufen. Sie wurden von arabischen Arbeitern ergriffen, am Fließ hochgehoben und zappelnd in das Auto geworfen, während alle Flüche ausstießen. »Fotze deiner Schwester«, schrien die Männer. An der Seite lagen die übelriechenden Felle von frisch geschlachteten Tieren. Wann werden wir mit dieser Schlächterei aufhören und uns Grünfutter, Nüssen und Früchten zuwenden? Das ist keine schlechte Frage, wenn man einen hochzivilisierten Mann über Politik reden hört, während er seinen Lunch verzehrt.

Hat Mr. Eban jemals Dr. Kissingers eigene Erklärung zur Politik der *détente* gehört?

Dr. Kissinger hat nie lange genug stillgesessen, um Mr. Eban das erschöpfend zu erklären. Die Leute kommen dauernd mit Schriftstücken zu ihm; Dr. Kissinger springt jedesmal auf.

Und jetzt ist der Regen stärker geworden, der Winter ist da. Habe ich etwas Fahrbares? Man kann kein Taxi kriegen, nicht für Geld und gute Worte. Mit allen seinen Zeitungen steht Mr. Eban auf und bietet mir an, mich abzusetzen. Sein Auto wartet. Wir verlassen die Knesset durch den Ausgang für Mitglieder. Einige der Mitglieder haben Vollbärte und tragen Käppchen. Während wir zur Jaffa Road fahren, sprechen Eban und ich über amerikanische Politiker. Anscheinend hat Präsident Ford tatsächlich erst vor kurzem erfahren, daß sich die amerikanische Botschaft nicht in der Hauptstadt Israels befindet, sondern in Tel Aviv. Eban hat Hemmungen, den Präsidenten zu kritisieren, aber er gibt zu, daß er kein Lyndon Johnson ist. »*Das* war ein kluger Mann«, sagt Eban mit Bewunderung. Ich hatte gehört, daß Johnson Eban einst mit den Worten empfangen habe: »Herr Botschafter, hier sitze ich, kratze mich am Arsch und denke über Is-ra-el nach.« (Und das im breitesten Südstaaten-Dialekt.) Eban bestätigt das, erklärt aber, daß Johnson sehr freundlich gesprochen habe. Vertraulichkeit ohne Geringschätzung. Eban fragt mich, was ich von den demokratischen Kandidaten halte – zum Beispiel von Henry Jackson. Nun, ich habe zweimal Senator Jacksons Hand geschüttelt und weiß nicht mehr von ihm, als man vom Schütteln einer Politikerhand erfahren kann. Und wie steht's mit Hubert Humphrey? Senator Humphrey ist besser als die meisten anderen. Präsident Johnson hat ihn in eine sehr schlechte Lage gebracht. Es ist ein Jammer, daß Humphrey nicht genügend Mut hatte, sich zu widersetzen. Es stimmt, daß er geschwätzig ist. Groucho Marx hat von ihm gesagt: »Ich weiß nicht, was für einen Präsidenten er abgeben würde. Er redet, redet, redet. Er würde eine tolle Ehefrau abgeben.« Meine Theorie ist, daß Humphrey beim Reden lernt und daß es ihm teilweise als Bildungsprozeß dient. Ein Mann im öffentlichen Leben ist viel zu beschäftigt, um außer Zeitungen und Gesetzesentwürfen viel lesen zu können; aber Humphrey greift eine gute Anzahl intelligenter Meinungen auf und könnte durch Debatte, Wiederholung, Verbesserung und Redaktion vielleicht doch was zuwege bringen. Er erkennt das Richtige, wenn er's sieht oder wenn er's sagt. Seine Leistungen im Senat sind eindrucksvoll.

Der Regen hat aufgehört. Ich klettere aus Ebans Auto, bedanke und verabschiede mich. Die Jaffa Road, deren Läden seit dem Mittag zur Siesta geschlossen sind, ist durchnäßt und freudlos. Ich gehe an dem kleinen Café vorbei, vor dem vor ein paar Tagen die Bombe explodiert ist. Es ist ausgebrannt. Ein junger Taxichauffeur hat gestern abend Alexandre und mir erzählt, daß er im Begriff war, mit einem seiner Freunde dort einzutreten, als ein anderer Freund nach ihm rief. »Er wollte mir was erzählen, und da bin ich zu ihm rüber gegangen, und dann ging die Bombe los, und mein Freund war da. Jetzt ist also mein Freund tot«, sagte der Chauffeur. Seine Stimme, die noch im Bruch war, schnappte über. »Und so leben wir, Mister! Okay? Wir leben so.«

Ebans Einstellung zu Rußland wird von vielen geteilt. In anderer Form habe ich sie kürzlich im Beth Belgia, einem der Gebäude der Hebrew University, von Professor Schlomo Avineri gehört, der Historiker und politischer Wissenschaftler ist. In Professor Avineris Fassung sieht die Lage etwa folgendermaßen aus: Nach dem zweiten Weltkrieg wurde in weiten Kreisen angenommen, daß der Kapitalismus zu neuem Leben erweckt sei. Aber das war eine Illusion. Die

Nachkriegsblüte des Kapitalismus beruhte auf billiger Energie und preiswerten Rohstoffen aus unterentwickelten Ländern. Deren Preise sind inzwischen gestiegen, und die letzte Freifahrt des westlichen Kapitalismus ist zu Ende – zu Ende für alle bis, vielleicht, auf Amerika. Andere westliche Länder müssen sich jetzt darauf einstellen, mit einem bescheideneren Standard zu leben. In Osteuropa hat sich dagegen das Leben ungeheuer verbessert. Die unteren Klassen beginnen, gut zu essen und sich ordentlich zu kleiden und in warmen Wohnungen zu leben. Es ist hauptsächlich die alte Mittelklasse, die unglücklich ist – die Freiberufler, die Intellektuellen. Und quer durch ganz Europa wird man einen allmählichen Abbau von Privilegien und eine Umverteilung der guten Dinge des Lebens beobachten können. Die westlichen Zentren im alten Europa verdüstern sich, aber Ungarn, Bulgarien, Rumänien, Polen hellen sich auf. Das sollten wir lieber bedenken als den sich ausbreitenden Roten Imperialismus und die Unterwerfung Europas durch Rußland. Wenn ich ihn recht verstehe, sagt Professor Avineri, daß sich unter Rußlands Satelliten eine unabhängige Art des Kommunismus entwickelt und daß der westliche Kommunismus demokratischer und weniger moskauhörig ist. Auf jeden Fall verändert sich die Welt, und keine Supermacht ist mehr das, was sich so viele von uns immer darunter vorgestellt haben.

Ähnliches kann man eher in Paris oder Mailand zu hören kriegen als in Jerusalem. Eine solche Zukunftsvision erwächst anscheinend aus der Annahme, daß das amerikanische Prestige und sein Einfluß im Abnehmen sind. Sie hält es für erwiesen, daß die Vereinigten Staaten den größten Fehler ihrer Geschichte begangen haben, als sie die Ausbreitung des Kommunismus in Südostasien bekämpften. Der Wunsch, den Kommunismus in einem neuen Licht zu sehen, ist eins der Ergebnisse der Katastrophe in Vietnam und der innenpolitischen Wirren in Amerika. Außerdem verführt Israels äußerste Abhängigkeit von den Vereinigten Staaten israelische Intellektuelle dazu, nach Hoffnungszeichen in der kommunistischen Welt zu fahnden. Ich frage mich oft, warum es den Menschen das Herz abdrückt, wenn sie ihren Marxismus aufgeben. Was ist erforderlich, um die Hoffnungen auszulöschen, die von der Oktoberrevolution entfacht worden sind? Was müssen die Intellektuellen denn noch über die UdSSR erfahren? Da ich das Leben in kommunistischen Staaten einigermaßen kenne, bin ich völlig anderer Ansicht als Avineri. Nach meinem Urteil ist das eine frivole Analyse – auch herzlos, wenn man bedenkt, wie wenig persönliche Freiheit in Osteuropa vorhanden ist. Man hat nicht das Recht, die Rechte anderer wegzuschenken. Aber ich sehe mir Professor Avineri noch einmal an und erkenne, daß er ein liebenswerter Mann ist, überhaupt nicht herzlos. Ich komme zu dem Schluß, daß er diese Ansichten nur ausprobiert. Morgen, in einer anderen Stimmung, argumentiert er vielleicht ganz anders.

David Farhi sagt, daß Sadat bei seinem Besuch in Amerika seine arabischen Loyalitäten herausgestellt und sich als Super-Araber aufgespielt hat, um über jeden Verdacht erhaben zu sein. Die arabische Welt hat ihm vorgeworfen, daß er weich werde. Da er nun die Solidaritätsgesten gemacht hat, steht es ihm frei, sich davon loszumachen und den inneren Problemen Ägyptens zuzuwenden – Übervölkerung, wirtschaftliche Stagnation, Seuchen. Professor Michael Brecher von der Hebrew University, ein Israeli kanadischer Abstammung, wunderbar gesprächig und aufs genaueste unterrichtet, stimmt mit Farhi überein und fügt hinzu, daß Sadats Regime gefährdet sei. Die Russen sind über ihn verärgert. Ägyptische Universitätsstudenten, von denen eine Anzahl im Krieg von 1973 Offiziere der niederen Ränge waren, sind kritisch und unzufrieden. Ägyptens propagandistische Neufassung der Kriegsereignisse vermag sie nicht zu täuschen. Sie wissen, wie schlecht sie geführt wurden und wie schnell sich Israel von den Niederlagen der ersten Tage erholt hat. Wenn die Russen einen *coup d'état* organisieren, haben sie eine zornige, kriegserfahrene Studentenbevölkerung, aus der sie rekrutieren können.

Hinter Gesprächen wie diesen stehen die Bilder von dumpfen Städten am Nil und von unterernährten Menschen, die an Bilharzia leiden. Die Welt, mit der man fertig werden muß, ist eine Welt, in der das, was schon immer gewesen ist, nicht mehr tragbar ist. Das Ägypten meiner Darstellung ist das Ägypten von Edward Lane und anderen Beobachtern und Reisenden. Es erstreckt sich über das ganze Gebiet – den Sudan und Äthiopien. Es ist nun amtlich verordnet worden, daß ganze Zeitalter der Indolenz beendet seien, daß dies sich ändern und daß die Änderung unverzüglich beginnen müsse. Niemand kann genau vorhersagen, was dieses neue Gebot bewirken wird. Tolstoi sagte in hohem Alter zu A. B. Goldenweiser, der ihm oft Chopin vorspielte: »Vielleicht liegt es daran, daß ich unwohl bin, aber in diesen Tagen werde ich zuweilen von allem, was in der Welt vor sich geht, einfach zur Verzweiflung getrieben: der neuen Eidesformel, der abscheulichen Proklamation über die Einberufung von Universitätsstudenten in die Armee, der Dreyfus-Affäre, der Lage in Serbien, den grauenvollen Seuchen und Todesfällen in den Quecksilberminen von Auerbach ... Ich kann nicht begreifen, wie die Menschheit so weiterleben kann, mit dem Anblick all dieser sie umgebenden Schrecken.«

Irren wir uns, wenn wir meinen, unsere Schrecken heute seien viel größer? Die Zeitung von heute morgen berichtet, daß neun Männer in einem argentinischen Graben tot aufgefunden worden sind, mit Binden vor den Augen und einer Kugel im Kopf, daß Südmolukker einen holländischen Zug in ihre Gewalt gebracht und einige Passagiere getötet haben. Dutzende von Menschen werden jeden Tag in den Straßen von Beirut getötet, Terroristen nehmen Geiseln in London und legen Bomben in Belfast. Als Amerikaner kann ich mich an jedem gegebenen Tag entscheiden, ob ich an diese Scheußlichkeiten denken will oder nicht. Ich brauche sie nicht zur Kenntnis zu nehmen. Ich kann mich einfach weigern, die Morgenzeitung zu öffnen. In Israel hat man diese Wahl nicht. Da wird die Summe der Gewalttaten jeden Tag gezogen. Und nichts darf ausgelassen werden. Der Bewohner von Jerusalem, der in der Weltpolitik verfangen ist, kann Gerald Ford und China, Ronald Reagan und Kalifornien nicht vergessen; er ist verpflichtet zu wissen, daß Harold Wilson gerade in einer Rede versichert hat, England sei noch eine Macht, mit der man rechnen müsse. Er kann sich nicht leisten, die jüngsten Änderungen in der Strategie der Kommunistischen Partei Frankreichs zu übersehen oder die Krisen in Portugal und Angola; er muß die geistigen Eigenarten der islamischen Welt und der Juden in der Diaspora im Kopf behalten. Israelis müssen tatsächlich viertausend Jahre jüdischer Geschichte bedenken. Die Welt ist ihnen in die Arme geworfen worden, und sie sind aufgerufen, einen unglaublichen Balanceakt zu vollführen. Oder um es anders auszudrücken: kein Volk muß so schwer auf so vielen Ebenen arbeiten wie dieses. In weniger als dreißig Jahren haben die Israelis ein modernes Land geschaffen – Türklinken und Angeln, sanitäre Anlagen, elektrische Artikel, Kammermusik, Flugzeuge, Teetassen. Israel ist sowohl ein Kasernenstaat wie eine kultivierte Gesellschaft, sowohl Sparta wie Athen. Es versucht, alles zu tun, alles zu verstehen, für alles vorzusorgen. Alle Reserven, alle Fähigkeiten sind angespannt. Unablässiges Nachdenken über die Weltsituation geht einher mit den Verteidigungsmaßnahmen. Diese Menschen sind jeder für sich aktive Teilnehmer der Universalgeschichte. Ich begreife nicht, wie sie es ertragen können.

Einen Spaziergang in der Altstadt mit Scholem Kahn, der einen Lehrstuhl an der Hebrew University hat. Er führt mich durch den griechischen Bezirk des christlichen Viertels, und wir besuchen den kleinen franziskanischen Buchladen. Der alte Verkäufer ist ein christlicher Araber, der vor mehr als fünfzig Jahren in der türkischen Armee gedient hat und gern von den barbarischen alten Tagen erzählt. In den Schaufenstern liegen franziskanische Übersetzungen von mittelalterlichen italienischen Reiseberichten. »Und wie geht es Pater Hoade?« fragt Kahn, sich nach dem Übersetzer dieser Werke erkundigend.

»Oh, der ist nach Rom gezogen und vor drei Jahren gestorben.«

»Ach, wirklich? Welch ein Jammer. Ein ganz reizender Mensch«, sagt Kahn, der selbst ganz reizend ist. Aber schließlich ist das der Lauf der Dinge. Man wird in Irland geboren, legt die Kutte an, übersetzt italienische Reiseberichte in Jerusalem, zieht nach Rom und stirbt.

Kahn will mir unbedingt einige alte Bäder am unteren Ende der Altstadt zeigen, und wir fragen uns durch endlose Gäßchen, wo Kinder auf Eseln reiten, Gummibälle kicken, kreischen, vom Wagen fallen und kleine Feuer in Eimern anzünden, um ihre Finger zu wärmen, denn das Wetter ist kalt. Ein frostiger Ostwind bläst über die Bögen der bedeckten Straßen. Der uralte Stein ist sehr kalt. Die Sonne dringt nicht oft in diese Straßen. Eine Schar schwarzer sudanesischer Jungen gibt einem Fahrer, der seinen Laster rückwärts in eine enge Gasse stößt, aufgeregt Anweisungen. Er schrammt dabei die arabische Inschrift auf einem zugeschütteten Brunnen, der Gabe eines Sultans aus dem elften Jahrhundert, wie ich mir vorstelle. Kahn fragt wieder nach den türkischen Bädern. Ein Süßwarenverkäufer, der einen seiner großen, flachen, klebrigen Kuchen aufschneidet, eine Art von honigüberzogenen Mühlstein, scheint verärgert. Sein Geschäft ist es, Kuchen zu verkaufen, nicht den Weg zu weisen. Wir kommen unter eine Arkade, wo ein Geldwechsler in einem Rollkragenpullover uns sagt, wir sollten wieder zurückgehen und dann links einbiegen. Er bietet an, mir für den Dollar zwei Pfund mehr zu zahlen als den amtlichen Kurs. Ich mache mir die Mühe, ihm zu sagen, wie tugendhaft ich mich in diesen Angelegenheiten fühle, und er kann mit seiner Meinung nicht zurückhalten, nämlich, daß ich sehr dumm bin. Stimmt. Wenn ich *nachdenken* würde, dann würde ich so etwas nicht einem Mann sagen, dessen Handel das Geld ist. Aber das ist es eben – der Bursche mit den Dollar ist oft töricht. So – und hier rühren meine Gedanken auch an den Fall des armen Pater Hoade, der nach Rom zog und dort starb – ist das Leben. Wir verlassen die Arkade wieder und erkundigen uns bei einem dicken, unrasierten Ladenbesitzer mit arabischem Kopfschmuck und aufgeplatzten Schuhen, der mit angeschlagenen grünen Glaswaren handelt. Sein Gesicht strahlt bei unserer Frage auf. Ja, gewiß, *er* weiß. Er zieht uns in ein Gespräch, er bietet uns Kaffee an. Danach unterbreitet er unseren bewundernden Blicken ein zerknittertes Farbfoto von seinem Sohn, der in Chicago Medizin studiert. Ich sage ihm, daß ich aus Chicago bin. Er ist entzückt. Das Foto, das mit liebevollen Fingerabdrücken bedeckt ist, wandert von Hand zu Hand. So, jetzt sind wir in Freundschaft verbunden. Das enge Ende der Gasse, wo wir stehen, ist mit dem üblichen Abfall von Orangenschalen und Exkrementen, Eierschalen und Flaschenverschlüssen übersät.

Der Ladenbesitzer, der uns mit seinen gestikulierenden Armen fast umschlingt, begleitet uns zum Hamam. Und hier ist das Bad selbst, an der Ecke, eine lachsfarbene Gipspassage entlang, die sich asymmetrisch buchtet. Wenn dies der Damentag ist, dann müssen wir wieder zurück. Voller Respekt für die Sittsamkeit der Frauen öffnet unser Freund vorsichtig die Tür und hält warnend eine Hand hoch. Er erkundigt sich, indem er in hohle Räume schreit, und winkt uns dann vorwärts. Wir betreten einen riesigen, gewölbten, kreisrunden Raum, der vielleicht tausend Jahre alt ist – eintausendvierhundert, behauptet unser Führer. Aus Gründen der Selbstachtung muß ich ihm ein paar hundert Jahre absprechen. Aber wer kann sich lange mit Daten aufhalten. Die kleine Idiotie skeptischer Berichtigung vergeht. Ich finde mich zu meiner Freude in einem alten, schönen, sauer riechenden Raum. Diwans, mit Lappen und alten Laken bedeckt, sind an den Wänden für die ausruhenden Kunden aufgestellt. Zerfetzte Handtücher hängen trocknend an Wäscheleinen hoch im Raum. Die Wäscheleinen steigen kreuz und quer aufwärts, aufwärts, aufwärts bis zu düsteren Galerien. Eine arabische Frau, die sehr alt ist, ruht auf einem Diwan. Eins ihrer kurzen Beine ist ausgestreckt. Sie macht eine Geste orientalischer Höflichkeit. In diesem handtuchbewimpelten Zimmer ruhen sich die Leute von den

Strapazen des Badens aus. Wir gehen durch mehrere Dampfkammern, die jetzt leer sind. Unser arabischer Freund sagt: »Sie verbringen hier eine ganze Nacht. Sie werden sein ein ganz anderer Mann.« Ich will es gern glauben. Ein Gehilfe schrubbt den Boden mit einer harten Bürste. Er muß der Ehemann der uralten Odaliske sein. Er ist dick, klein, o-beinig und hat einen runden Rücken. Er ist so gebeugt, daß er nach oben blicken muß, wenn seine tiefbraunen Augen, Walroßaugen, unseren Blicken begegnen wollen. Die weißen Stoppeln und seine Farbe – die kräftige Farbe eines Mannes in Dampf und Hitze – sind angenehm. »Das ist nicht das Bad, das ich in Erinnerung hatte. Das, welches ich Ihnen zeigen wollte, ist viel älter«, sagt Kahn. Aber ich freue mich sehr über dieses und wünsche mir nichts Besseres. Als wir gehen, unterhält sich die alte Frau mit einer ihrer Freundinnen, einer enormen und köstlich fetten Frau, die sich genau auf die Kante des Sofas gesetzt hat. Auf den kalten Pflastersteinen sagen wir lebewohl, danken dem Ladenbesitzer mit den aufgeplatzten Schuhen. Er geht zurück zu seinen dunkelgrünen Glaswaren. »Ich fürchte, wir müssen das noch ältere Bad vergessen«, sagt Kahn. Er entschädigt sich, indem er mir von Max Nordau erzählt.

Chaim Gouri, ein Dichter und Journalist, ein kräftig gebauter Mann Anfang Fünfzig, dichte, schwarzgelockte Haare über einem guten, breiten, faltigen Gesicht – *une bonne gueule*. Ein Rollkragenpullover in Waldgrün. Er erzählt von einem Peugeot, der einer einflußreichen arabischen Familie gehörte und während des Sechs-Tage-Krieges von israelischen Soldaten »erbeutet« wurde. Gouri nahm ihn den Soldaten weg und gab ihn zurück. Die arabische Familie bedankte sich bei ihm, und die Dame des Hauses lud ihn später zum Essen ein. »Ich bin Ihnen dankbar wegen des Autos«, sagte sie, »aber nachdem Sie es uns zurückgegeben hatten, sind einige Ihrer Soldaten gekommen und haben mir die Juwelen weggenommen, die mir meine Mutter am Hochzeitstag gegeben hat.« Gouri versprach, alles in seiner Kraft Stehende zu tun, um zu helfen. Dabei bemerkte er eine Holländerin, eine der Eingeladenen, die ihn über den Tisch angrinste. Später erklärte ihm die Frau, warum dieser Vorfall sie so belustigt hätte. »Als der Krieg ausbrach«, sagte sie, »begannen wir in Amsterdam Lebensmittel und Kleidungsstücke für die jüdischen Flüchtlinge zu horten, die wir bei uns aufnehmen wollten. Schließlich hatten die Araber ja gedroht, euch auszurotten. Es hätte uns nicht überrascht, wenn Hunderttausende neuer Flüchtlinge in Westeuropa eingetroffen wären. Und hier ist eine Frau, die sich beklagt, daß ihr ihre Klunkern weggenommen wurden. Bei uns in Holland sind die Deutschen ins Haus gekommen. Und zu den Deutschen die Russen . . .«

Trotzdem waren Gouris Beziehungen zu dieser arabischen Familie weiterhin nützlich. Er wurde gebeten, ein Stück Familienbesitz für sie zurückzuerlangen, ein Haus in der Nähe des Jaffa Gate. Er glaubte, daß er sich Freunde erworben hätte, und als ihn ein französischer Journalist bat, ihn bei einer arabischen Familie einzuführen, arrangierte er für ihn eine Einladung zum Abendessen. Während der Mahlzeit sagte die Tochter des Hauses, eine erwachsene Frau, ihre Meinung. Mutig, obwohl Gouri sagt, daß sie zitterte, erklärte sie: »Nie werden wir die Anwesenheit von Juden in unserem Lande dulden.« Das war für Gouri ein Schock.

Ich habe nicht gesagt, was ich mir dachte, aber mir als Amerikaner und als Jude war die Sache klar genug. Er wünschte diese arabischen Freunde durch seine Güte zu beeinflussen. Man verfolgt den Zweck, die Dinge zu bereinigen, die Hungrigen zu nähren, Schulen und Krankenhäuser zu bauen, Arbeiter zu hohen Löhnen anzustellen, an die sie nicht gewöhnt sind, gestohlene Autos und Halsbänder zurückzuerstatten, und dadurch alle Herzen zu gewinnen. Aber diese Araber spielen das alte Spiel von Elsaß-Lothringen, wobei Israel die Rolle von Preußen hat, und sie selbst tapfer daherquäken wie der alte Schullehrer in Daudets patriotischer Erzählung *Vive la France!*

Ich habe Gouri mit »*une bonne gueule*« beschrieben, weil er, wie Schahar, ein Frankophile ist. Er kann kein Englisch. Wir haben uns mehr oder weniger richtig, aber in hoher Gangart, auf französisch unterhalten. Jetzt fragt er mich nach meiner Einschätzung der französischen Haltung seinem Land gegenüber. Er beschreibt seinen Besuch bei französischen Intellektuellen, darunter auch Michel Butor, die merken lassen (mehr als eingestehen), daß sie überhaupt nichts von Israel wissen. Er fragt mich, ob ich diese erstaunliche Unwissenheit erklären könne.

Ich sage ihm meine Ansicht: Frankreich ist ein Land, dessen in Paris sitzende Denker meinen, alles zu wissen, was man über die Welt draußen wissen muß. Diese Welt draußen ist so, wie sie sie erklären. Wenn man etwas über den australischen Buschmann wissen will, sieht man im Larousse nach. In Frankreich publizierte Standardwerke enthalten, wie z. B. Keats' *Wahrheit und Schönheit*, alles, was bekannt ist oder bekannt zu sein verdient. Paris, das jahrhundertelang das Zentrum der europäischen Kultur gewesen ist, hat eine große Anzahl von Kollektivdarstellungen, von unentbehrlichen Schilderungen oder Ansichten hervorgebracht, in denen sich die Kulturwelt gespiegelt fand. Für derartige Darstellungen war Frankreich, was der englische Bankverkehr fürs Geld war. Das englische Bankwesen steht nun dicht vor dem Zusammenbruch, aber das Bild-der-Welt-von-seinem-Pariser-Zentrum-gesehen, verstärkt durch eine Art von marxistischer Beigabe, ist in Frankreich so stark wie je. Deshalb kommen französische Besucher den Israelis unbegreiflich uninteressiert und unwissend vor. Um unsere Unterhaltung zu beenden: ein großer Teil von Westeuropa glaubt, daß der Kapitalismus am Ende ist und daß die liberale Demokratie zugrunde geht. Wenn Frankreich sich im geringsten für die liberale Demokratie, für die Freiheit interessieren würde, würde es sich Israel gegenüber, das im Nahen Osten allein die Freiheit repräsentiert, anders verhalten. Aber arabischer Feudalismus, arabischer Sozialismus und chinesischer Kommunismus sind ihm lieber. Geschäfte mit der Dritten Welt sind ihm lieber. Alles ist ihm lieber als Israel.

Als der Richter Chaim Cohn sich in eine Frau verliebte, die geschieden war, und er sie heiraten wollte, mußte er beim Rabbinat die Erlaubnis beantragen. Diese wurde verweigert, weil ein Cohn, einer der erblichen Hohenpriester, eine geschiedene Frau nicht heiraten kann. Darauf schlug Richter Cohn vor, da ein Hoherpriester körperlich ohne Fehl sein muß, sich symbolisch zu verstümmeln – er bot an, ein Glied seines kleinen Fingers operativ entfernen zu lassen. Aber man teilte ihm mit, selbst wenn er sich einen Arm abschnitte, würde er immer noch ein Cohn bleiben. Daraufhin heiratete Richter Cohn, der Israel im Menschenrechtsausschuß der Vereinten Nationen vertritt und daher oft nach Amerika reist, die Dame in einer Ziviltrauung in New York. Einige Freunde der Cohns fanden es unstatthaft für einen Diener des Staates, den Rabbis so wenig Respekt zu erweisen, und Richter Cohn und seine Frau, die sich dieser Ansicht beugten, ließen sich noch einmal vor einem konservativen Rabbi trauen. Dieser Rabbi wurde von seinen Amtsbrüdern getadelt und hatte große Schwierigkeiten. Das hat mir Richter Cohn erzählt. Er ist ein großer Mann und sieht schweigsam aus, aber dann entdeckt man, daß er innerhalb kurzer Zeit tatsächlich eine Menge erzählt hat. Ein weiteres Paradox – bei der Mahlzeit scheint er über düstere Probleme nachzugrübeln, aber hinterher hat man das Gefühl, daß man sich großartig amüsiert hat. Mrs. Cohn, eine Musikwissenschaftlerin, ist eine große, impulsive, dramatische Frau von beträchtlichem Charme. Der Richter mußte im Menschenrechtsausschuß seinen Kollegen erklären, warum ein Cohn Israel verlassen mußte, um eine geschiedene Frau zu heiraten.

Ich habe mit Professor Werblowski sein Buch über Joseph Karo besprochen, eine eindrucksvolle Arbeit über den großen Rechtsanwalt und Verfasser des *Schuljan Aruch.* Karo hat der Nachwelt außerdem auch ein persönliches Dokument hinterlassen mit dem Titel *Maggid Mescharim.* Der Maggid war ein Geist, der in »Schweigen und Einsamkeit« zu dem Rationalisten Karo sprach – eine Stimme in seinem Verstand. Maggidismus war im sechzehnten und siebzehnten Jahrhundert unter den Kabbalisten weit verbreitet, die glaubten, daß Dämonen oder böse Geister in die Menschen eindrangen und sie bedrängten, aber daß auch Engel in einen Menschen eingehen und durch ihn Worte der Weisheit sprechen konnten: » . . . Und wenn du erwachest, nachdem du mitten in Gedanken an die Mischnah eingeschlafen warst . . . und deine Lippen formen wollen . . . ich bin die Mischnah, die da redet in deinem Mund . . . der da leuchtet über der Lade spricht mit dir . . .« Als wir miteinander tranken, fragte ich den klugen Professor Werblowski, einen schlanken, gut aussehenden Mann, ob er selber an die Stimme der Mischnah im Verstand oder an unmittelbare Botschaften vom göttlichen Geist glaube. Als Religionshistoriker nehme er sie ernst, aber er selbst sei Rationalist. Irgendwann würden sich derartige Phänomene einer rationalen Untersuchung offenbaren. Ich hätte ahnen können, daß dieser wendige, nadelgestreifte Professor mit einer Nelke im Knopfloch und einer dazu passenden frischen Gesichtsfarbe die moderne Deutung wählen würde. Als ich mir sein Buch wieder vornahm, fand ich, daß er in der Tat ein moderner Professor war, der von Karos Maggid als der Manifestation »einer eigenartigen Technik, ohne bewußte Gedankenarbeit spontan ein logisch fortschreitendes, intellektuelles, sogar hochspezialisiertes theoretisches und spekulatives Material hervorzubringen« sprach. Der Traum eines Professors – ein ständiger Redefluß auf höchster Ebene! Welche andere Gabe könnte ein Engel einem Intellektuellen bringen? Reden – wunderbar belebendes, tiefgreifendes Reden.

Alexandra und ich nehmen gern eine Einladung zu einem Sabbathessen bei den Werblowskis an. Die Segnungen und Gebete sind ausgiebig. Ich habe nie etwas so Elegantes gehört wie Professor Werblowskis sephardisches Hebräisch. Drei halbwüchsige Kinder, zwei Töchter und ein Sohn, bedienen uns unter der Aufsicht der Mutter. Der Professor wird im patriarchalischen Stil zuerst bedacht. Seine Frau, die über alles, was er tut, alles, was er sagt, erfreut ist, ist sichtlich in ihn vernarrt – dies ein seltener Anblick in einem Zeitalter kampfbereiter Frauen. Wer könnte sich aber enthalten, das Vergnügen zu teilen, das die sanfte und weichherzige Mrs. Werblowski an ihrem Mann empfindet, wie er da bequem in seinem Stuhl sitzt und über den Tisch präsidiert?

Mein eigenes Herz muß eine Feudalabteilung haben. Ich habe eine Schwäche für Hierarchie. Ich erinnere mich, wie beeindruckt ich in Tokio war, als ich einen Tag bei den Sumo-Ringern in ihrem Verein verbrachte. Die Sumo-Meister, mächtig und gutgelaunt, glühend vor vitaler Kraft, das schwarze Haar schimmernd mit Nadeln an den Hinterkopf gesteckt, saßen vor den Kesseln und verteilten kochendes Ragout an die Schüler, die im Kreis um sie hockten und nach der Rangordnung bedient wurden. Der Meister konnte den stärksten von ihnen mit einer Hand beim Kopf packen und aus dem Sumo-Ring schleudern. Dieser unvergleichliche Arm, der am Gelenk von Akupunkturen übersät war, rührte in dem Ragout aus Kräutern, Fisch, Soja-Quark und namenlosen Weichtieren, die seltsam aromatisch und köstlich waren. In seiner Hand sah die Schöpfkelle nicht größer aus als ein Puppen-Teelöffel.

Ich glaube nicht, daß Professor Werblowski das zeremonielle Sabbathmahl mehr genießt als ich selbst. Er erinnert mich (und er ist selbstverständlich für die komischen Gedanken, die mir durch den Kopf fahren, nicht verantwortlich) an einen gewissen Jackie, einen kleinen Jungen der ersten Klasse einer Vorschule in Montreal, der mich einmal vor Überraschung in Ekstase versetzte, als er während der Stunde eine Pflaume aß. Er nahm sie aus der Schulmappe. Er polierte sie erst an seiner kurzen Hose, dann, glücklich über die Pflaume, glücklich über seine Voraussicht, sie mitzubringen, und glücklich mit sich selbst, biß er hinein. Das war meine Entdeckung des Talents. Was für eine geniale, originelle und verblüffende Idee war es doch, eine Pflaume in der Klasse zu essen. Er war selig, und er riß mich mit. Auch ich war entzückt. So war es auch bei Professor Werblowski. Vielmehr war es so in meiner nicht abzuweisenden, aber willkommenen Assoziation.

Aber der springende Punkt des Abends, und wir erlebten viele solche Abende in Jerusalem, war der, daß keine orthodoxe Familie den Sabbath so voll ausschöpfte wie die Werblowskis. Ich habe seitdem einen Vortrag von Professor Werblowski gelesen »Le Sabbath dans la Conscience Juive«. Er bezeichnet den Sabbath als »das kostbare Geschenk, von dem der Talmud spricht«. Aber er fügt hinzu: »Ich gebrauche hier die traditionelle Sprache der Theologen, nicht meine eigene.«

Es gibt viele Israelis, die nicht glauben, aber es gibt wenige, die kein religiöses Leben führen. Das Leben ist auch für die Unreligiösen in Israel quasi-religiös. Schließlich sind die Juden nicht nur in Jerusalem, weil sie Zionisten sind. Es gibt andere Gründe, und einige dieser Gründe sind mittelbar oder in mancher Beziehung religiös. Ein Unrecht, wie es gegen die Araber verübt worden ist, läßt sich einleuchtender durch den Judaismus, durch die gesamte jüdische Geschichte, rechtfertigen als allein durch den Zionismus.

Unternahm einen Spaziergang mit Dennis Silk. Ich hatte seine Gedichte und Marionettenspiele gelesen. Sie hatten mich bewegt, und ich war in einem angenehmen Zustand, versessen auf weitere Besichtigungen. Wir betraten die Altstadt durch das Tor von Damaskus und wandelten durch die bogenüberspannten Gassen. Ich finde den Schmutz des Basars köstlich. Ich bin erfreut, wenn ich Esel sehe, die rücklings aus Schlafzimmern oder Schlafzimmer-Werkstatt-Küchen oder Bäckereien und Korbflechtereien herauskommen. In den Gäßchen treten Schneider emsig auf die Fußpedale alter Singer-Nähmaschinen. Ich mag auch den Touristenschund ganz gern, der in den Türrahmen an Strippen hängt: Halsbänder, Souvenirs, Tonlampen, Gürtel, Schaffelle und leere Sitzkissen (man nimmt sie mit nach Hause und stopft sie dort selber), pelzgefütterte Pantoffeln, Buschläuferhüte, antike Bronzewaren und zerbeulte Stücke von allem möglichen, die auf dem Boden ausgebreitet sind – ein Paradies der Fledderer. Und Araber mit Kaffijehs, die mit einer geflochtenen Schnur gebunden sind, saugen in den Winkeln an ihrer Nargileh.

Dennis bringt mich zu einem Spielerklub in einem Kaffeehaus, wo die Leute große Spielkarten auf den Tisch klatschen und Taschenbillard spielen. Der Filz ist mit Heftpflastern geflickt, und es gibt keinen Stoßball – die Drei schießt die Neun, und die Fünf trifft die Vierzehn. Die Spieler sind jung, dunkel, schlank und lächeln nicht.

Wir gehen zu einem Körperkultur-Institut in der Nähe der Via Dolorosa. Ich nenne es Körperkultur-Institut, weil man es kaum als Sporthalle bezeichnen kann, und doch der Körper kultiviert wird. Die Mauern sind nicht eigentlich Mauern, sondern eher Hohlräume, Wölbungen innerhalb eines größeren Gefüges. Der Raum ist mit einer riesigen Ansammlung unbestimmbarer Gegenstände gefüllt. Am Eingang ist ein Büro, das gleichzeitig die Portiersloge ist. Von hier aus leitet ein breiter alter Mann mit Barett auf dem Kopf eine Vielzahl von Aktivitäten. Kleine Araberjungen hantieren an den Griffen eines mechanischen Fußballspiels. Reihen von Metallspielern treten nach einem Stahlball, der kaum größer ist als eine Pille. In einem kleinen Alkoven daneben liegt unter einer Glühlampe ein rohes, geköpftes Huhn und wartet auf die Mahlzeit; seine Haut ist von Todesschweiß bedeckt. Daneben ein Raum für Athleten. Die Wände sind mit Fotos von starken Männern in Trikots und Leopardenfellen bedeckt. Einige stehen allein und stellen ihre Schultern, Schenkel und Arme zur Schau. Einige sind von bewundernden Familien umgeben. Es ist mir nicht ganz klar, wie man mit so einem Bizeps seine Lieben umarmen kann. Hanteln jeder Größe und Expander mit Spezialfedern nehmen den meisten Raum ein. Zwei halbwüchsige Jungen nageln Ledersohlen auf den Boden, um den Gewichthebern einen Fußhalt zu geben. Sie zeigen eine ernste und höchst professionelle Einstellung zu ihrer Arbeit. In dem letzten Raum arbeiten junge Männer mit den Hanteln. Diese Kugelhanteln liegen auf zwei Stützen in der Nähe der Tischplatte. Die jungen Männer liegen auf dem Rücken und arbeiten sich in die Hebeposition hoch. Diese Gewichtheber, die voll bekleidet sind und Pullover tragen, führen ihre Stoßübungen mit verzweifeltem Ernst aus. Ich erinnere mich an ein Buch zur Muskelentwicklung mit dem Titel *Wie man stark wird und so bleibt* mit Gruppenfotos von Meistern der 1890er Jahre, schnurrbärtig und in engen Trikots – derselbe ernste und hingebungsvolle Ausdruck. In diesem kleinen Zimmer wechseln sich die jungen Männer ab und stemmen, bis sie nicht mehr stemmen können.

Nach dieser Lattenverschlag-Sporthalle gehen wir eine Wohnsiedlung besuchen, die sich an das Dach der Kirche zum Heiligen Grab anschließt. Wenn man eine schadhafte Steintreppe emporsteigt, gelangt man an eine Brüstung und geht ein paar Stufen hinunter zu einer eingelassenen Hoffläche neben der Kuppel, wo man große Menschen neben kleinen Behausungen stehen sieht. In der Dezemberfeuchtigkeit nähert sich uns ein schwarzer Mann in schwarzen Gewändern. Er ist ein Mitglied der winzigen äthiopischen Sekte, die in diesen Hütten lebt und im darunter liegenden Heiligen Grab gewisse Rechte besitzt. Es ist jetzt Abend und naß; nach einigem Umherwandern finden wir eine enge Treppe und steigen hinunter. Dennis erklärt, daß vor etwa hundertzehn Jahren die koptischen Rivalen dieser Sekte imstande waren, die Schlösser der Türen auszuwechseln, die unmittelbar zum Hof der Kirche führten, so daß diese schwarzen Männer über ein Jahrhundert einen langen Umweg machen mußten. Erst nach dem Sechs-Tage-Krieg ließen die Äthiopier die Türschlösser auswechseln, und sie hatten ihre Türen wieder. Sie haben zwei kleine Kapellen mit heiligen – ziemlich primitiven – Bildern und rot-grün-gelben Streifen an der Wand, Porträts von Patriarchen mit starrenden Augen und weißen Bärten. Aus dem Schatten nehmen Priester mit runden schwarzen Hüten Gestalt an. Vor Jahrhunderten haben sie sich hier angesiedelt und halten sich irgendwie in der Nähe dieses heiligen Ortes.

Komödien, in denen sich dem Herzen Schreie entringen – *Così fan tutte*, *Die Hochzeit des Figaro*, Sternes *Sentimentale Reise*; ich fühle mich immer zu ihnen hingezogen und zu den Stendhals und Rossinis, die Mozart und Sterne in das neunzehnte Jahrhundert übertragen haben. Daher kommt auch meine Zuneigung zu Samuel Butler – zumindest zu jenem Butler, der in *Der Weg allen Fleisches* von den drei Schwestern erzählt hat, die Karten spielten, um zu entscheiden, wer den Pfarrer Pontifex heiraten würde. Vielleicht hat Jung mit seiner Behauptung recht, daß unser aller Psyche in einem früheren Zeitalter verwurzelt ist. Ich glaube zuweilen, daß mein Sinn für das Komische näher bei 1776 liegt als bei 1976.

Aus der *International Herald Tribune* eine Notiz des zwanzigsten Jahrhunderts: Der arme Thornton Wilder hätte geschaudert, wenn er seinen Nachruf gelesen hätte. »Mrs. Lyndon Johnson drückte die

Gefühle Tausender von Lesern aus, als sie sagte, es sei ihm gelungen, ›aus den Gemeinplätzen des Lebens den Frohsinn, das Wunder und den Schwung des menschlichen Abenteuers herauszuholen‹.«

Was, zum Teufel, ist das für ein Schwung?

Diese Damen aus dem Süden haben zweifellos die Gabe, eine Phrase zu parfümieren.

Gewisse Ungereimtheiten über Israel: Weil die Menschen hier so angestrengt und so viel nachdenken, wie auch wegen der Länge und Tiefe ihrer Geschichte, erscheint dieser Span von einem Land recht groß. Irgendeine Dimension des Geistes scheint sich in den Raum zu erweitern.

Wieder in Jerusalem zu leben – das ist beinahe wie der Wiederaufbau des Tempels. Aber niemand fühlt sich in Zion entspannt. Niemand kann das. Zur Staatskrise kommt die Weltkrise, und beide kommen zu den Problemen des häuslichen Lebens. Es ist zunehmend schwieriger, einen ausreichenden Lohn zu verdienen, weil Israel von Anfang an den Lebensstandard des Westens übernommen hat. Die Steuern sind hoch und werden immer noch höher, das israelische Pfund fällt. Die Regierung hat angefangen, Sparmaßnahmen zu verhängen. Wir begegnen Leuten, die zwei Jobs haben, und selbst mit dieser Schwarzarbeit reicht es noch nicht. Die Israelis beklagen sich, aber sie werden die Sparmaßnahmen hinnehmen. Sie wissen, daß sie es müssen, sie sind im Grunde verständig. Aber alle sehen viel ärmlicher und besorgter aus als 1970.

In fast jedem Mietshaus erzählen einem die Nachbarn von einer Kriegerwitwe, die versucht, ihre Kinder aufzuziehen. Die Behandlung junger Witwen und Eltern, die ihre Söhne verloren haben, ist, wie man mir sagt, eine neue psychiatrische Spezialität. Israel ist bedrängt, es ist ein leidendes Land. Die Menschen fühlen den Druck der Feinde, wie sie vielleicht die Psalmisten gefühlt haben, und scheinen zuweilen bereit, auszurufen: »Gott, zerbrich ihre Zähne in ihrem Maul.« Trotzdem ist fast jeder vernünftig und tolerant, und Groll gegen die Araber ist selten. Das sind keine schwachen, weichlichen Menschen. Man hört nur zuweilen an einem milden Tag, an der See oder im Obstgarten, oder wenn die Berge von Moab näherrücken im klaren Licht, den ironischen jiddischen Ausspruch: »Man könnte leben, aber sie lassen einen ja nicht.«

Auf diesem Fleckchen Land – einem winzigen Bruchteil der es

umgebenden Länder – hat ein bedrängtes Volk seine Ruhe gesucht, aber Ruhe ist unmöglich. Sie fragen sich oft, warum der Antisemitismus so unbegreiflich allgegenwärtig ist. Selbst die Chinesen, die wenig von den Juden wissen, sind Israels Feinde. Juden, jawohl, haben eine Menge Fehler, aber sie haben die alten Tugenden nicht aufgegeben (gibt es neue? Und wenn, was sind es für welche?). Aber in dieser ruhelosen Stunde scheint die zivilisierte Welt ihre Zivilisation satt zu haben und auch die Juden satt zu haben. Sie will nichts mehr von Überleben hören. Aber da sind die Juden, wieder am Rande der Ausrottung und dringlich wie immer, denn sie wollen wissen, was das Gewissen der Welt zu tun beabsichtigt. Ich habe gehört, daß Golda Meir nach dem Oktoberkrieg die Frage an ihre sozialistischen Kollegen von Westeuropa gestellt hat: ob es ihnen mit dem Sozialismus ernst sei? Wenn es ihnen ernst sei, wie könnten sie dann die einzige soziale Demokratie des Nahen Ostens im Stich lassen? Und die »kulturelle Welt«, oder die im zwanzigsten Jahrhundert noch existierenden Ruinen dieser Welt, der so viele Juden zwischen 1789 und 1933 (dem Datum von Hitlers Machtergreifung) Bewunderung und Hingabe geschenkt haben, hat inzwischen die Ideale satt, deren Respektierung Israel verlangt. Diese Ideale sind vom faschistischen Italien, von Rußland und Deutschland gestürzt worden. Die Endlösung könnte sogar als eine beabsichtigte Lektion oder als Projekt einer philosophischen Neu-Definition gewertet werden: »Ihr religiösen und aufgeklärten Menschen, ihr Christen, Juden und Humanisten, ihr, die ihr an Freiheit, Würde und Aufklärung glaubt – ihr glaubt zu wissen, was ein Mensch ist. Wir wollen euch zeigen, was er ist und was ihr seid. Blickt auf unsere Lager und Krematorien und seht zu, ob ihr es fertigbringt, diese Millionen zu eurer Sache zu machen.«

Und es ist klar erkennbar, daß die humanistische, kultivierte, moralische Phantasie dazu nicht reicht. Angesichts einer solchen »metaphysischen« Demonstration verzweifelt sie und versinkt aus Verzweiflung in Lethargie und Schlaf.

Jay Bushinsky von der *Chicago Daily News* ist stabil und kompakt; er hat ein rundes, sensibles, angenehmes Gesicht. Während wir im Gespräch in der Halle des neuen Hilton Hotels sitzen, erzählt er mir, daß ihm vor einiger Zeit die israelischen Behörden erlaubt hätten, eine militärische Operation mitanzusehen. Eine winzige

Insel im Roten Meer wurde überfallen und die ägyptische Besatzung überrumpelt. Bushinsky sah eine Wache, die vom Maschinengewehrfeuer gefällt worden war. »Es war ein Junge«, sagte Bushinsky. »Ins Bein geschossen. Fleisch hing in Fetzen. Er verblutete. Ich sagte zu dem Führer der Einheit: ›Können wir nicht etwas für ihn tun?‹, und er sagte: ›Das Dringliche hat Vorrang‹, und wir gingen weiter. Und er hatte recht. Ich habe den Jungen nicht wiedergesehen. Ich werde die Erinnerung nicht los.«

Bushinsky und ich hatten uns 1967 auf den Golanhöhen kennengelernt, als ich Korrespondent von *Newsday* war. Als er mich daran erinnerte, erzählte ich ihm, daß David Halberstam, ein echter Korrespondent, sich über meine Depeschen mokiert und behauptet hatte, ich verursachte hohe Fernschreibgebühren, um den Lesern von Long Island den Anblick eines Schlachtfeldes zu beschreiben. Zur Selbstverteidigung fragte ich Halberstam nach seiner Definition des wahren Journalismus. »Als ein ägyptischer General und seine gesamte Armee gefangengenommen wurden«, sagte Halberstam, »und ein Journalist ihn fragte, warum nicht ein einziger Schuß gefallen sei, antwortete er, daß die Abgabe eines Schusses seine Position verraten hätte.« Und *das* war nach Halberstams Ansicht eine der glänzendsten Stories, die im Krieg von 1967 veröffentlicht worden sind.

Dieser Standpunkt ist unbestreitbar professionell. Ich fragte mich jedoch, ob es nicht andere legitime Standpunkte gäbe, und legte Bushinsky diese Frage vor. Ich erfuhr, daß er, ein abgebrühter Journalist, auch seine wunden Punkte hatte. Er konnte sich die Erinnerung an das zerschmetterte Bein eines ägyptischen Jungen nicht aus dem Kopf schlagen.

Ich hatte vor 1967 niemals ein Schlachtfeld gesehen und begriff zunächst nicht, was ich dort sah. Als ich durch die Wüste Sinai fuhr, fand ich es merkwürdig, daß so viele Zelttuch- oder Rupfensäcke von vorbeifahrenden Lastwagen gefallen sein sollten. Bald merkte ich jedoch, daß diese aufplatzenden braunen Säcke Leichen waren. Dann roch ich sie. Dann sah ich Geier und Hunde und Schakale daran fressen. Dann war da plötzlich ein ägyptischer Graben mit vielen Leichen, die an den Brüstungen lehnten und verwesten, nackte Gliedmaßen, die in der Sonne brieten wie Fleisch, und ein Gestank wie von vermodernder Pappe. Die Leichen schwollen zuerst, wurden aufgetrieben und sprengten dann die Uniformnähte. Sie rieselten davon; Augen wurden flüssig, liefen aus den Höhlen, und die Schädelknochen traten schnell unter dem Fleisch hervor.

Einige Leser, glaubte ich, wollten vielleicht wissen, wie es nach einer Schlacht aussieht.

Y., ein israelischer Romancier, erzählt mir, daß er im Jahr 1948, als er erst siebzehn Jahre alt war, den ganzen Tag in einem Feld bei Jerusalem unter Toten gelegen und sich tot gestellt habe. Die Jordanier hatten seine Kompanie in eine Falle gelockt und vernichtet. Sie hatten sich am Bergabhang eingegraben und auf alles gefeuert, was lebendig aussah. Die Geier kamen, sagte Y., und begannen zu fressen. Sie begannen stets mit den Augen. Y. lag da, und die Vögel rührten ihn nicht an, sondern flatterten in der Nähe, und er hörte sie, das leise reißende Geräusch, das sie machten. Er lag dort bis zur Dunkelheit.

Y. ist mit einer großen amerikanischen Frau verheiratet, die ein kleines und wunderschönes Gesicht hat. Sie ist sehr dünn, und ihre Bewegungen sind sehr langsam. Wenn sie vom Stuhl aufsteht, dann scheint sie sich endlos auseinanderzufalten – sie hat mehr Gelenke als ein Zollstock. Sie spricht langsam, sie stockt. Sie klingt ein wenig außerweltlich und sieht auch so aus, ein seltsames amerikanisches Wickelkind. Sie und Y. leben in einem armen arabischen Bezirk. Sie betreuen kranke Kinder, alte Krüppel, verletzte Tiere. Nola Auerbach, Johns Frau, besuchte sie eines Tages und fand, daß sie einen kranken Esel in ihr Bett gelegt hatte und ihn behandelte. Zuweilen erscheint sie mit ihrer Exzentrik ein bißchen verrückt, aber bei näherer Prüfung ist sie nicht verrückt, sondern gut. Wir sind zu der Überzeugung gelangt, daß die leidenschaftliche Intensität stets auf der Seite des Bösen steht. Mrs. Y. sieht ein bißchen aus wie Virginia Woolf. Auch wie ein autistisches Kind, das ich 1948 in Paris gekannt habe.

Y. ist überzeugt, daß Israel zu viel gesündigt hat, daß es zu korrupt geworden ist, daß es sein moralisches Kapital verspielt hat und nichts besitzt, womit es kämpfen kann.

In einem Kibbuz.

Lucky ist Nolas Hund. Johns Hund ist Mississippi. Aber John liebt auch Lucky, und Nola ist vernarrt in Mississippi. Und dann gibt es Kinder – eine Tochter beim Militär und ein jüngeres Kind, das noch im Wohnheim des Kibbuz schläft. Lucky ist ein wolliger brauner Hund, alt und nervös. Sein Herr wurde auf dem Golan getötet. Wenn über dem Kibbuz die Schallmauer durchbrochen wird, läuft der Hund aus dem Haus und knurrt. Er scheint sich an die fallenden Bomben zu erinnern. Er ist zu schwach, um zu bellen, zu alt, um zu rennen, seine Zähne sind schlecht, seine Augen unter den braunen Fransen sind trüb, und er hat Klumpen unter dem Schwanz. Mississippi ist ein großes, langbeiniges, kurzhaariges, braun-weißes, kluges, lebhaftes, liebevolles und gieriges Tier. Sie ist ein »Kinderhund« – setzt sich einem auf den Schoß, legt einem die Pfote auf den Arm, wenn man nach einem Leckerbissen langt, um ihn für sich zu ergattern. Da sie fünfzig Pfund oder mehr wiegt, ist sie auf meinem Schoß nicht willkommen, aber sie sitzt auf John und Nola und den Gästen – denen, die es zulassen. Sie ist liebenswert, neigt aber auch zu Blähungen. Sie frißt zu viele Süßigkeiten, aber ist eine gute Gefährtin, eine gute Zuhörerin und Erzählerin; sie knurrt und schnüffelt, wenn man sich direkt mit ihr unterhält. Sie »singt« mit dem Plattenspieler. Die Auerbachs sind stolz auf dieses musikalische Jaulen.

Morgens hören wir die Nachrichten auf hebräisch, und dann wieder von der englischen Station. Wir essen ein israelisches Frühstück mit Spiegeleiern, Käseschnitten, Gurken, Oliven, grünen Zwiebeln, Tomaten und kleinen Salzfischen. Das Brot wird auf der Kohlen-Öl-Heizung getoastet. Die Hunde haben gelernt, die Türen zu öffnen, und poltern hinaus und herein. Zwischen den Reihen der kleinen Kibbuz-Häuser sind die Rasenflächen fleckig, aber sehr grün. Licht und Wärme kommen vom Meer. Unter dem Kibbuz liegen die Ruinen vom Caesarea des Herodes. Römische Reste sind überall. Marmorsäulen in den Grasflächen. Gestürzte Kapitelle bilden Gartensitze. Man braucht nur im Boden zu stochern und findet Töpferscherben, Teile von Bildwerken, ein Paar tanzende Satyrbeine. Johns vollgepackte Bücherregale sind mit solchen Resten beladen. Auf dem vollen Schreibtisch steht ein gerahmtes Foto von seinem toten Sohn, mit einem kleinen Bart wie John und mit demselben warmen Lächeln wie John.

Wir gehen nach dem Frühstück im Zitrushain spazieren und nehmen Mississippi mit (ohne sie geht John selten aus); der Boden wird unter den Bäumen aufgelockert und weich gehalten, die Blätter glänzen, der Boden selbst duftet. Viele Bäume sind noch nicht abgeerntet und biegen sich; Mandarinen und Zitronen hängen dicht wie Sterne. »Ach, wär' ich doch ein Oreng-Baum/emsig wie er!« schrieb George Herbert. Solche Blätter zu treiben, mit Apfelsinen behangen zu sein, ein Segen zu sein – man fühlt die davon ausgehende Versuchung an einem solchen Morgen, und ich fühle sogar, wie fasrige Verholzung mir in die Arme kriecht, als ich es bedenke. Man möchte Wurzeln schlagen und auf ewig an dem gemäßigsten und blauesten aller gemäßigten Orte bleiben. John betrauert seinen Sohn, er betrauert immer seinen Sohn, aber er lächelt auch im Sonnenlicht.

Beim Export von Orangen gibt es die Konkurrenz der nordafrikanischen Länder und Spaniens. »Wir sind hier sehr idealistisch, aber wenn wir von Frösten in Spanien hören, freuen wir uns diebisch«, sagt John.

All dies war einmal Dünenlandschaft. Die Erde mußte angefahren und mit dem Sand vermischt werden. Viele Jahre Graben und Pflegen haben diese Obstgärten geschaffen. Entspannt, frei atmend fühlt man, welch ein wunderbarer Fleck hier entstanden ist, eine Heimstatt für Körper und Seele; dann erinnert man sich, daß an den Stränden bewaffnete Wachen stehen. Es ist immer möglich, daß Terroristen in Schlauchbooten kommen, die man mit Radar nicht orten kann. Sie sind sogar im März 1975 in Tel Aviv eingedrungen und haben ein Hotel an der Strandpromenade erobert. Menschen wurden ermordet. John hat eine Uzi in seinem Schlafzimmerschrank. Nola spottet darüber. »Wir wären beide tot, bevor du an dein Gewehr rankommst«, sagt sie. Die fröhliche Nola lacht. Eine ausdrucksvolle Frau – sie gebraucht den Unterarm, um Johns Vorbereitungen wegzuwischen. »Manchmal übt er, und ich stoppe die Zeit, die er braucht, um aus dem Bett zu springen, den Schrank zu öffnen, die Waffe zu ergreifen und sich umzudrehen. Die würden uns niedermähen, bevor er einen Fuß auf den Boden gesetzt hätte.«

Mississippi ist ein Teil des Warnsystems. »Die würde bellen«, sagt John.

Im Augenblick rast Mississippi durch die Obstgärten, mit der Nase am Boden. Die Luft ist süß, und die Sonne macht, wie milder Alkohol, Lust auf gute Dinge. Man ruht unter einem Baum und ißt Mandarinen – nur ein bißchen schweren Herzens.

Von den Orangen gehen wir zu den Bananenhainen. Die grünen Bananen sind in Plastikhüllen eingebunden. Die große Bananenblüte hängt zu Boden wie das Geschlechtsorgan eines Hengstes. Die langen Blätter gleichen Mähnen. Nach zwei Jahren muß der Boden umgepflügt werden und brachliegen. Haine werden dann anderswo angepflanzt – wieder schwere Arbeit. »Du hast schon vorher bemerkt«, sagt John, »daß einige der Orangenbäume verdorrt waren. Ihre Wurzeln stoßen auf römische Ruinen, und sie sterben ab. Vor einigen Jahren haben wir beim Pflügen eine ganze römische Straße aufgedeckt.«

Er führt mich zum Hippodrom des Herodes. Amerikanische Archäologen haben einige der alten Mauern ausgegraben. Wir blikken hinab in die Ausgrabungen, wo an jeder Schicht Beschriftungen angebracht sind. Es gibt mehr Scherben als Erde in diesen Steilhängen – die zerbrochenen Gefäße der Sklaven, die vor zweitausend Jahren die Mauern aufgebaut haben. Im Mittelpunkt des Hippodroms, einer langen anmutigen Ellipse, befindet sich ein gefallener Monolith, der viele Tonnen schwer ist. Wir sitzen am Abhang unter Feigenbäumen, während Mississippi durch das hohe, weiche Gras läuft. Der Wind ist sanft und spielt anmutig mit dem Gras. Er macht weiße Luftschlangen im Grün.

Immer wenn John an Bord geht, nimmt er den Hund zur Gesellschaft mit. Er hatte genügend Einsamkeit, als er mit gefälschten Papieren auf deutschen Schiffen fuhr. Er ist nicht gern allein. Hin und wieder wurde er verdächtigt. Ein deutscher Offizier, der ahnte, daß er jüdisch war, drohte, ihn anzuzeigen, aber eines Nachts, als das Schiff nur noch Stunden von Danzig entfernt war, lief es auf eine Mine und ging unter – mit ihm der Offizier. John selbst wurde von seinen Kameraden aus dem Meer geborgen. Einmal wartete er in einer Schlange nackter Männer, die von einer deutschen Ärztin auf Geschlechtskrankheiten untersucht wurden. In dieser Reihe war er als einziger beschnitten. Er kam vor die Frau und wurde besichtigt; sie blickte ihm ins Gesicht und ließ ihn leben.

John und ich gehen zurück durch die Orangenhaine. Es gibt dort große Wiesel, die im buschigen Gestrüpp längs der Wasserleitung leben. Wir sehen ein Paar von ihnen in einiger Entfernung auf der Straße. Sie könnten Mississippi leicht fertigmachen. Sie ist glücklicherweise weit weg. Wir sitzen unter einer Pinie auf der Hügelspitze und blicken auf die See hinaus, wo ein Frachter langsam nach Aschkelon zieht. Näher an der Küste tuckert ein Trawler. Der Kibbuz fischt jetzt nur selten. Vor der ägyptischen Küste ist John beschossen worden, und vor nicht langer Zeit sind mehrere Mitglieder des Kibbuz widerrechtlich von den Türken ins Gefängnis geworfen worden; man bezichtigte sie, in türkischen Gewässern gefischt zu haben. Zwanzig Personen sagten falsch aus. Sie hätten tausend Zeugen haben können. Es dauerte drei Monate, bis man diese Männer wieder frei bekam. Ein Anwalt wurde gefunden, der den Richter kannte. Seine detaillierte Rechnung belief sich auf zehntausend Dollar – fünf für den Richter, fünf für ihn.

Genug von dieser süßen Sonne und dem durchsichtigen Blaugrün. Wir drehen ihnen den Rücken zu und nehmen einen Drink vor dem Lunch. Kibbuzniks fahren auf schwerfälligen alten Fahrrädern vorbei. Sie tragen Stoffmützen und treten langsam; ihr Tag beginnt um sechs. Einfach aussehende Arbeiter aus der Kachelfabrik und aus dem Stall steuern auf die Eßhalle zu. Die Kibbuzniks sind eine gemischte Gruppe. Es gibt einen einsamen orthodoxen Juden, der keine Gemeinde hat, mit der er beten kann. Dann gibt's mehrere ältere Christen, darunter ein Spanier, ein Skandinavier, die jüdische Frauen geheiratet und sich hier angesiedelt haben. Der Spanier, ein Anarchist, plant seine Rückkehr nach Spanien, da Franco jetzt tot ist. Ein Mitglied des Kibbuz ist ein Finanzgenie, ein anderer war ein hoher Armee-Offizier, der aus undurchsichtigen Gründen in Ungnade gefallen ist. Der staubige Asphaltpfad, dem wir folgen, windet sich durch die Siedlung. Neben den unscheinbaren Häusern stehen rote Weihnachtssterne. Auch hier liegen römische Überreste. Dann kommen wir zu einem Baseballfeld und zu den rostigen Schienen einer Kindereisenbahn und dann zu den getrennt liegenden Unterkünften für junge achtzehnjährige Frauen und einem Antiquitätenmuseum und einem Freizeitgebäude. Ein kräftiger Viehgeruch kommt von der Futterstelle. Ich erzähle John, daß Gurdjiew Katherine Mansfield in Fontainebleau zur Kur in einem Stall untergebracht hätte, denn er behauptete, daß der Atem der Kühe ihre Tuberkulose heilen würde. John hört mit Wonne solche Stückchen Literatenklatsch. Wir gehen in sein Haus, und Mississippi klettert ihm auf den Schoß, während wir russischen Wodka trinken. »Wir könnten mit diesen Schweinehunden leben, wenn sie sich darauf beschränkten, Stolitschnaja herzustellen.«

Diese Worte machen dem friedlichen Morgen ein Ende. Im Norden wächst die russische Bedrohung. Mit Waffen aus Rußland und Europa verwüsten die PLO und andere arabische Kriegshetzer und die rechtsgerichteten Christen jetzt Libanon. Die Syrer haben sich eingemischt; in den Augen der Syrer ist Israel syrisches Land. Plötzlich flattern dieser gemäßigte Mittelmeertag und die Orangenhaine und die Arbeiter, die ihre Fahrräder lenken und der Kinderspielplatz wie buntbedrucktes Papier. Wie kann man verhindern, daß es davonweht?

Mosche, der Masseur, ist ein zierlicher Mann; seine Hände haben jedoch die Kraft, die die Reinheit des Willens verleihen kann. Er kommt kalt von der Straße in seinem Mantel, der stellenweise kahl ist. Er ist zugleich priesterlich und jungenhaft, ein idealistischer Kanadier mittleren Alters. Er scheint vom Leben unberührt. Wenn man sagt »vom Leben unberührt«, dann meint man oft, daß jemand – nicht immer aus löblichen Gründen – im großen und ganzen ohne Zynismus gelebt hat. Er ist frisch, er ist etwas pubertär mit Fünfzig. Er glaubt an seine Arbeit. Er hat eine Berufung. Er wurde geboren, um die Menschen von ihren Muskelverkrampfungen zu befreien. Er spricht mit einem von Übung, Atmen, Körperhaltung, über den Schlaf mit oder ohne Kissen, mit offenem oder geschlossenem Fenster. Nichts davon ist bloße Plauderei, denn für ihn ist der Körper heilig. Sein Gesicht ist rötlich, seine Nase leicht gebogen, sein Ausdruck liebevoll. Ich entdecke in ihm die auf ein reines Leben und die Pfadfinderehre gegründete Unschuld der Jungen, die ich kannte, die im CVJM trainierten und noch feucht von der Dusche auf die Straße rannten, wenn das Thermometer fast zwanzig Grad unter Null zeigte. Mosche stammt aus Montreal und hat Massieren von einem französischen Meister gelernt. Mosche spricht ein bißchen Französisch, Marke Kanada. Sein Meister hat ihm beigebracht, daß der Körper mit dem tiefsten Respekt behandelt werden muß. »Man hebt einen Arm nicht hoch, als ob er ein gesondertes Stück von etwas wäre. Haben Sie *Den weißen Hai K.* gesehen? Denken Sie an das Bein des Burschen, als es ganz von selbst sank, nachdem der Hai ihn gebissen hatte. Nein, kein Arm und kein Bein sollten je behandelt werden, als seien sie abgetrennt. Kein echter Masseur wird Sie rumschubsen. Für mich ist Massage ein persönliches Verhältnis und gewissermaßen ein Liebesakt«, erklärt Mosche. Er ist zart, hält sich aber aufrecht, er ist zutiefst aufrichtig. Er ertappt sich zu spät, als er sagt, in Anbetracht meines Alters sei ich in guter Verfassung. Er bringt mir Liegestütze bei, bei denen ich mein Gewicht nur auf den Fingerspitzen ruhen lasse. Er zeigt mir auch, wie man einen steifen Hals lockert, indem man die Zahlen von eins bis neun mit dem Kopf zeichnet. Er bereitet sich seine eigene Mischung aus Mandel- und Oliven- und Gaultherienöl zu. Er zieht sich die Schuhe aus und setzt sich hinter mich auf die Couch, um meine Wirbel richtig einrasten zu lassen. Er ist respektvoll, professionell unpersönlich, persönlich voller Sorge für meine Knochen und Muskeln, und sein Gespräch ist höchst lehrreich. Er weiß eine Menge über Jerusalem. Er kennt das Militärleben, denn er hat 1967 und dann wieder 1973 in der Sinaiwüste als Sanitäter gedient. Er erzählt mir, was er gesehen hat, und beschreibt einige der Wunden, die er verbunden hat. Er erzählt mir auch, etwas stockend, von verwundeten Feinden, für die es keine Transportmöglichkeit gab. Er bittet mich um ein moralisches Urteil. Ich schmecke wieder den eigenartigen Geschmack der grünen, unreifen Moralität naiver Menschen, nordamerikanischer ewiger Jünglinge mittleren Alters – für die sich noch kein reifer Ersatz gefunden hat. Wissen die Klassenältesten wirklich die Antworten auf diese schwierigen Fragen?

In einer obskuren Zeitschrift erhebt ein Artikel von Professor Zwi Lamm von der Hebrew University* den Vorwurf, daß Israel den Kontakt mit der Wirklichkeit verloren habe. Lamm vertritt die Ansicht, daß die zionistische Idee in ihren Anfängen zwar mehr träumerisch als praktisch schien, aber doch auf einem nüchternen Realismus beruhte. Ihre Führer wußten genau, wieviel Macht sie besaßen – oder nicht besaßen –, und hielten sich exakt an ihre Ziele. Sie waren von ihren eigenen Losungen weder hypnotisiert noch paralysiert. Die jüdische Führung – und mit ihr Israel als Ganzes – wurde später »autistisch«. Autismus wird von Lamm definiert als »die Ablehnung der tatsächlichen Realität und ihre Ersetzung durch eine Realität, die das Produkt von Wunschvorstellungen ist«. Der Sieg von 1967 war die Hauptursache für diesen Autismus. Die Israelis begannen vom Westufer des Jordan als »befreitem Gebiet« zu sprechen. »Die Eroberung der Gebiete erweckte . . . ein tiefes, aufrichtiges inneres Gefühl für das Land . . . und für die geschichtlichen Ereignisse, die dort stattgefunden haben: die Gräber unserer Patriarchen und Matriarchen, die Pfade, auf denen die Propheten gewandelt sind, Berge, um die die Könige gekämpft haben. Aber Gefühle, die von der gegenwärtigen Realität getrennt sind, können keine zuverlässigen Leitlinien für eine verworrene Politik bieten. Dieser Bruch mit der Realität hat die Menschen nicht notwendigerweise dafür blind gemacht, daß die Gebiete tatsächlich von Arabern besiedelt sind, aber er hat ihnen das Verständnis dafür verbaut, daß unsere Besiedlung und Besitzergreifung dieser Gebiete unsere Exi-

* »Zionism's Path from Realism to Autism: The Price of Losing Touch with Reality«, *Dispersion and Unity* 12/22, Jerusalem, 1973-74

stenz als Staat in einen mächtigen Druck verwandeln würde, der die Araber vereinen und unsere unsichere Position auf eine Weise verschlimmern würde, die bisher in unserer Geschichte noch unbekannt gewesen ist.«

Der Zionismus, behauptet Professor Lamm, unterscheidet sich von anderen Formen des Nationalismus im neunzehnten Jahrhundert dadurch, daß er nicht entstanden ist, um Menschen zurück in eine nationale Heimat zu bringen. »Er entstand, um Souveränität, und damit eine nationale Heimat, für Juden ohne Heimat zu gründen . . . Er war eine Rettungsaktion, um ein Volk in einer kritischen Situation dadurch zu erhalten, daß man es in einem Gebiet zusammenführte und ihm gestattete, sein politisches Schicksal in die eigenen Hände zu nehmen.« Lamm gibt zu, daß der Bund mit Gott, das Land der Verheißung, das Heilige Land, Eretz Jisrael, eine wichtige Rolle spielten, um die Juden zur Auto-Emanzipation zu begeistern. Aber mit dem Erfolg hat sich der Akzent verschoben; die Notwendigkeit, die Juden zu retten, hat sich in etwas anderes verwandelt – das Projekt, »das Land zu erretten«. Die frühen Zionisten hatten versucht, das Volk zu erretten. Die realistische zionistische Führung war bereit, eine Teilung hinzunehmen, »um Juden aufzunehmen und in Sicherheit zu bringen, statt den Losungen treu zu bleiben, die sie selbst geprägt hatte«. Rettung ist das wahre Ziel des Zionismus – nicht die »Befreiung« des Verheißenen Landes, sondern die Rettung der Juden, die wiederholt mit Ausrottung bedroht waren. Aber Lamm glaubt, daß Ben-Gurion einen messianischen Charakter hatte. »Ethnozentrismus« oder ein nationaler »Narzißmus« machte sich in Israel breit. 1956 war es in aggressiver Weise opportunistisch geworden. Es verband sich unklugerweise mit den vertriebenen, dekadenten Mächten, Frankreich und England, »ohne die Zukunft zu bedenken«. Es verließ sich auf militärische Macht und verfolgte eine Politik des »Schwertes«, statt eine friedliche Vereinbarung mit Ägypten zu suchen. Israel betrachtete sich nicht mehr als Zufluchtsort für gerettete Menschen, sondern begann, sich als Staat mit einer Armee zu sehen. Die Konsequenz des Feldzugs im Sinai war erstens, daß sich die arabische Welt gegen Israel zusammenschloß, und zweitens, daß der arabisch-israelische Disput in die Weltpolitik geriet. Der Suez-Krieg von 1956 festigte die Machtstellung Nassers und der Kabale ägyptischer Obersten und hetzte die ägyptischen Massen, die jetzt die Juden mit den alten Imperialisten in Verbindung brachten, gegen Israel.

Nach dem Sechs-Tage-Krieg begann – nach Lamm – der Autismus über den Realismus die Oberhand zu gewinnen. Plötzlich fingen die Israelis an, sich über »Demographie« zu streiten, darüber, daß man die Araber zur Auswanderung veranlaßte, »daß man den Arabern, die bleiben wollten, das Bürgerrecht vorenthielt«, daß man den Tempel neu baute. Aber was sagten sie über Frieden? Manche sagten, schreibt Professor Lamm, daß man »den Arabern im Austausch gegen Frieden – Frieden gewähren würde«. Die zionistische Bewegung hatte eine Politik aus der »Position der Stärke« abgelehnt. Eine nationale Koalition ohne bestimmte politische Richtlinien regierte das Land. Ideologische Führung wurde aufgegeben; eine Führung mit Krämergesinnung übernahm die Macht. Staatsmänner, Denker, Schriftsteller, Journalisten wurden stolz, verloren den wahren Grund für die Staatsgründung aus den Augen – nämlich »Rettung« – und gerieten in Machtrausch, in Wahnideen. Die Nation lebte, Professor Lamm zufolge, jetzt in einer Traumwelt; die politische Debatte war praktisch am Ende. Der Überfall am Jom-Kippur-Tag war »ein Schlag für die öffentliche Meinung, die von leeren Phrasen berauscht war, in einem Nebel lebte und die Realität mied«.

Härtere Worte folgen. Im Sechs-Tage-Krieg eroberte und besetzte Israel ägyptisches, syrisches und jordanisches Gebiet. Hat es vor, sie zu behalten? Im Jahr 1939 waren England und Frankreich in den Krieg gegen Nazi-Deutschland eingetreten, weil sie seinen Expansionismus, seine Politik der territorialen Eroberung und Annexion nicht hinnehmen konnten. Was für Deutschland falsch war, kann für Israel nicht richtig sein. Der Vergleich mag hart erscheinen, und Lamm geht nicht so weit, daß er Israel mit Nazi-Deutschland gleichsetzt. Er gibt hingegen zu bedenken, daß Israel jahrelang gefordert hat, die arabische Welt müsse einen legitimen israelischen Anspruch auf Eretz Jisrael anerkennen, daß Israel aber nach dem Sechs-Tage-Krieg nicht erklärt hat, daß es die Rechte einer palästinensischen Existenz anerkenne. Die Regierung Rabin hat vor kurzem begonnen, den Palästinensern Rechte zuzugestehen – oder zumindest ein solches Zugeständnis anzudeuten.

Ich werde von Israel Galili, einem Minister ohne Portefeuille in der gegenwärtigen Regierung, milde getadelt, daß ich über die arabische Politik der Regierung nicht Bescheid weiß. Ich habe versucht zu erfahren, worin diese Politik besteht, sage ich. Als ich in Jerusalem ankam, habe ich eine Menge amtliche Literatur über dieses

Thema erhalten, aber daraus ergibt sich kein klares Bild. Ich weiß, daß die Regierung mit der PLO nicht verhandeln will. Ich weiß auch, daß sie sich geweigert hat, einen palästinensischen Staat am Westufer zwischen Amman und Jerusalem zu dulden. Aber das ist nicht alles, sagt Mr. Galili. Er ist ein kleiner, kompakter, scharfsinniger Mann mit Büscheln von Ben-Gurion-artigem weißem Haar und blassen, aber nicht verwaschenen blauen Augen. Er schätzt mich ganz richtig als interessierten, aber nicht fachmännischen Beobachter ein. Er blickt zu Schimon Peres, dem Verteidigungsminister, der anwesend ist, hinüber, als wolle er sagen: »Siehst du? Sie wissen fast nie, wovon sie reden.« Dann erklärt er, daß Rabin den Tatbestand legitimer palästinensischer Beschwerden ausdrücklich anerkannt hat. (Ich sollte vielleicht erklären, daß wir im Mischkenot Scha'ananim zu Mittag essen und daß Bürgermeister Kollek anwesend ist.) Ich wiederhole, daß ich gelesen habe, was der amtliche Informationsdienst über diese Sache zu sagen hat, aber kein Anzeichen sehe, daß die Beschwerden der Palästinenser offiziell anerkannt worden sind. »Dann ist unsere Öffentlichkeitsarbeit sehr unzureichend«, sagt Galili. Das ist leider wahr.

An dieser Stelle bemerkt Teddy Kollek, daß die älteren Führer nie bereit waren, das arabische Problem anzuerkennen. Golda Meir wies den Gedanken schroff zurück. Galili, ein alter Zionist und Kibbuznik, bestreitet Kolleks Bemerkung. Peres ist ein zu überlegener Politiker, um sich beim Essen in eine derartige Debatte verwikkeln zu lassen. Er ist eigentlich gekommen, um mit mir, einem Schriftstellerkollegen, über Literatur zu sprechen. Und zwischen den zionistischen Idealisten, von denen Professor Lamm redet, und der politischen Gerissenheit eines Peres besteht ein großer Unterschied. Peres trägt einen Strahlenkranz. Der Glanz der Macht ist um ihn. Ich habe das schon früher beobachtet. Er war bei den verstorbenen Kennedys sichtbar, bei Jack und Bobby. Sie waren wie Geschöpfe, die sich von inneren Organen ernährten – von Leber, Nieren und potenten Drüsen. Ihr Haar glänzte, ihre Hautfarbe war frisch, ihre Zähne waren kräftig. Ich halte das für die Wirkung von Reichtum und Macht, nicht von Innereien und Kabeljaurogen, denn Leopold Bloom, der sie mit Behagen verspeiste, hat Dublin nicht mit seiner Vitalität geblendet.

Aber ich fahre mit Professor Lamms Vorhaltungen fort. Was ist aus den alten Idealen des Zionismus geworden, fragt er. Die Besiedlung des Landes ist von den Pionieren nicht nur als politischer Akt, sondern als »die wagemutige Schöpfung eines neuen sozialen, kulturellen und nationalen« Lebens betrachtet worden. Die Angriffe von Dieben, Banditen und »Pogromisten« haben Selbstverteidigung notwendig gemacht. Aber das war etwas ganz anderes als das, was jetzt passiert. Jetzt gehen die Siedler in »befreite Gebiete« wie Kolonialherren, mit Unterstützung der Armee, und nehmen den »Eingeborenen« das Land ab. Lamm nennt Pitschat Rafiach, das Jordantal, die Golan-Höhen und Kiryat Arba als Landschaften, wo das geschehen ist. In seiner realistischen Periode hat sich der Zionismus als die Bewegung einer Restbevölkerung angesehen. Hitler war es beinahe gelungen, das europäische Judentum zu vernichten. Für die Überlebenden bedeutete Israel das Leben. Es bedeutete nicht politische Macht. »Es ist an der Zeit, sich von dem irrigen Gedanken freizumachen, daß wir eine ›Macht‹ im Land sind, und von der überheblichen Selbstgerechtigkeit unserer ›historischen Rechte‹ auf das Land«, schreibt Lamm.

Er hat wenig Illusionen. Selbst die realistischste Politik garantiert nicht den Fortbestand. Die Feinde Israels sind furchtbar. »Die uns entgegenstehenden Kräfte suchen uns zu vernichten: die Gemäßigten politisch, die Extremisten physisch. Alle, die das nicht zugeben, sind nichts als Träumer.« Israel muß mit diesen Feinden zu einer Übereinkunft gelangen. Wenn das nicht möglich ist, dann »haben wir wenig Aussicht, weiter in diesem Land zu existieren. Im Vergleich mit den Kräften, die wir aufbringen können, sind die potentiellen militärischen, politischen und wirtschaftlichen Kräfte unserer Gegner . . . unermeßlich.« Die Idee, daß Israel sich mit Gewalt behaupten kann, wird zum Alptraum. Professor Lamm fordert zur Rückkehr zum politischen Realismus auf. Die historische Bindung der Juden an Israel ist tief, aber genauso sind die Gefühle der arabischen Nationalisten. Ebenso ist auch der Machtkampf zwischen Rußland und dem Westen in dieser Region; und dann gibt es die Sache mit den Petro-Dollars und dem Fließen des Öls. »Wenn wir Glück haben, dann haben wir nicht die Chance verspielt, wieder zu einer Gesellschaft zu werden, die mit der Realität lebt, um ihre Existenz kämpft und von Führern geleitet wird, die es wagen, mit einem politischen Konzept aufzutreten«, schließt er.

Eine der Kuriositäten des Lebens in diesem Land: wenn jemand sagt »der Kampf um die Existenz«, dann meint er das buchstäblich. Bei uns sind derartige Redewendungen metaphorisch. Auch ist das Wort »Alptraum« nicht angemessen. Neulich abends wurden im

Fernsehen Menschen in Beirut vor meinen Augen ermordet. Belagerte Palästinenser erschossen zwei von ihren Kameraden, Gefangene, die von ihren christlichen Fängern geschickt worden waren, um einen Waffenstillstand vorzuschlagen. Und das waren keine Fiktionen, die wir auf dem Bildschirm sahen, sondern fürchterliche Realitäten – »historische Ereignisse«, Augenblicksgeschichte. Überlebende der Nazi-Konzentrationslager erzählen uns, daß sie ihre schlimmsten Alpträume den Realitäten des Morgens vorzogen. Sie umschlangen ihre schrecklichsten Träume und klammerten sich an sie.

Der sehr orthodoxe Professor Harold Fisch, bärtig und mit Schädelkappe, sagt mir, daß die »befreiten Gebiete« kolonisiert und von den Juden wieder in Besitz genommen werden müßten. Das Westufer ist Verheißenes Land. Und übrigens das Ostufer auch. Professor Fisch, Engländer von Geburt und Dekan von irgendwas an der neuen Universität von Berscheba, will die Einwände, die ich vorbringe, nicht dulden. Er sagt mir heftig, in seinem Oxford-Englisch, daß wir amerikanischen Juden überhaupt keine Juden seien. Es ist ein seltsames Erlebnis, ein solches Urteil in einem solchen Akzent zu hören. »Sie werden sagen«, fügt er hinzu, »daß wir von den Arabern vernichtet werden könnten, wenn wir unser Land nach Gottes Verheißung zurückfordern. Aber die Geschichte läßt uns manchmal keine Wahl. Es ist töricht, mit seinem Schicksal zu hadern. Wenn das unser Schicksal als Volk sein sollte, dann müssen wir bereit sein, es hinzunehmen.«

Das berühmte Institut in Rehovoth, eines der größten wissenschaftlichen Forschungszentren der Welt, trägt den Namen Chaim Weizmanns, des ersten Präsidenten von Israel, aber es ist das Kind von Meyer Weisgal. Weisgal sagt, er sei kein Gelehrter, obwohl er lange Jahre der Chefredakteur einer zionistischen Zeitschrift gewesen ist. Dennoch war er der Planer, der Erbauer, der Geldbeschaffer, der Organisator und der leitende Kopf des Instituts. Frühere Besucher, die hier nichts gesehen haben als Sand, nichts gehört haben als das Bellen der Schakale, wurden von Weigal auf die Spitze der Düne geführt und belehrt: »Die Physik werden wir hier haben und Biologie hier und Chemie um die Ecke.« Jetzt läßt Weisgal seine Gäste durch Gärten chauffieren, die er geschaffen hat, und sagt: »So, wir haben die Chemie in dieser Gruppe untergebracht, und die Physiker da, und so weiter. Und nun will ich Ihnen die schöne Gedenkstätte zeigen, die wir für Weizmann selbst gebaut haben.« Seine enge Verbindung zu Weizmann scheint vom Tod unbeeinflußt. Er spricht dauernd von ihm.

Ich sehe den alten Herrn in Jerusalem. Während wir in der warmen Sonne eine endlose Treppe hochsteigen, bleibt Weisgal stehen und sagt: »Ich bin jetzt einundachtzig. Einundachtzig ist nicht achtzehn, verstehen Sie?« Seine listigen Augenbrauen wandern nach oben. Sein weißes Haar verbreitet sich von dem spitzen Haaransatz nach außen und wallt hinten voll herunter. Ein bißchen außer Atem steigt er weiter in seinem eleganten einreihigen Mantel mit dem Samtkragen. Er staffiert sich glänzend aus. Sein Anzug ist von bestem Schnitt. Sein Schlips muß ein Hermès sein. Er ist sehr gealtert, seit wir uns vor zehn Jahren gesehen haben. Ich war sehr erschreckt, als ich ihm die Hand schüttelte: hatte ich nie bemerkt, daß seine Hand verkrüppelt war? Zwei seiner Finger sind amputiert. Sein Gesicht ist so klug und energisch wie immer. Seine Nase quillt hervor, körnig und von verwirrender Fleischlichkeit – eine Art topographischer Nase. Er ist sichtlich das, was man in den zwanziger Jahren einen »Teufelskerl«, einen »Lebemann« nannte – einer jener Männer mit einem breitkrempigen Feodora, der sich die Salonwagen im Luxuszug reservieren ließ, einer jener Leute, die Oberkellner kannten und gut gewachsene Frauen schätzten. Es gab eine Menge Juden dieser Sorte, große Angeber und Verschwender, die Vermögen gewannen und verloren. Mein verstorbener Freund Pascal Covici, der Verleger, gehörte dazu. Pat verstand es, ein ausgezeichnetes Essen zu bestellen, wußte, wie lange der Wein atmen mußte, wie man eine schöne Frau genoß, wie man auf die Straße stürzte und ein Taxi anhielt, indem man auf den Fingern pfiff, wie man einen harten Vertrag aushandelte – vielleicht doch nicht so hart, denn er zahlte zu viele Vorschüsse und ruinierte sich. Die Weisgals und Covicis sind in den frühen Jahren des Jahrhunderts aus Polen oder Rumänien eingewandert und waren von Amerika beflügelt, verliebten sich in das Land. Weisgal verkaufte mit dreizehn Jahren Streichhölzer und Zeitungen auf der Straße. 1917 war er Muschkote. Covici züchtete 1919 Grapefruits in Florida, eröffnete dann, nachdem er als Obstzüchter pleite gegangen war, einen Buchladen nahe dem Rathaus von Chicago. Amerika scheint diesen alten Herren eine gewisse Jungenhaftigkeit eingeimpft zu haben, eine jugendliche Offenheit und Fröhlichkeit, eine Freude an der ungeschminkten Rede. Sie hatten, in jener Generation, keinen Sinn für Geschwätz. Weisgal wurde ein großer Financier; er verstand es, mit Millionären zu reden.

Ein geiziger Millionär, von dem er eine große Zuwendung für das Institut erwartet hatte, zog zögernd sein Scheckbuch, nachdem er zum Essen eingeladen worden war, und schrieb einen Scheck über fünfundzwanzigtausend Dollar. »Vielen Dank«, sagte Weisgal, »aber das Essen ist schon bezahlt.« Er zerriß den Scheck. In den zwanziger Jahren hätte er damit seine Zigarre angezündet. Weisgal weiß, daß er im alten Stil arbeitet, er verulkt sich selbst, wenn er die alten Tage mit Max Reinhardt ins Gedächtnis ruft, Geldbeschaffung im Schmierenstil im Manhattan Opera House. Der jüdische Journalist und Playboy hat seine seltsam verborgen gehaltenen Tiefen. Der kluge Knecht aus Salomons Sprüchen kann den Königen gefallen; Weisgal, der klug ist, hat mehr getan, als ihnen nur gefallen. Er weiß, wie er die Reichen bezaubert und ihnen große Summen entlockt, er weiß, wie man das Interesse der Großen weckt. Große Männer haben ihn sehr ernst genommen. An den Wänden seines Hauses in Rehovoth sind Fotos von ihm und seiner Frau, Shirley, und ihren Gästen und Bekannten – Wissenschaftlern, Bankiers und amerikanischen Präsidenten. Shirley Weisgal spricht ganz unbefangen von ihnen. Einstein fühlte sich nicht wohl, wenn er Schuhe trug. Oppenheimer weinte ungehemmt beim Abendbrot; er sagte voraus, daß eine zunehmende Anzahl von jungen amerikanischen Wissenschaftlern vor der geistigen Leere Amerikas die Flucht ergreifen und hierher kommen würde, um zu arbeiten.

Aber Weisgal, der zionistische Pionier, vermißt die Vereinigten Staaten. Gerade jetzt, auf den Stufen aus Jerusalemer Stein, hält er wieder unwillig an, um zu verschnaufen. Dann sagt er: »Nächste Woche fahre ich zurück in die Vereinigten Staaten. Darauf freue ich mich.« Dann zieht er seinen Vicuna-Mantel mit dem Samtkragen aus und hängt ihn sich über die schmächtigen Schultern. »Aber man soll sich nichts vormachen. Ich komme nicht mehr so rum wie früher«, sagt er. Die Sonne scheint auf seine starke Nase und auf das gewellte weiße Haar, das steif über das kluge Hinterhaupt hinauswuchert. »Stern wartet dort oben auf mich. Das ist schlechte Planung, alle diese Stufen. Na, weiter geht's.« Wir steigen hinauf zu dem neuen Studio, an dessen Errichtung über dem Mischkenot Sha'ananim Teddy Kollek einen Anteil hatte. Die Geiger Isaac Stern und Alexander Schneider lassen sich vorspielen. Dutzende von Kindern, darunter viele neue Einwanderer aus Rußland, kommen täglich, um ihnen vorzuspielen. Die Fiedelkultur der Heifetz' und Elmans ist unter den russischen Juden noch lebendig (ein dem Tod trotzender Akt auf vier gespannten Saiten, mit dem man sich das Leben retten kann). Sterns Besuche in Israel sind keineswegs Ferien; er arbeitet schwer in Jerusalem. Er und Weisgal organisieren irgendwas. Stern hat mir erzählt, daß er bei hohen Dienststellen wegen der Musiker im Militärdienst vorstellig geworden ist. Die Hände eines Violinisten, der monatelang nicht spielt, können ihre Geschicklichkeit einbüßen. Der Schaden kann bleibend sein. »Er steckt immer in was drin«, sagt Weisgal. »Ich führe auch kein müßiges Leben.«

Weisgal fliegt bald nach New York. Von New York will er nach Kalifornien und von dort nach Florida. Er wird mit Hunderten von Menschen sprechen. Sein Institut braucht Millionen Dollar. Es hat keinen Zweck, ihm vorzuhalten, daß er sich zuviel zumutet, das weiß er recht gut. Er ist nicht unverwüstlich. »Ich kann jederzeit kaputtgehen«, sagt er. Aber mir fällt ein, während wir nach oben keuchen, daß er dabei nicht ans Sterben denkt. Er will wieder nach New York hineinbrausen und mit Physikern und Philanthropen reden, seine Söhne und Enkel besuchen, köstliche Speisen essen und gute Witze hören und dort für das Weizmann-Institut und für Israel tun, was vermutlich sonst keiner tun kann. Und was das Kaputtgehen anlangt, so muß er natürlich auch daran denken. Aber ich erinnere mich, was Harold Rosenberg eines Tages zu mir sagte, als ich ihn fragte, mit welchen Gefühlen er seinen siebzigsten Geburtstag nahen fühlte. »Na sicher, ich habe vom Alter und vom Tod und all dem Zeug gehört, aber so weit ich in Frage komme, ist das ein bloßes Gerücht.«

Die Kinder der Meisterklasse treten mit ihren Fiedeln vor und stellen sich vor Stern und Schneider auf. Ein zwölfjähriger Junge kommt nach vorn. Er ist klein, dunkel, muskulös, konzentriert. Er klemmt die Violine unters Kinn, stellt sich auf die Zehen, bläst die Nasenlöcher auf und beginnt, das Violinkonzert von Mendelssohn in E-Moll zu spielen. Ich kann das schon lange nicht leiden. Ich verabscheue all dieses silbrige Gewieher. Es deprimiert mich. Ich bringe das Konzert von Menselssohn mit schlechten Sonntagnachmittagen in Verbindung, mit unterdrückter Sehnsucht, häuslicher Gefangenschaft und langweiligen Radioübertragungen. Aber sobald der Junge anfängt zu spielen, stehen mir die Tränen in den Augen. Das ist idiotisch. Der kleine russische Junge verulkt mich. Die verzückte Seele und so weiter ist ein Trick. Ich versuche, die Heuchelei dieses Spielers zu belächeln, aber mein Gesicht weigert sich zu gehorchen. Ich kann nur denken: Wie habe ich je gelernt, ein so billiges Lächeln zu lächeln? Ich bin es dann schnell los und sitze und lausche. Fünf Minuten lang versöhnt mich der Junge selbst mit dem verabscheuten Mendelssohn.

Auf Besichtigung mit zwei Dichtern, Harold Schimmel und Dennis Silk, in der Altstadt. Es ist aber keine echte Besichtigung. Ich trage nicht, wie ein guter Tourist, eine Kamera. Ich habe Kameras nie gemocht und seit 1940 keine mehr besessen. In dem Jahr habe ich in Mexiko einige hochbeinige Schweine fotografiert, auf der Insel Janitzio im See Pátzcuaro. Ich hatte noch nie so stelzbeinige Schweine gesehen, und sie verdienten, geknipst zu werden. Die Kamera stammte aus einer Pfandleihe in der South State Street, und sie hatte kleine Löcher im Balg, so daß meine Schweine weiß getüpfelt waren.

Schimmel, Student an der Cornell University in den Tagen, als Wladimir Nabokow dort unterrichtete, hat an der Brandeis University bei Philip Rahv seine Studien fortgesetzt. Er hat so gut Hebräisch gelernt, daß er in dieser Sprache schreiben kann. Mit diesen beiden habe ich das Gefühl, daß ich einen freien Tag einlege und für kurze Zeit vom Gewicht der Politik befreit bin. Der große Silk hat ein nach außen gestülptes Gesicht, eine schmale, gebogene Nase, und seine verfeinerte Art belustigt mich. Er vertieft sich in eine Auslage mit persischen Vasen, seine Augen erweitern sich, seine Unterlippe tritt vor, er schmachtet, und wir müssen ihn fortzerren. Schimmel bringt uns zu einem Laden, der sich auf alte Ansichtspostkarten spezialisiert. Allenbys Ankunft in Jerusalem während des Weltkrieges ist in jedem nur denkbaren Braunton festgehalten. Es gibt auch tonnenweise verschnörkelte Glückwunschkarten und Notizblöcke und griechische Ausgaben von Zane Grey, denn der Inhaber ist ein alter griechischer Herr. Er hat eine ungeheuere Auswahl von stereooptischen Dias und Landkarten und Fotografien, die bis ins letzte Jahrhundert zurückreichen, von Patriarchen und Pilgern und Gesichtern aus dem ottomanischen Kaiserreich. Große türkische oder balkanische Mustachios, wie sie diese Soldaten und Staatsmänner tragen, waren im Chicago der zwanziger Jahre noch im Schwange. Man sah sie in der South Halsted Street, nahe dem Hull House, in Cafés und Süßwarengeschäften. Die Männer, die die auffallenden, weiß-roten Waffelwagen fuhren und sich den Kindern mit Trompetenstößen ankündigten, waren mit solchen Bärten geschmückt. (Waffeln, halb durchgebacken, klebrig und mit Puderzucker bestäubt, ein Cent das Stück.) Wir wühlen in den Karten und suchen nach etwas Außergewöhnlichem. Elias Canetti, ein ausgezeichneter Romancier und etwas exzentrischer Psychologe, behauptet irgendwo, daß die Leidenschaft für Altertümer uns als Kannibalen, wenn nicht gar als Leichenschänder ausweist. Die Karten haben das dunkle Gelb von Muskatellertrauben, aber lassen sonst an nichts Eßbares denken. Ich nehme ein deutsches Bild aus der Vor-Hitlerzeit in die Hand, das Juden beim Beten an der Westmauer zeigt. Silk, der ein Sammler ist, wühlt unter Haufen von Schund, während der griechische Inhaber uns eine offenbar auswendig gelernte Rede über die große hellenische Tradition der Freiheit hält, wobei er sich über Miltiades und Perikles verbreitet, als lebten sie ein paar Häuser weiter.

Schimmel und Silk suchen die Gasse der Weber. Statt dessen finden sie einen großen steinernen Stall, der einst zu einem fürstlichen Hofstaat gehört hat. Die geschnitzten Ornamente, alle nachgedunkelt, gehen aufs vierzehnte Jahrhundert zurück, wie uns zwei freundliche junge Araber erzählen, die hier an Maschinen herumwerkeln. O ja, der Stall wird noch benutzt, aber die Esel und Maultiere sind während des Tages draußen. Dennis befragt die jungen Männer mit Geschick. Sie sprechen gut genug hebräisch, um Auskunft zu geben. Die Auskunft ist selbstverständlich für mich gedacht. Silk meint, daß ich mich für dies alles interessiere wie ein normaler Tourist. Mir ist es gleichgültig, ob der Stall auf das vierzehnte Jahrhundert zurückreicht oder das sechzehnte. Was mich interessiert ist, daß der eine junge Mann jetzt findet, seine Füße müßten gewaschen werden. Er zieht die Hose hoch und hockt sich nieder, wobei er vor sich hingrinst – diese beiden Araber finden uns komisch –, und gießt Wasser aus einer grünen Flasche über seine Zehen, während er geschickt auf einem Fuß balanciert. Er hat, was ich Kavalleriebeine nenne, kurz und voll. Auch eine Frau kann Kavalleriebeine haben; sie können trotzdem schön geformt sein.

Die Webstühle haben wir nicht gefunden. Vielleicht haben die

Weber Feiertag gemacht. Wir kaufen runde Sesambrötchen, und in einem mit Köstlichkeiten vollgestopften arabischen Verschlag Dosen mit hautlosen portugiesischen Sardinen in einer gewürzten Soße und einige Gurken; dann gehen wir zum Lunch zu Silk. Silk wohnt im Niemandsland inmitten unbebauter Grundstücke. Das Haus auf der anderen Seite war vor 1967 ein vorgeschobener jordanischer Stützpunkt, und nachts nach Hause zu kommen, war in den Vorkriegstagen gefährlich, besonders wenn man getrunken hatte, denn es war nicht ganz klar, wo die Grenze verlief. Die Grundstücke sind heute einigermaßen sicher. Es gibt dort Ziegen und Hunde und Katzen und zerbröckelnde Gebäude, die während des Mandats prächtig gewesen sein mögen, und Unkraut und Dosen und Flaschen und eine herrliche Sicht auf die Berge von Moab in ihrer gelbbraunen Nacktheit. Eine kräftige kleine Hündin läuft neben uns her. Sie muß irgendwo in der Nähe Junge haben, denn sie ist so voller Milch, daß ihre Zitzen den Boden berühren. Als Silk die Tür öffnet, läuft sie ins Haus. »Ist das Ihr Tier, Dennis?« frage ich. Er sagt ernst und traurig: »Nein. Aber sie war eine gute Freundin meines Hundes, der im vorigen Monat gestorben ist, und sie kommt immer noch, um ihn zu suchen.«

In Dennis' Haus gibt es nicht viel Bequemlichkeit. Ich kann mich nicht entscheiden, ob es eine Hütte oder eine Kabuse ist. Der Grund und Boden gehört der griechisch-orthodoxen Kirche, und Dennis geht persönlich dreimal jährlich seine Miete bezahlen, wobei er mit einem sonderbaren Funktionär zu tun hat – teils Anwalt, teils Buchhalter –, der immer versucht, seinen Dichter-Mieter übers Ohr zu hauen. »Es ist sehr orientalisch«, sagt Dennis. »Man kann nicht einfach das Geld hinlegen und um die Quittung bitten. Man muß Kaffee trinken und hin und her fechten und alle levantinischen Tricks durchspielen.«

Bücher und Bilder füllen die beiden Zimmer. Dennis ist kein ordentlicher Junggeselle; ein bißchen Staub im Haus macht ihm nichts aus. Es ist ein erdenweiter Unterschied zwischen üblem Schmutz und Dichterschmutz. Ich verstehe, warum seine Fenster nicht geputzt sind; wären sie geputzt, dann würden sie blenden und die Atmosphäre völlig verderben. Die Bleibe ist in sich vollkommen – ein Batik-Überzug über dem Bett, eine Unzahl Manuskripte mit Kaffeeringen darauf. Wir könnten ein bißchen Wärme brauchen, aber das ist nicht wesentlich, der Wodka wird uns wärmen. Israelischer Wodka ist sehr gut. Ebenfalls der Slibowitz, Raki und Zuika

– selbst der Aquavit ist hier trinkbar. Dennis rollt die Sardinenbüchse auf, bringt Käse, Brötchen und Flaschen zum Vorschein. Papiere und Bücher werden nicht vom Tisch entfernt, nur beiseite geschoben, und wir essen und trinken. Wir sprechen von Schriftstellern. In einer der am Boden liegenden Zeitungen ist ein Interview mit Gore Vidal. Ich lese sie immer mit Vergnügen. Es ist seltsam, sagt Vidal in diesem, wie sehr die amerikanische Sprache mit allgemeinen Begriffen arbeitet: »Amerikaner beschönigen dauernd, sie können nie etwas beim Namen nennen . . . Man sagt nie, was man meint, das ist nicht gut für den Charakter.« Wir seien das pleonastischste, bombastischste Volk der Welt geworden und dazu noch ein Volk von Lügnern. Ich füge dem hinzu, daß kein Volk jemals so leidenschaftlich zur Selbstkritik neigte. Wir bezichtigen uns aller möglichen Dinge, stehen immerwährend unter fürchterlichen Anklagen, vor Gericht und stoßen die unwahrscheinlichsten Beichten aus. Und alles zum Gebrauch der Welt. Es stimmt, daß wir sehr viel lügen – darin hat Vidal recht –, wir lügen wie verrückt. Es gibt keine Tartüffes in unserer Literatur, keine monströsen Heuchler, keine tiefen Zyniker. Was wir stattdessen haben, ist eine große Anzahl tugendhafter Mythen, die wir mit schwachsinnigem Ernst auf unser Leben anwenden. Alles Schlechte passiert nur aus dem besten aller Gründe. Wie kann ein Mann wie Richard Nixon schlecht von sich denken! Sein ganzes Leben war die vollkommene Verwirklichung der Titelbilder auf der *Saturday Evening Post.* Er war ehrlich, er hatte ein gesundes Denken, ging jeden Sonntag zu drei Gottesdiensten, war Werkstudent, diente dem Vaterland, entlarvte kommunistische Komplotte. Es ist unmöglich, daß er nicht rein sein sollte. Die moralische Buchführung in Amerika ist ein faszinierendes Thema. Auch die Beschuldigung ist faszinierend. Die Menschen scheinen immer amerikanischer zu werden, wenn sie die Schuld an Vergehen auf sich nehmen, die sie nicht begangen haben können. Die Abkömmlinge osteuropäischer Einwanderer hatten am Verbrechen der Sklaverei keinen Anteil, aber trotzdem beharren sie darauf, daß »wir« es waren, die schuld sind. Ich erblicke darin eine Art von gesellschaftlichem Aufstiegsstreben. Mein Freund Herbert McClosky, ein politischer Wissenschaftler, deutet es eher als moralischen Ehrgeiz: ein Volk, daß alles von sich erwartet, nimmt auch für alles die Schuld auf sich. Ich glaube, daß diese Bekenntnisse nationalen Versagens und Verschuldens auch eine Form der Kommunion ist. »Wir sind das, woran wir uns berauschen«, sagt Jerry

Rubin in *Do It!* Jedenfalls sind wir am glücklichsten, wenn wir über uns selbst reden. Unsere eigene Erfahrung als Volk ist zum Springquell der Verzückung geworden. Und hier sitze ich und tue 's auch.

Schimmel und Silk bringen das Gespräch zurück auf Dichter und Dichtung. Was für ein Mann war Ted Roethke? Nun, er war ein blonder Riese mit einem runden Gesicht – ein bißchen wie Silk, wenn man's recht überlegt. Er hat sich gern die Schuhe und das Jakkett ausgezogen und den Hosenbund nach außen gedreht, um sich den Bauch zu erleichtern. Als er in Yaddo, in Saratoga Springs, Tennis spielte, haben seine Schmetterbälle das Netz zu Boden gerissen. Ich bin zum Kompendium solcher Informationen geworden. Ich hatte gar nicht vor, etwas davon im Gedächtnis zu behalten. Aber es amüsiert Silk und Schimmel, und da steht eine Flasche auf dem Tisch, und die Unordnung in Silks Zimmer erinnert mich an Greenwich Village vor dreißig oder vierzig Jahren. Silk, der John Berryman bewundert und einen ausgezeichneten Artikel über den *Dream Song* geschrieben hat, fragt mich, ob ich die Gedichte in Berrymans Manier lesen kann. Ich kann's versuchen, sage ich; ich habe sie oft genug von ihm gehört, in Minneapolis und anderswo. John hat mich manchmal um drei Uhr morgens angerufen und gesagt: »Ich habe gerade etwas Köstliches geschrieben! Hör zu!« Daher weiß ich recht gut, wie er seine Songs vorgetragen hat. Ich lese Silk und Schimmel einige von meinen Lieblingsgedichten vor. Trinken und Dichtung und Wehmut um einen toten Freund und der kurze Dezembernachmittag, der sich von Minute zu Minute von einem steten Blau zu einem dunkleren, zitternden Blau vertieft – als ich aufhöre, merke ich, daß ich mich erkältet habe. Silk kümmert sich ebensowenig um die Kälte wie ein Walroß ums Eis.

Die Dichter begleiten mich zurück zu Sir Moses Montefiores Windmühle. Ich sage zu ihnen: »Es war toll«, und das war's auch. »Als ich nach Jerusalem kam, wollte ich mich entspannen. Aber hier entspannt sich niemand. Das ist der erste entspannte Tag, den ich in einem Monat genossen habe.«

Die Mühle ist ein Wahrzeichen der Neustadt. Teddy Kollek hat Erde anfahren und Olivenbäume und Zypressen pflanzen lassen und einen ansehnlichen Park an der King David Road angelegt. In der Nähe der Mühle ist die Kutsche von Sir Moses Montefiore aufgestellt, und Touristen und Schulkinder werden hergeführt und über die Geschichte des Viertels belehrt. Sir Moses, unermüdlich wie Kollek selbst (obwohl der alte Philanthrop in seinen Porträts verträumter aussieht als der Bürgermeister), hatte einige alte Juden überredet, ihr verdrecktes Viertel zu verlassen und sich außerhalb der Stadtmauer anzusiedeln. Das war ein schwieriges Unterfangen. Palästina war in der Mitte des neunzehnten Jahrhunderts kein besonders geordneter Teil des ottomanischen Kaiserreichs. Siedler und Reisende wurden von Briganten und Mördern überfallen, aber der alte Sir Moses setzte sich schließlich durch, und die Juden gründeten eine Siedlung am äußersten Ende von Gai-Hinnom, das der Stadtmauer und dem Zionsberg gegenüberliegt. Dennis hat einen seltsamen, halb erfundenen Bericht über Montefiore und seine Pilgerfahrten und Pläne geschrieben. Jetzt sind die Mühle und die renovierten Gebäude mit historischem Glanz vergoldet, und die Busse bringen den ganzen Tag Kinder und ausländische Gaffer, und Messingplatten sind in den Mauern eingelassen. Die Mühle hat mit dem Wasserturm von Chicago etwas gemeinsam. Als Mrs. O'Learys Kuh die Laterne umwarf und Chicago zerstört wurde, hat fast nichts die Flammen überdauert, nur ein wulstiger, presbyterianisch aussehender Steinturm in viktorianischer Gotik, der in der Michigan Avenue steht wie ein Schoßhund der umliegenden Wolkenkratzer, ein Stück Geschichte – oder ein Stück Geschichte, Handel und Reklame.

Und in Jerusalem ist es politisch wichtig, daß Sir Moses und seine Kutsche und Mühle Teil der Geschichte werden. Bürgermeister Teddy Kollek versäumt keine Gelegenheit, um die Rechtmäßigkeit der jüdischen Ansprüche in Jerusalem zu betonen. Darin liegt keine Täuschung. Die Ansprüche *sind* rechtmäßig. Dennoch scheint mir oft, daß Kollek nur zu deutlich fühlt, wie beschränkt die Zeit ist, in der er seinen Anspruch vor dem Tribunal der Weltmeinung rechtfertigen kann. Manchmal ist es schwer, zwischen seiner persönlichen Energie und der Dringlichkeit des Notwendigen zu unterscheiden. Aber hier ist die Windmühle, ein Monument des trotzigen Träumers Sir Moses, mit seinem Bart, seinen Stiefeln und dem britischen Zylinderhut auf dem jüdischen Kopf; und hier sind die Kinder und die Touristen und die Lehrer und die Fremdenführer. Oft halten sie ihren Vortrag laut direkt vor unserer Tür, vor dem Mischkenot Scha'ananim.

Auf meinem Nachhauseweg – ich spüre den mit Silk und Schimmel genossenen Wodka – kreuze ich die Reihen der Touristen. Aber ich habe gerade einen Feiertag mit den beiden Dichtern verlebt. Sie haben mich von wochenlangen Grübeleien über die unerbittlichen

Probleme erlöst – den Schlächterproblemen der Politik. Heute war der Geist auf anderen Pfaden. Zwar entgeht man auch auf diesem Weg nicht dem Leiden. Natürlich habe ich über Berrymans Selbstmord getrauert, als ich einige seiner *Dream Songs* rezitierte, aber es war keine sinnlose Trauer. Dem Gefühl der Schwere war noch etwas beigemischt. Die verwandelnde Zutat: die Gabe der Dichtung. Man glaubt sich von Wahrheit erfüllt, wenn man ein paar Glas getrunken hat. Ich überlege, daß einige der Politiker, denen ich begegne, bewundernswerte, intelligente Männer mit starkem Charakter sind. Aber ihnen fehlt diese zauberhafte Zutat. Es ist vielleicht erstaunlich, daß sie von den Schlächterproblemen, dem brutalen Druck der Krise nicht wahnsinnig geworden sind.

Ich bin von der Vielzahl und Genialität jüdischer Ideen über die Zukunft Israels begeistert. Wenn ich darüber nachdenke, dann stelle ich mir Truhen über Truhen von Architekten vor, die mit Blaupausen und Detailentwürfen gefüllt sind. Ich erhielt einen Brief von Mikhail Agursky, einem russischen Schriftsteller, der kürzlich nach Jerusalem gekommen ist. Er schreibt mir, »die Juden können produktiv und leistungsfähig sein, wenn eine ganz unsinnige Bedingung erfüllt ist – daß ihre Ziele von einem gängigen Standpunkt aus völlig unrealistisch sind. Wenn sie solchen Zielen nachgehen, dann haben sie keine Konkurrenz. Der Zionismus«, schreibt er weiter, »kann nur durch eine Spritze solch unrealistischer Ziele neubelebt werden. Ich persönlich befürworte solche Ziele – um Israel zum Zentrum der neuen Zivilisation zu machen (nicht weniger!), wobei man den sichtbaren Niedergang der westlichen (und auch östlichen) Zivilisation in Rechnung stellen muß . . . Pragmatisch gesehen können nur solche Ideen den Juden Erfolg bringen.«

Ich finde die Zusammenfassung eines Artikels von Agursky über russische Immigranten in Israel in einer der letzten Nummern von *Insight*, einer kleinen Zeitung, die von Emanuel Litwinow redigiert und in London veröffentlicht wird.* Was der Essay voraussetzt – daß Rußland demnächst die Massenemigration seiner Juden gestatten wird – ist durchaus nicht sicher. Die Sowjetregierung, durch und durch antisemitisch – sie hat zweimal die Beziehungen zu Israel abgebrochen, und es gibt kein anderes Land, das sie so heftig be-

* »Soviet Emigration and Israel's Future«, *Insight*, October 1975

schimpft –, wird Israel nicht mit dem versorgen, was es am nötigsten braucht. Das Bevölkerungsproblem, darüber sind sich alle einig (und in einem Land, in dem Einmütigkeit selten ist), ist eins von Israels drückendsten Problemen. Tausende ziehen weg. Treten andere an ihre Stelle? Zuverlässige Zahlen sind schwer zu erlangen. Als der eindrucksvolle Verteidigungsminister, Schimon Peres, die Hoffnung äußerte, daß russische Immigranten bald in großer Zahl kommen würden, hat er seinem positiven Eindruck etwas geschadet. Ein militärischer Führer sollte sich nicht so hoffnungsvoll äußern. Israels Verluste im Jahr 1973 haben eine furchtbare Lücke gerissen; manche deuten an, daß seine Verluste denen vergleichbar waren, mit denen die Briten im ersten Weltkrieg zur Ader gelassen wurden, und vertreten die Ansicht, daß an der Somme und in anderen großen Schlachten die Macht der Briten gebrochen und England unheilbar verwundet wurde. Ist es da wahrscheinlich, daß die Russen nicht verstehen, wie schwer Israels Verluste waren, und sie dem Land erlauben werden, seine Stärke durch die Masseneinwanderung von russischen Juden wiederherzustellen?

Aber Agursky nimmt an, daß die russischen Juden bald hereinströmen werden, und glaubt, daß sie den Charakter der israelischen Gesellschaft ändern und das Geschick der Welt wandeln können. Nach Agursky, so wie *Insight* seine Gedanken paraphrasiert, hatten die sowjetischen Juden, die sich der zionistischen Bewegung anschlossen, »ein idealistisches Bild von Israel als einer Gesellschaft, die von Gefühlen der Brüderlichkeit und Solidarität geeint war«. Sie glaubten, daß die moralischen Traditionen des Judentums hier weltliche Formen angenommen hätten und daß eine nicht-religiöse jüdische Bevölkerung ein jüdisches Bewußtsein oder bindende jüdische Wesensmerkmale bekunden würde. Darin haben sie sich entscheidend geirrt. Hier ist es das nationale und religiöse Erbe, das den Ausschlag gibt. Die jüdische Geschichte ist sinnlos, sagt Agursky, ohne den wahren Springquell jüdischer Unverfälschtheit und Ausdauer. Ein jüdischer Staat, der ins Leben befohlen wird, kann dieses besondere Zusammenspiel nicht ersetzen, und die allgemeine Überzeugung, daß Israel nur unter dem westlichen System der Demokratie existieren könne, »ist ein tiefgreifender Irrtum, der unser Volk das Leben kosten kann«. Die westliche Demokratie befindet sich jetzt »am Rand der Katastrophe«. Die Demokratie kann sich nur halten, wenn ein freies Volk zu Selbstdisziplin fähig ist und freiwillig darauf verzichtet, die politische Ordnung zu schwächen. Im Westen ist noch genügend von der alten religiösen Moral vorhanden, um das parlamentarische System zu erhalten. »Genau aus diesem Grunde versucht der Totalitarismus in all seinen Formen, wenn er sich müht, die westliche Welt zu unterhöhlen, zuerst und zuvörderst jene institutionellen Formen zu zerstören, die von religiösen Werten geprägt sind. Das Hauptziel totalitärer Regimes ist die Aushöhlung der religiösen Erziehung, der traditionellen Lebensgewohnheiten und der Familie und die vollständige Liquidierung einer moralischen Zensur.« Durch solche Mittel verschlimmert der Totalitarismus das Siechtum der westlichen Demokratien. Wenn sich aber der Westen nahe am Zusammenbruch befindet: der totalitären Welt geht es nicht besser.

Agursky meint, daß Israel sein Vertrauen auf traditionelle und religiöse Werte setzen solle. So wie die Dinge jetzt stehen, ist es das Gefühl der gemeinsamen Gefahr und nicht ein religiöses Gefühl, das die israelische Gesellschaft zusammenhält.

Die russischen Juden, so schließt er, können zu der notwendigen Wiederbelebung des religiösen Gefühls einen wichtigen Beitrag leisten. Ihre Erfahrung mit dem Totalitarismus hat sowohl ihre Seelen gereift wie auch ihren Geist gestählt. Die bittere Erfahrung hat ihnen eine Weisheit verliehen, die zu selten ist, als daß man sie vergeuden dürfe. Vielleicht meint Agursky auch, daß das, wonach sich Teile der westlichen Welt zu sehnen scheinen – Frieden und Gerechtigkeit in einer kommunistischen Gesellschaft – diese östlichen Juden bereits kennen.

Agurskys Gedankenführung erinnert mich an Henry Fairlies Buch *The Spoiled Child of the Western World: The Miscarriage of the American Idea in Our Time.* Amerika ist nach Fairlies Ansicht gedanklich nicht mehr mit dem Existenzkampf befaßt. Er sieht eine neue Art von Wurstigkeit, die vom modischen Existentialismus empfohlen wird. Da der »Existenzkampf« aufgehört hat, ein Problem zu sein, ist die eigene Existenz als solche zum Problem geworden. Der Existentialismus ist keine Philosophie für einen Menschen, der kein Brot hat.

Wenn in Amerika der Existenzkampf tatsächlich nachgelassen hat und damit eine bedeutende Geschichtsphase beendet ist, dann brauchen wir uns nicht über die merkwürdigen Blicke einer Welt zu wundern, die über unseren priviligierten Status staunt und von unserer Leichtfertigkeit und Leichtlebigkeit entsetzt ist. Agursky fragt sich, ob das demokratische Amerika genügend Selbstdisziplin besitzt, um sich zu behaupten. Viele Schriftsteller haben darauf hingewiesen, daß die Freiheit in der Weltgeschichte ein Ausnahmezustand ist. Herrscher sind nicht geneigt, ihre Macht mit den Beherrschten zu teilen. Freiheitsperioden sind immer sehr kurz gewesen. Unsere Gattung weiß wenig vom Frei-sein. Ruskin sagt in einer Schrift über die *Geschichte* des Thukydides, daß dessen Thema »die zentrale Tragödie der Welt, nämlich der Selbstmord Griechenlands gewesen sei«. Möglicherweise stehen wir wieder an einer selbstmörderischen Wende, und das denken auch russische Dissidenten – d. h. solche Menschen, denen es durch heroischen Widerstand gelungen ist, sich Geist und Urteil unversehrt zu erhalten –, wenn sie unser Verhalten beurteilen.

Um aber mit Agursky zum Ende zu kommen: er spricht von einer älteren revolutionären Generation, die nicht vergessen ist, und von dem messianischen Universalismus dieser Generation und ihrem Wunsch nach sozialer Gerechtigkeit. Er findet, daß den neuen Einwanderern aus der Sowjetunion die hebräischen Propheten in russischer Übersetzung in die Hand gegeben werden sollten, »um ihr nationales Bewußtsein zu bereichern« – wie es in der Paraphrase von *Insight* heißt. »Keine Kapitalinvestition könnte so wirksam sein wie diese geistige Investition.« Agursky selbst schreibt: »Israel muß zum Mittelpunkt einer neuen Kultur werden, wie es die Propheten, die besten Vertreter des jüdischen Volkes, erträumt haben.« Der Herausgeber von *Insight* merkt dazu an, daß die russischen Intellektuellen vom Typ Agurskys angefangen haben, Fragen zu stellen, »die die westlichen Juden längst beantwortet glaubten«, und »andere Ergebnisse anböten. Zuweilen klangen sie naiv, öfter aber kraftvoll und fesselnd.«

Das Wissen ums Böse, das sich diese Russen angeeignet haben, kann nicht ohne Nebenwirkungen bleiben. Ihr Verständnis des westlichen Kapitalismus haben sie sich in Rußland erworben. Daher halten sie uns für frivol und unseren Zustand für chaotisch. Sie haben die vorherrschende europäische und russische Ansicht, daß wir vom rechten Wege abgekommen sind. Für sie sind wir eine Gefahr für die Freiheit. Aber sie sind zugleich ungeheuer hoffnungsvoll. Israel als Zentrum einer neuen Kultur? Ich verstehe, was Agursky meint, wenn er uns rät, nicht zu realistisch zu sein. Er tritt dafür ein – aber nein, nein, ich will keine ernsthaften Gründe gegen Agursky anführen. Er ist zu bestrickend. Was ich an diesen russischen Dissidenten schätze – den Solschenizyns und den Sinjawskis sowohl wie auch den Agurskys – ist ihre Wachheit. Wir dagegen scheinen sehr verschlafen.

Bei uns im Westen ist die Wachheit aus unerklärlichen Gründen immer im Kommen und Gehen. Unser Verständnis flammt kurz auf, um dann wieder zu verdämmern. Manchmal scheint mir, daß ich selbst unter einem fürchterlichen hypnotischen Einfluß stehe – ich kenne die Übel unserer Zeit und kenne sie nicht. Ich spüre oder erleide dieses abwechselnde Glühen und Verblassen an meiner eigenen Person, und ich sehe, daß andere gleichfalls davon befallen sind. Ich bin mit der Geschichte des ersten Weltkriegs und der russischen Revolution vertraut. Ich kenne Auschwitz und GULAG, Biafra und Bangladesch, Buenos Aires und Beirut, aber wenn ich wieder zu den Tatsachen zurückkehre, finde ich, daß die Schärfe meines Berichts getrübt ist. Dann beginne ich, gegen jede Vernunft, den Einfluß einer vernebelnden Kraft zu vermuten – eines dämonischen Willens, der sich unserem Verständnis entgegenstellt. Ich bin gezwungen, darüber nachzudenken, ob Westeuropa und die Vereinigten Staaten nicht unter dem Einfluß eines großen Bösen stehen, ob wir nicht leicht narkotisiert dahinleben.

In den Zeitungen wird berichtet, daß die amerikanische Botschaft in Moskau den Verdacht hat, einer Mikrowellenbestrahlung ausgesetzt zu sein. Nach UPI überlegen sich Fachleute, daß die Russen durch die Bestrahlung Mikrophone aktivieren wollen, die im Botschaftsgebäude angebracht sind, um amerikanischen Störmechanismen entgegenzuarbeiten oder »nach einem noch unheimlicheren Bericht war die Strahlung dazu bestimmt, bei den amerikanischen Diplomaten Lethargie hervorzurufen.« Das mag ein absolutes Hirngespinst sein, das die Öffentlichkeit jedoch gewillt scheint, den Fachleuten abzunehmen.

Wenn aber die Russen wirklich Bescheid wüßten, brauchten sie keine solchen Lethargie erzeugenden Mittel. Die freien Länder gehen mit ihrer Freiheit seltsam lustlos um. Das Ansehen der Revolution ist stark in Westeuropa, während der Kapitalismus, vor allem in seiner verhaßten amerikanischen Form, als im Sterben begriffen angesehen wird. Viele frohlocken über seinen nahen Tod. Der alten Übel überdrüssig, sehnen sie sich nach »dem Neuen« und werden erst glücklich sein, wenn sie's haben. Baudelaire schreibt in einem seiner Tagebücher, daß das Leben ein Hospital sei, in dem jeder Patient glaube, genesen zu können, wenn er in ein anderes Bett verlegt werde. Als ich in den vierziger Jahren in Paris lebte, wurde ich unfreiwillig Zeuge dieser These. Ich erfuhr von Ladenbesitzern, *garagistes*, Friseuren, Kellnern, Portiers, daß »revolutionäre« Ideen (bettwechselnde Ideen), die inzwischen völlig banal geworden sind, alle Schichten der französischen Gesellschaft ergriffen hatten. Den bevorstehenden Sieg des Kommunismus vorwegnehmend, das Bett, das alle alten Übel heilen würde, bereiteten sich viele französische Intellektuelle opportunistisch auf Karrieren im neuen Regime vor. Die Führer französischen Denkens hatten drei Jahrzehnte, in denen sie ihren Landsleuten die Tatsachen über Rußland und das östliche Europa beibringen konnten. Diese lassen sich in wenigen Worten zusammenfassen: es gibt keine freie Gesellschaft in Osteuropa; der Kommunismus hat bisher nur Polizeistaaten geschaffen. Man könnte dem entgegenhalten, daß Freiheit weniger wichtig sei als Gleichheit, Sicherheit und das Wohlergehen der Arbeiterklasse. Ich habe derartige Erwiderungen gehört. Dieser Tage werden sie oft von indischen Intellektuellen gegeben, die die von Indira Gandhi angewandten Zwangsmaßnahmen rechtfertigen. Die Hilfe politischer Theoretiker ist bei der Deutung dieser Phänomene weniger tauglich als die von Mythologen und Dämonologen.

In unserer Wohnung im Mischkenot Scha'ananim sind das Büffet, die breiten marmornen Fenstersimse, der Kaffeetisch, der Schreibtisch mit Zeitungen, Magazinen, Pamphleten und Büchern über den Nahen Osten bedeckt. Das Nachtpersonal in der Halle sitzt vorm Fernsehen. Der Hauptwächter mit seinem runden, kurzgeschorenen Kopf und den großen Augen ist ein orientalischer Jude, schlank und dunkel. Eine Pistole steckt im Bund seiner Jeans. Wenn man nachts zu den Büchern und Zeitungen zurückkehrt, begegnet man bewaffneten Patrouillen. Man sieht sie auf der darüberliegenden Straße und in den tieferliegenden Gärten.

Dauernd treffen Botschaften von Bürgermeister Kollek ein. Er lädt Alexandra und mich zu einem Konzert, zum Besuch eines archäologischen Fundorts, zum Tee mit dem griechischen Patriarchen ein. Er denkt an alles, vergißt nie, einen um Rat zu fragen, zu erinnern, einem zu danken. Durch seine aufmerksamen Botschaften fühle ich mich wie ein Stoffel. Kollek ist gewichtig, aber er bewegt sich schnell – ein wild aktiver Mann. Er ist ein draufgängerischer, kein philosophischer Mensch. Sein Gesicht ruht nicht passiv auf der Wamme, seine Falten sind die eines gewitzten Mannes. Seine Nase ist gerade, kurz, dick und beherrschend, seine Gesichtsfarbe rötlich, sein kastanienbraunes Haar fällt nach vorn, wenn er in Aktion tritt. Balzac hätte an dem Bürgermeister seine Freude gehabt. Kollek ist für Jerusalem, was der alte Goriot für seine Töchter war, was Cousin Pons für die Kunstgegenstände war. Aber keine Kategorie kann ein Phänomen von solcher Dynamik einfangen. Im Dienst (er ist tatsächlich niemals wirklich außer Dienst) braust er im Auto in der Stadt herum. Er nimmt einen mit auf eine Tour durch die neuen Vorstädte, die er in Ost-Jerusalem gebaut hat. Er kommt in einem gelben Bus, der der Stadtverwaltung gehört, mit mehreren Assistenten an (Gartenbau, Hygiene, Freizeit), um einem die Parks zu zeigen, die er allerorten auf unbebauten Grundstücken geschaffen hat. Es gibt sogar einen Park für die Blinden mit Braille-Tafeln, um die Aussicht und Pflanzen zu beschreiben. Da er selbst Gärtner ist, scheint er jeden Busch in der Stadt zu kennen. Außerdem kennt er die Spender. Wie ein Computer holt er die Namen von Philanthropen hervor, und seine Sekretärin schreibt sie nieder. »Wir können einen kleinen Spielplatz in diesem Zwischenraum einrichten. Schicken wir mal Soundso deshalb einen Brief.« Kolleks Bekanntschaften sind international; er kennt die Reichen, die Großen und die Berühmten überall. Er ist in dieser Hinsicht ein bißchen wie Meyer Weisgal. Jeder dient seinen Zielen, und niemand scheint durch einen solchen Dienst Schaden zu nehmen. Kollek hat die Gabe, frei heraus zu sprechen – seine blauen Augen verraten das –, aber er wahrt trotzdem die Formalitäten. Er hat eine elegante Redeweise, ist ein Mann von einiger Kultur. Seine Manieren sind wienerisch, aber mit überlagerter britischer Finesse. Er spricht fließend englisch, und zwar es mit einem leicht britischen Akzent. Wenn er gelehrte englische Gäste bewirtet, ist er überglücklich. Mit Sir Isaiah Berlin war er einmal im Paradies. Er gab für ihn einen herrlichen Lunch, der schon beinahe ein Bankett war, und machte ein gelehrtes Wortspiel über Kant und Königsberg. Seine Memoiren, wenn er je die Zeit finden sollte, sie zu schreiben, würden die Welt faszinieren. Er fand nicht viele freundliche Worte für Golda Meirs Autobiographie, die vor kurzem erschienen ist. Ein enttäuschendes Werk. Ich bin seiner Meinung. Golda Meir, eine Frau von machtvollem Charakter, scheint ihre stärksten Gefühle unter Verschluß gehalten und in ihrem Buch den amerikanischen parlamentarischen Höflichkeitsstil adoptiert zu haben – etwa: »der hervorragende Gentleman aus dem großen Staat Arkansas«. Ihr Motiv ist offensichtlich politisch.

Da Golda Meir immer noch ganz und gar mit der Regierung Israels identifiziert wird, will sie nicht anstoßen oder sich unter Israels amerikanischen Anhängern Feinde machen. Ihre freundlichen Worte über Präsident Nixon und andere sind wahrscheinlich ehrlich, aber sie knausert ihren Lesern gegenüber und gibt nicht das, was sie hätte geben können. Man gräbt vergebens unter diesen Komplimenten und versucht zu erfahren, was ihre tieferen Gefühle sind. Ich bezweifle, daß sich Kollek eine ähnliche Zurückhaltung auferlegen wird. Eine Naturkraft, macht er seine Gefühle deutlich, ohne daß man ihn dazu überreden muß.

Bei gutem Wetter braust Kollek im israelischen Stil in der Stadt umher, das Hemd am Hals offen. Im Dezember kann man ihn mit einer Pelzkappe sehen, mit einem geknoteten Schal, mit zugeknöpfter Weste, aber nie im Mantel, denn er bewegt sich schnell, und ein Mantel würde ihm im Weg sein. Zwei ältere Damen haben mir erzählt, wie er ihr Taxi in Beschlag genommen hat. Sie hatten gerade den Fahrer gebeten, sie zur Altstadt zu fahren, als ein untersetzter Fremder aus dem King David Hotel gelaufen kam, neben den Fahrer ins Auto sprang und ihm mit leiser gebieterischer Stimme eine Adresse gab. Eine der Damen war furchtbar wütend, die andere lachte, als sie mir diesen Vorfall erzählte. »Er hat mit uns keinen großen Umweg gemacht« sagte sie. Der Bürgermeister hatte es eilig und hat sich nicht entschuldigt. Kollek, der es versteht, überaus höflich zu sein, kann auch ein Bär sein. Dennoch nehmen nur wenige Bürgermeister in der ganzen Welt einen so persönlichen Anteil an den Bedürfnissen ihrer Bürger. Der bejahrte Mr. Freudenthal, der Eigentümer des Papierladens »Graphos«, hat mir erzählt, er hätte sich geärgert, weil die Stadt den Bürgersteig verengen mußte und dabei den Eingang zu seinem Laden durch die Aufstellung einer Verkehrsampel blockiert hätte. Die hätte so dicht gestanden, daß die Kunden sich in seinen Laden zwängen mußten. »Ich bin deswegen beim Bürgermeister vorstellig geworden«, sagte er. »Und was hat der Bürgermeister getan? Er nahm seinen Hut und kam sofort mit mir mit, um sich die Sache anzusehen. Er gab zu, daß es schlimm sei. Er versprach, die Verkehrsampel zu versetzen.« In diesem Zeitalter der Public Relations sind alle bei einem solchen Verhalten etwas skeptisch. Die Weltläufigkeit erfordert, daß mir Kollek verdächtig ist. Aber ich ermahne mich, bei meinen Beobachtungen zu differenzieren. Es ist wahr, daß die Dinge nicht so sind, wie sie scheinen. Aber die Dinge können in peinlicher Weise genau so werden, wie sie scheinen. Die Bitte von Mr. Freudenthal wurde erfüllt; die Ampel wurde versetzt.

Was bei Kollek ohne Beimischung ganz echt ist, ist seine Liebe zu Jerusalem. Das leugnen nicht einmal seine Kritiker. Christen und Araber mögen die Herrschaft Israels nicht anerkennen, aber sie sind mit der Kollek-Verwaltung zufrieden. Ich habe gehört, daß Kollek ohne die arabischen Stimmen nicht wiedergewählt worden wäre. Die Leute sprechen scherzhaft von ihm als einem der arabischen Politiker. Er hat glänzende Beziehungen zu den islamischen geistlichen Führern. Es geht ihnen bei ihm weit besser als unter jordanischer Herrschaft. Kollek liebt es, kirchliche Würdenträger mit den ihnen zukommenden, ehrerbietigen, klangvollen Titeln anzureden. Er sagt »Euer Seligkeit«, und sein großes Gesicht erhellt sich genießerisch. Wahrscheinlich Nachklänge des österreichisch-ungarischen Kaiserreiches – ein Gefühl für Tradition und Hierarchie. Was es auch sein mag, Kollek erfreut sich daran. Es verschönt ihm den Tag, den bejahrten griechischen Patriarchen zu begrüßen. Es macht mir auch viel Spaß, muß ich sagen. Der Patriarch ist uralt, bis zu den Augenhöhlen mit dichtem Bart bedeckt und ein bißchen unsicher, als er uns entgegengeht. Er küßt Kollek auf beide Wangen, und mit Wärme. Er sitzt links von seinem Thron in einem bequemen Stuhl. Man serviert uns Kaffee und einen griechischen Brandy mit sieben Sternen. Die Unterhaltung, auf englisch und französisch, ist lebhaft. Seine Seligkeit wirkt abgespannt. Er ist gerade von einer Konferenz mit einem Bischof in Amman zurückgekehrt. Anscheinend hat der Papst ein einheitliches Datum für die Begehung des Osterfestes in beiden Kirchen vorgeschlagen, und der griechische Bischof in Amman ist geneigt, dem zuzustimmen. Der Patriarch macht sich Sorgen, daß die römisch-katholische Kirche dann in den Augen der Welt als der einzige große Vertreter der Christenheit dastehen könnte. Es gibt ein Farbfoto des Patriarchen mit dem Papst, als dieser Jerusalem einen Besuch abstattete. Wenn der Patriarch ein besonders kräftiges Argument über die Osterabmachungen vorbringt, wendet er sich dem Foto zu, als wolle er sehen, welche Wirkung sein Argument hat. Als er hört, daß Alexandra im griechischen Glauben geboren ist, gibt ihr der Patriarch ein kleines goldenes Kreuz. Als er es ihr im Nacken befestigt, fragt mich Kollek beunruhigt: »Sie haben doch nichts dagegen?« Habe ich etwas gegen ein solches Geschenk? Durchaus nicht. Ich bin von der Szene sehr belustigt und nicht zum wenigsten wegen Kolleks Sorge um meine religiösen

Gefühle.

Wie viele tausend Israelis hat Kollek intensive und komplexe Beziehungen zur Außenwelt. Es kommt mir oft so vor, als sei das Leben in diesem winzigen Land ein starkes Aufputschmittel, aber als seien nur die Frommen mit dem zufrieden, was sie innerhalb von Israels Grenzen erlangen können. Die Israelis sind große Reisende. Sie brauchen die Welt. Wenn sie das Bedürfnis spüren – und sie spüren es oft –, sind sie gezwungen, weit zu reisen. Die benachbarten arabischen Staaten sind ihnen verschlossen. Sie fliegen nach Europa oder Amerika. Wenn sie nicht den Anschluß verpassen wollen, müssen Hämatologen, Mathematiker, Soziologen in die Welt gehen. Aber was sie treibt, ist mehr als die berufliche Notwendigkeit. Liebe und Faszination mischen sich mit praktischen Überlegungen. Seit dem achtzehnten Jahrhundert, als die Revolution sie aus ihren Ghettos entließ, hatten die europäischen Juden es eilig, sich in die moderne Gesellschaft einzureihen; sie verehrten sie und hungerten danach – nach ihren Städten, ihrem politischen Leben, ihrer Kultur, ihren großen Männern, ihren individuellen Möglichkeiten. Selbst die »Endlösung« hat diese Anziehungskraft nicht zerstört. Und jetzt, da sie israelische Pässe haben und nicht länger Deutsche oder Polen sind, sind sie fast so erpicht und vernarrt in die große Welt wie ihre Vorfahren.

Das Ausmaß von Kolleks internationalen Verbindungen ist märchenhaft. Er kennt die internationalen Körperschaften, die Banken, die großen Universitäten, die politischen Parteien. Er hat Kontakt mit Brasilianern, Finnen, Rhodesiern, Washingtonern und Parisern. »Ah, Kim Roosevelt«, sagt er. »Ah, Joe Alsop.« Und ebenso mit den Rothschilds und Warburgs und selbst mit den Habsburgs und den Romanows, stelle ich mir vor. Diese Bekanntschaften sind selten nur oberflächlich. Er gibt Anlaß zu denken, daß er die Hintertreppen, Dachböden und Schränke ebenso gut kennt wie die Salons und Speisezimmer. Es wäre schwer für einen neureichen Koryphäensammler, ihn mit einem neuen Gerücht zu überraschen. Er strahlt, wenn der Klatsch gut ist; meistens kann er dazu beitragen. Einer meiner Freunde aus den vierziger Jahren pflegte zu sagen: »Wenn ich's tue, ist es nicht Klatsch, es ist Gesellschaftsgeschichte.« Aber trotz des Vergnügens, mit dem Kollek sich Gesellschaftsgeschichte anhört, ist er ein lupenreiner Idealist. Er kämpft, um die Stadt, die die Seele seines Volkes birgt, zu erhalten, zu erweitern und zu verbessern.

Kolleks ausgedehntes Bebauungsprogramm hat offensichtlich das Ziel, Israels Besitz der Stadt zu einem *fait accompli* zu machen. Unter starkem Druck hält er in bewundernswerter Weise daran fest. Obwohl er ein Taxi auf der Straße in Beschlag nimmt und mit zwei älteren Damen davonfährt, ist seine Macht keineswegs absolut. Rechtsgerichtete jüdische Gruppen verursachen ihm ebenso viel Kopfweh wie die Einmischung internationaler Institute, hochangesehene auswärtige Besucher, die ihn verdammen, weil er Jerusalem verunstaltet, oder gerechtigkeitsliebende Amerikaner, deren Ausgewogenheitsfimmel so tödlich sein kann. Es gibt scheußliche neue Gebäude in Jerusalem, das stimmt. Kollek fühlt sich, wie ich glaube, davon gedemütigt. Wolfsons »Silo« mit Eigentumswohnungen ist höchst unattraktiv. Die unzähligen Fenster im neuen Hilton sehen für mich aus wie die schwerlidrigen Augen schlafloser Menschen, die nach Ruhe lechzen. Kollek hat sich, unterstützt von einem internationalen Beraterausschuß, den Entwicklungsunternehmern und ihren Architekten widersetzt. Trotzdem muß er manchmal den Unternehmern und Bankiers nachgeben. Jerusalem hat seine Schandflecken, und es gibt Leute, die in den neuen Bauten politische oder gar militärische Zusammenhänge erblicken. Sie sagen, sie seien gebaut wie Festungen. Hugh Clayton zählt in der Londoner *Times* vom 25. Juni 1976 allein im Weichbild von Jerusalem neun Siedlungen auf und fügt hinzu, daß der ministerielle Siedlungsausschuß in der israelischen Regierung gegenwärtig Vorschläge von der zionistischen Weltorganisation für sieben weitere Siedlungen erwäge. Er sagt: »Die Regierung der Vereinigten Staaten hat diese Siedlungen als rechtswidrig gebrandmarkt, und der Vorsitzende des ministeriellen Siedlungsausschusses, Israel Galili, sagt, er bedaure die Debatte innerhalb der Vereinigten Staaten, erwarte aber, daß sie andauern werde, was darauf hinzudeuten scheint, daß er nicht glaubt, amerikanische Politiker würden über eine verbale Opposition hinausgehen.« Es ist mir nicht klar, wie Kollek zur israelischen Siedlungspolitik steht.

Ich kann vom historischen und psychologischen Standpunkt (mit einiger Hilfe von Fachleuten) die islamischen Einwände gegen ein von den Israelis kontrolliertes Jerusalem begreifen. Auch die christliche Haltung kann von einem vernünftigen und verständniswilligen Menschen gedeutet werden. Mich verblüffen allerdings die nicht engagierten Parteien, die selbst ohne religiöse Überzeugung sind und diese oder jene Form von gemeinsamer Kontrolle, eine »freie« Stadt (ich bin alt genug, um mich an die traurige Geschichte der Freien Stadt Danzig zu erinnern) oder ein »neutrales« Jerusalem fordern. Jean-Paul Sartre befürwortet in einem seiner häufigen Interviews die »neutrale« Position.

Was für eine praktische Wirkung hätten derartige Pläne, fragt Kollek zuweilen. Man setzt sich mit ihm zum Lunch; er bestellt tugendhaft einen Salat, dann wird ihm eine Schüssel mit Süßigkeiten in gefälteltem Papier vorgesetzt, und er ißt sie alle auf. Im Jahr 1967 war Jerusalem ein Chaos. Im Jahr 1976 bietet diese alte Stadt sämtliche Dienstleistungen, die man in den gepflegtesten modernen Städten finden kann. Seine unparteiische Einstellung wird nicht ernstlich angezweifelt; er hat in gleicher Weise Apartmenthäuser, Kindergärten und Schulen für Juden und Araber gebaut. Kollek bringt in Erfahrung, was die letzte Entwicklung ist, und holt sie her. Schauspiele werden für arabische Kinder aufgeführt, die noch nie ein Theater gesehen haben. Zum ersten Mal werden alle heiligen Stätten in gleicher Weise respektiert. Kollek ist nicht so naiv, nun dafür von den Arabern Dankbarkeit und Mitarbeit zu erwarten. Denn erstens würde die arabische Welt dankbare Araber des Verrats bezichtigen, die Extremisten würden auf ihre Bestrafung dringen. Und zweitens hat er lange genug Politik getrieben, um zu verstehen, daß Menschen, deren tägliche Bedürfnisse befriedigt sind, die Freiheit gebrauchen, um sich zu ideologisieren und ihre Unabhängigkeit durch feindliche Aktionen zu beweisen. Dennoch glaube ich oft, daß Kollek der Welt und insbesondere der arabischen Welt zeigen will, was Verständnis und Großzügigkeit bewirken können; er möchte jeden überzeugen, daß, was im kleinen Maßstab möglich ist, auch im Großen getan werden kann. Die arabische Forderung nach einer Selbstregierung in Jerusalem wird irgendwann bedacht werden müssen. Kollek ist sich dessen sicher bewußt, und ich vermute, daß er bereit ist, vernünftige Vorschläge für eine gemeinsame Verwaltung zu erwägen. Die Araber wissen, daß er nicht böswillig oder mutwillig ist. Er hat durch seine Fairness gezeigt, daß Koexistenz möglich und wünschenswert ist. Er ist Israels wertvollster politischer Kreditposten.

Selbst noch im letzten Jahrhundert gehörten die jüdischen Wohnviertel von Jerusalem nach allen Schilderungen zu den schmutzigsten Flecken der Erde. Das Schlachthaus war dort, Ratten und Hunde wühlten im Unrat und bekämpften sich; die Stadt warf ihren Abfall in die jüdischen Straßen. Das war lange Zeit so üblich.

Als die Araber die Stadt im siebenten Jahrhundert eroberten, schreibt Professor David Landes von der Harvard University, »fanden sie den Felsen auf dem Gipfel des Berges Moriah, wo der alte Tempel gestanden hatte, tonnenweise mit Müll bedeckt, der mühevoll dort hinaufgeschleppt und zur Erniedrigung und Entheiligung dort abgeladen worden war. Die Araber säuberten den Felsen und bauten die schöne Moschee, die wir als den Felsendom oder die Moschee Omars kennen. Aber das Schlachthaus blieb bestehen als dauerndes Ärgernis für die Juden von Jerusalem.«* Reisende wie Pierre Loti waren von den Juden Jerusalems, die wie Fledermäuse in ihren überwölbten Gassen umherhuschten, entsetzt. Sie müssen verderbt und böse sein, um ein so schmerzliches Leben zu verdienen, meinte Loti. Hier war der Beweis, daß sie in der Tat ein großes Verbrechen gegen den Erlöser begangen hatten, der in ihrer Mitte erstanden war.

Solche Juden, wie sie Loti beschreibt, sieht man nicht mehr. Kollek baut ein neues jüdisches Viertel in der Altstadt. Das wichtigste Überbleibsel des alten Viertels ist die ben-Zakkai-Synagoge, die von den Jordaniern gesprengt wurde, als sie 1948 in die Altstadt einzogen. Kollek tut alles in seinen Kräften, um keine Rachelust zu schüren. Er ist versöhnlich und immer der Vernunft zugänglich. Die grausame Geschichte dieser Stadt kann ein Ende haben, scheint er zu sagen. Er ist in dieser Hinsicht weniger Psychologe als Rationalist: wie ist es möglich, daß die Menschen nicht ihre eigenen Interessen erkennen? Was ist das doch für eine jüdische Frage! Ein derartiger Appell an das vernünftige Urteil versucht, der arabischen Geschichte auf die Schliche zu kommen. Ich habe ein Schriftstück von Professor Jehoschafat Harkabi von der Hebrew University gelesen, in dem er vorschlägt, daß arabische und israelische Gelehrte bei der Untersuchung des Konflikts zusammenarbeiten sollten. »Das spricht vielleicht für einen außerordentlichen Glauben an die Kraft der Rationalität«, sagt er, »aber ich meine, daß es ein Schritt zum Frieden wäre.« Professor Harkabi teilte mir mit, daß sein Essay in Sartres *Les Temps Modernes* abgedruckt worden ist. »Er ist auch in arabischer Übersetzung in Tel Aviv erschienen«, schreibt er, »konnte aber in den arabischen Ländern nicht ausgeliefert werden.«**

* »Palestine Before the Zionists«, *Commentary,* Februar 1976

** »Position of Israel in the Israel-Arab Conflict«, geschrieben im Oktober 1965.

»Ein außerordentlicher Glaube an die Kraft der Rationalität?« Der Professor hätte es eher einen jüdischen Glauben oder eine jüdische Sehnsucht oder sogar jüdischen Transzendentalismus nennen können.

Doppelte Rollos können das Morgenlicht nicht ausschließen. Es weckt mich, und ich gehe und fülle den Kessel. Schattenblumen wachsen in den langen Gängen des Mischkenot Scha-ananim. Das Küchenfenster blickt auf einen kleinen Garten – kaum ein Garten: ein Terrarium mit Glaswänden, die oben offen sind. Die Blumen sind exotische Paradiesvögel, zu mächtig für meinen Geschmack. Die Tür steht offen, während wir unseren Tee trinken, und wir blikken über den Gai-Hinnom zum Berg Zion. Schahar behauptet, daß die Luft von Jerusalem den Verstand ernährt – einer der großen Rabbis hat das geglaubt –, und er erwähnt den Psalm, in dem der Psalmist von Gottes Lichtgewand singt. Man kann das in Jerusalem ernst nehmen. Eine Figur in Isaac Bashevis Singers großartigen Geschichten denkt, als er zum Himmel in Israel aufblickt: »Nein, das ist nicht einfach ein gewöhnlicher *Khamsin*, sondern eine Flamme von Sinai. Der Himmel über uns ist nicht einfach Atmosphäre, sondern ein Himmel mit Engeln, Seraphim, Gott.« Auch das ist jüdischer Transzendentalismus, in einem ganz anderen Teil des Bewußtseins. Bei Singer kommt es heraus, als hätte man in geeigneten Augenblicken der Erzählung auf eine Feder gedrückt. Ich neige dazu, der Phantasie zu widerstehen, wenn sie auf diese Weise arbeitet. Aber auch ich fühle, daß das Licht von Jerusalem reinigende Kräfte besitzt und Blut und Gedanken filtert; ich verbiete mir nicht die Überlegung, daß Licht Gottes äußeres Gewand sein könnte.

Ich gehe durch die Tür und blicke zur Wüste von Judäa. Ich sehe nicht so sehr die Landschaft, als die Form eines riesigen Wesens. Seine Haut ist grau. Die fernen kleinen Gebäude sind auch grau. Wenn ich die Schranken der Rationalität fallenlasse, meine ich, den Berg Zion sowohl *hören* wie sehen zu können. Ich habe den Berg erforscht. Auf dem Gipfel ist eine Kirche, die von Gerüsten umgeben ist; Steinmetze bei der Arbeit an den Mauern. Es gibt dort gewisse klösterliche Gebäude und viele, viele Gräber (der kellerartige Untergrund der Stadt ist voller Gebeine). Auf den staubigen Pfaden sieht man Esel, gelegentlich ein Kamel. Der westliche Teil der aus dem sechzehnten Jahrhundert stammenden Mauer der Altstadt endet in einer engen gepflasterten Straße. Es ist nicht einzusehen, weshalb dieser Berg eine Stimme haben sollte, einen Laut ausstoßen sollte, nur für einen Mann hörbar, der ihn über ein Tal hinweg erblickt. Was ist da mitzuteilen? Es muß daran liegen, daß eine Welt, in der das Mysterium ausgemerzt ist, einem das moderne Herz schmerzen läßt und die Aufnahmefähigkeit erhöht. In der Dichtung ist eine solche Aufnahmefähigkeit willkommen. Wenn sie zur falschen Zeit auftaucht (in einem rationalen Zusammenhang), dann schickt man nach der Polizei; diese psychologische Polizei treibt einem den kriminellen »Animismus« aus. Die respektable Dürre ist einem wiedergegeben. Ich will nicht vergessen, daß man mit mir »kommuniziert« hat.

Ich betrete einen gepflasterten Hof im griechischen Viertel und sehe, daß er mit wildem Wein überwuchert ist. Der eine Stamm, von dem dieses breite, üppige Geranke ausgeht, wächst aus einer kleinen Grube, etwa einen halben Meter unterhalb des Pflasters. Ich will an diesem Tag nicht weiter gehen. Ich hatte dasselbe Gefühl bei einem Besuch in der armenischen Kirche, als mir der Bibliothekar seine Sammlung von illuminierten Manuskripten zeigte. Er erklärte, daß unter dem Fußboden der Kirche eine alte Zisterne liege, die genau den Grad von Feuchtigkeit liefere, der für die Erhaltung dieser alten Schätze nötig sei.

Wie damals versuchte ich mich zu setzen und eine Ewigkeit in dieser vollendeten Milde sitzenzubleiben.

Der Ursprung dieses Verlangens ist offensichtlich – er stammt aus dem Gegensatz zwischen Politik und Frieden. Wenn die Schönheit auch nur ganz wenig zurückkehrt, wird einem bewußt, wie tief unsere gesellschaftlichen Wunden sind, wie schmerzlich es ist, ständig an nichts anderes als an Aggression und Verteidigung, Supermächte, Diplomatie, Terrorismus, Krieg zu denken. Derartige Zwangsvorstellungen lassen die Kunst zu einem Nichts schrumpfen. Sie gefährden sogar die alltäglichsten Arten ästhetischen Erlebens, die Fähigkeit, auf das zu reagieren, was der Philosoph David Wight Prall (dessen Werk ich für eine von Eliseo Vivas 1937 in Wisconsin gehaltene Vorlesung gelesen habe) die »ästhetischen Oberflächen« nannte. Gore Vidal hat in einem Interview die amerikanische Schwäche für treffende Formulierungen hervorgehoben, und ich wäre wohl kein rechter Amerikaner, wenn ich sie nicht teilte – daher »ästhetische Oberflächen«. Aber Prall hat vom alltäglichen Leben und allgemeinen Erfahrungen gesprochen, von einer Tasse Kaffee und dem Faltenwurf eines Vorhangs, einem Eimer unter einem Regenrohr: »Lange, liebende Betrachtung« von Geschmackerlebnissen, Formen, Farben, Düften. Ich glaube, daß diese Fähigkeit zu betrachten auch beschädigt worden ist. Und das bringt mich wieder auf die Bemerkung von A. B. Jehoschua über die Schwierigkeit (oder vielmehr die Unmöglichkeit), den großen Lärm des modernen Lebens auszufiltern, »den Mangel an Einsamkeit, die Unfähigkeit, in einem geistigen Sinn allein zu sein und zu einem Leben intellektuellen Schöpfertums zu gelangen.«

Im Westen, in Amerika, sind wir solchen Spannungen nicht unterworfen, aber auch wir haben im Innern wirkende Mechanismen, die auf entlegenere Reize ansprechen, Krisenphantome, die endlose Kreisläufe ängstlicher Berechnungen auslösen. Was die Seele in den Bereich der Öffentlichkeit treibt, ist erstens die Realität der Bedrohung, der die Zivilisation und unsere eigene Existenz unterworfen sind, zweitens unsere Pflicht zu kämpfen und uns zu widersetzen (so wie wir es verstehen), drittens der Einfluß der öffentlichen Diskussion in der Presse, im Fernsehen, in Büchern, in Vortragssälen oder an Eßtischen, in Ämtern, und ist viertens, vielleicht, unser eigenes tiefes Verlangen, die Seele in die Gesellschaft zu schicken. Wäre das im höheren Sinne politisch, dann gäbe es nichts zu beklagen. »Mit Wort und Tat reihen wir uns in die menschliche Welt ein«, schrieb Hannah Arendt in *The Human Condition*, »und diese Einreihung ist wie eine zweite Geburt.« Der Mensch sucht die Unsterblichkeit, sagt sie. Um dieses Ziel zu erreichen, muß er seine Identität durch Sprache und Handlung bestätigen, und genau dort tritt die Politik auf den Plan. Denn es ist der einzigartige Genius der Politik, daß sie »die Menschen lehrt, das Große und Leuchtende hervorzubringen . . .«

Das, woran ich denke, ist etwas weniger athenisch. Das materielle Gewicht des Lebens liegt immer schwerer auf uns. Für Hannah Arendt ist ein solcher Druck nicht eigentlich politisch, sondern sozial, ökonomisch. Vielleicht hat sie recht. Ich bin kein Theoretiker; ich gebrauche das Wort »Politik« im weiten Sinne und meine damit alles im öffentlichen Bereich des Lebens. So ist auch die Technologie Politik, Geld ist Politik, unser gemeinsames Leben in Amerika ist in jeder Hinsicht Politik. Es ist für uns eine Leidenschaft geworden – unser soziales und nationales Leben mit seinen Parteien und Problemen, unseren Städten, unseren Feuerwaffengesetzen, unserer

Verbrechensrate, unserer Wohnungsnot, unseren Altersproblemen, unserem Zinsfuß, unserer Stellung in der Welt, unserer sexuellen Revolution, unserer rassischen Revolution, unserem Benzin, unserem Sport, unserem Wetter. Das ist im griechischen Sinn gewiß nicht politisch, aber wie sollen wir es sonst nennen? Ruskin hat es Selbst-Beweihräucherung genannt. Er hat gesagt, daß eine »allgemeine Fehlregierung« eine riesige Bevölkerung in Europa geschaffen habe, und eine noch riesigere in anderen Kontinenten, und daß diese Bevölkerung in »Selbstbeweihräucherung« existiere. Sie könne »weder etwas Schönes um sich sehen noch etwas Tugendhaftes über sich erfassen; sie hat gegenüber allem Guten und Großen keine anderen Gefühle als die der niedrigsten Kreaturen – Furcht, Haß oder Hunger . . .« Man kann das ernst nehmen, ohne völlig zuzustimmen. Was ist für eine große Weltbevölkerung die lange, liebende Betrachtung, was ist Kunst? Proust, der Ruskin ins Französische übersetzt hat, greift dieses Thema von Politik und Kunst in der indirekten Manier des Romanciers auf; auf der einen Seite Bergotte Vinteuil, Swanns Liebe zur Musik, auf der anderen Weltlichkeit, Snobismus, die Dreyfus-Affäre, der Weltkrieg. Proust war noch imstande, das Gleichgewicht zu halten. Das war vor sechs Jahrzehnten.

Ich schließe die Tür zum Berg Zion und gehe hinauf zum Empfangspult, um die Morgenzeitungen zu holen. Das Mischkenot ist an einem Hang gebaut, und die Halle ist ein Stockwerk über unserer Wohnung. Hinter dem Empfangstisch steht Annie. Sie ist eine hübsche dunkle junge Frau, Marokkanerin von Geburt. Sie ist in diesen Tagen nicht sehr glücklich. Aber die Wehmut vertieft ihre Schönheit. Es fiele mir nicht im Traum ein, ihr das zu sagen. Wir wechseln ein paar Bemerkungen. Mein altmodischer französischer Slang aus den vierziger Jahren erheitert sie. Dann überreicht sie mir die Jerusalemer *Post* und die *International Herald Tribune*. Ich überfliege die Schlagzeilen, und ein Film schiebt sich zwischen mich und das Licht.

Mein Herz sinkt eine Oktave oder mehr. Ich gehe hinunter zur Wohnung um zu sehen, was aus den holländischen Geiseln, den englischen Geiseln und aus den Libanesen, den Portugiesen und Angolanern geworden ist.

Ich lese ein Buch, von dem meine Aufmerksamkeit nie abgelenkt wird: Lucy Vogels *Aleksandr Blok: The Journey to Italy*, das 1973 erschien. Blok schreibt von einer Episode auf seiner Reise: »Ich fühle das Bedürfnis, sie mit anderen zu teilen. Warum? Nicht, weil ich anderen etwas Lustiges über mich erzählen oder sie etwas über mich hören lassen will, was ich für poetisch halte, sondern aus einem anderen Grunde – einer unfaßbaren dritten Kraft, die weder mir gehört noch anderen. Diese Kraft ist es, die mich Dinge sehen läßt, wie ich sie sehe, und alles, was geschieht, aus einer gewissen Perspektive vermitteln und dann beschreiben läßt, wie nur ich es kann. Diese dritte Kraft ist die Kunst. Und ich bin kein freier Mann, und obwohl ich im Dienst der Regierung stehe, ist meine Stellung gesetzwidrig, weil ich nicht frei bin; ich diene der Kunst, dieser dritten Kraft, die mich aus der Welt der äußeren Wirklichkeit in eine andere Welt versetzt, die ganz ihre eigene ist – die Welt der Kunst. Daher muß ich euch, wenn ich als Künstler spreche, davon informieren, ohne in irgendeiner Weise zu versuchen, euch meinen Blickpunkt aufzudrängen (denn in der Welt der Kunst gibt es keinerlei Druck), daß der Abstieg in den Untergrund und die Bergbesteigung, die ich beschrieben habe, viele gemeinsame Eigenschaften haben, wenn vielleicht auch nicht mit dem Vorgang der Schöpfung, so doch wenigstens mit einer der Arten, ein Kunstwerk zu verstehen.

Die beste Vorbereitung, ein solches Verständnis zu erlangen, ist das Erlebnis des besonderen Gefühls, das sich im Wanderer erhebt, der sich plötzlich in einer Waldlichtung befindet, im Land der Machaon-Schmetterlinge oder neben einem Aquädukt am Fuß eines Berges. Ich will nicht sagen, daß das die einzige Methode sei; es gibt andere, die gleich zuverlässig sind; zum Beispiel im Leben ein großes Unglück oder Unrecht zu erleiden oder die tiefe körperliche Erschöpfung zu fühlen, die mit einer längeren geistigen Trägheit einhergeht. Aber das sind extreme Alternativen, sozusagen, und die erste Methode ist für mich die natürlichste und verläßlichste. Man kann das durch wiederholte Bemühung oder durch eigene Verdienste erreichen. Aber beharrlich an einer so ungewöhnlichen Aufgabe zu arbeiten, ist nicht leicht für einen Menschen in der Hast unserer Zivilisation. Alle sind heutzutage in solcher Eile.« Das hat Blok 1909 geschrieben.

Dr. Z., die Gynäkologin, ist im Alter von sechzig Jahren aus Rumänien gekommen und arbeitet mit fünfundsiebzig noch angestrengt. Sie sagt, daß Israels sozialisiertes Gesundheitswesen ihr das Leben nicht leicht macht. Sie untersucht täglich mehr als sechzig Frauen. Sie überredet gelegentlich junge Männer, ihre schwangeren Freundinnen zu heiraten. Sie tröstet jüdische Jungverheiratete aus arabischen Ländern, die weinen, weil sie schon zwei volle Monate verheiratet sind und noch nicht empfangen haben. Bei Einbruch der Dunkelheit schließt sie ihre Praxis, schleppt sich die Treppe hinauf und legt sich hin. Nach einem schweren Tag ißt sie Pistazienmandeln. Sie behauptet, daß sie sie wieder kräftigen.

Einer von Dr. Z.s Kollegen untersuchte alle sieben Kinder eines nordafrikanischen Arbeiters. »Es freut mich sagen zu können, daß keinem von ihnen das geringste fehlt«, berichtete er. Der Vater war empört. »Ich habe diese Kinder nicht zum Doktor gebracht, um zu hören, daß ihnen nichts fehlt, ich habe sie zur Behandlung gebracht.« Er ergriff einen Stuhl und bedrohte unter Gebrüll den Doktor damit. »Behandeln Sie sie!« Der Arzt gab einigen Placebos. Seine Krankenschwester drängte ihn, dem Vater ein kräftiges Abführmittel zu verschreiben. »Das geschähe ihm recht!« sagte sie. Der Arzt widerstand der Versuchung.

Gestählt gegen Widrigkeiten, immer unter Druck, müssen die Israelis sich nicht nur mit ihren Feinden auseinandersetzen, sondern auch mit schwierigen Freunden. Etwa Mitte Dezember fragten die Jerusalemiten: »Haben Sie den Brief von Alsop gelesen? Haben Sie schon mal so was gesehen? Das muß Kissingers Werk sein. Ist es nicht unglaublich?« Sie sprachen von einem Artikel von Joseph Alsop in *The New York Times Magazine* vom 14. Dezember 1975 mit dem Titel »Offener Brief an einen israelischen Freund«. Der »Liebe Amos«, an den der Brief gerichtet war, ist Amos Eiran, Geschäftsführender Direktor im Amt des Premierministers und zugleich sein politischer Berater. Eiran, der früher Rat bei der israelischen Botschaft in Washington war, ist Mitte Vierzig – ein entschlossen und gut aussehender Mann. Die Symmetrie seiner Gesichtszüge läßt ihn gelassener erscheinen, als es jemand in seiner Stellung sein könnte. Er hat dieselbe überlegte, gelassene Art wie sein Chef Rabin.

Ich besorge mir schnell eine Kopie von Alsops Brief. Meine erste

Reaktion ist, daß ein persönlicher Brief unmittelbar an einen Freund geschickt und nicht in der Zeitung veröffentlicht wird. Alsop hat vor kurzem erklärt, er wolle sich zur Ruhe setzen, aber man kann von einem weltberühmten Journalisten nicht verlangen, daß er sein Interesse an öffentlichen Problemen beiseite tut, seinen Zauber ablegt wie Shakespeares Prospero, den Zauberstab zerbricht und sein Buch ins Meer wirft. Prospero hatte nur eine kleine Insel aufzugeben, nicht die globalen Interessen einer Supermacht. Der »Lieber Amos«-Brief beweist, daß Alsop sich nicht von der Politik ab- und dem Gebet zugewandt hat und daß sein geistiger Zustand so beherrschend ist wie eh und je. Von sich selbst spricht er recht bescheiden. »Jeder Amerikaner muß immer die amerikanischen Interessen voranstellen, deshalb habe ich viel darüber nachgedacht, wie Israel auf die amerikanischen Interessen einwirkt. Einige dieser Wirkungen sind ganz offensichtlich schädlich gewesen, wie zum Beispiel auf dem Gebiet der amerikanischen Beziehungen zur arabischen Welt. Aber solche Überlegungen haben meiner Meinung nach nur ein geringes Gewicht, wenn man die israelisch-amerikanischen Beziehungen einer Feuerprobe unterzieht. Es ist eine makabre Probe. Wegen Israels gefährdeter nationaler Lage müssen Amerikaner immer daran denken, in welcher Weise Amerika durch Israels tatsächliche Vernichtung in Mitleidenschaft gezogen würde.« Alsop ist ein großer Freund Israels. Er war das nicht von Anfang an. Rabin hat mir im Gespräch erzählt, daß Alsop mit einem jüdischen Staat in Palästina nicht gänzlich einverstanden war, daß er aber vor vielen Jahren seine Ansicht geändert hat. Er ist voller Bewunderung für die militärischen Fähigkeiten der Israelis. Er hat Israel durch viele Krisen hindurch unterstützt. Obwohl er dem »Lieben Amos« gegenüber unverblümt über die Vernichtung Israels spricht, fügt er hinzu: »Was Gott verhüten möge!« Dann sagt er weiter, falls das eintreten sollte, würde es zu einer solchen Flut von Schuld und Haß und Anklage führen, »daß die ganze Struktur unserer Gesellschaft unheilbar geschädigt werden könnte. Es ist daher seit langem meine Überzeugung, daß wir Amerikaner den Fortbestand Israels sicherstellen müssen, und sei es nur, um den Fortbestand jener amerikanischen Werte sicherzustellen, die ich am höchsten schätze. Da hast du meine persönliche Grundlinie, was dein Land betrifft.«

Warum schreibt aber Alsop einen solchen Brief, in dem er Israel warnt, daß ihm die Vernichtung droht, und es daran erinnert, daß es nur einen Beschützer hat? Weil »ein schlimmer Verdruß zwischen

Israel und Amerika ausgebrochen ist«. Zunächst einmal ist Alsop über Israels Undankbarkeit gegenüber dem Außenminister Henry Kissinger schockiert. Dadurch, daß Kissinger wegen der Sinai-Wüste ein Abkommen mit Ägypten ausgearbeitet hat, hat er für Israel eine dringend notwendige Atempause bewirkt. Trotzdem hat Alsop vergangenes Frühjahr in Israel überall Beweise einer »Anti-Kissinger-Kampagne« gefunden. Eine hochgestellte Persönlichkeit hat zu Alsop gesagt: »Wir wären ohne einen Juden im State Department besser dran.« Selbst eine so »große Frau wie Golda Meir«, die Kissinger »wahrhaftig verehrt«, ließ sich zu einem Witz über »meinen verlorenen Freund Henry« hinreißen.

Ein feindlich eingestellter Kongreß hat widerstrebend Kissingers Sinai-Handel ratifiziert, fährt Alsop fort. Israel kann die fortgesetzte Unterstützung der amerikanischen öffentlichen Meinung keineswegs als garantiert betrachten. Die Meinung wendet sich gegen Israel, und man muß Mittel finden, diese Tendenz rückgängig zu machen. Und was ist die Ursache dieses gefährlichen Meinungsumschwungs? Sie rührt von der sogenannten »Krise« im März 1975 her. Kissinger hätte seine Pendeldiplomatie zwischen Jerusalem und Kairo nicht wiederaufgenommen, wenn er nicht sowohl von Israel wie von Ägypten eingeladen worden wäre, weitere Versuche zu unternehmen. Und »er hätte sich geweigert, im vergangenen März den Fuß in ›Air Force One‹ zu setzen, wenn er nicht geglaubt hätte, daß die israelische Regierung nach entsprechendem Feilschen schließlich Präsident Sadats äußerst niedrige Forderungen für ein Interims-Abkommen annehmen würde«. Premierminister Rabin, sagt Alsop, hätte zu erkennen gegeben, daß er »zuversichtlich sei, seine Regierung mitreißen zu können«. Er hätte den Außenminister »unabsichtlich irregeführt«. Das war der Grund, weshalb Präsident Ford an Rabin einen ärgerlichen Brief geschrieben hat. Kurz gesagt, Israel hätte sich, wahrscheinlich ohne täuschen zu wollen, täuschend verhalten. Im israelischen Kabinett werde intrigiert. Ein mutmaßlicher Rivale von Rabin, der den Ehrgeiz habe, an seine Stelle zu treten, sei in der Lage gewesen zu wissen, daß Israels Generalstab den Rückzug von den Mitla- und Gidipässen für militärisch annehmbar hielt. Dieser Rivale habe erklärt, daß Rabin ein solches Zugeständnis nicht zulassen könne. Alsop sagt: »Ich verabscheue die üble amerikanische Angewohnheit, in der Politik anderer Völker Partei zu ergreifen, und will daher das Mitglied in Rabins Kabinett nicht weiter identifizieren; nur muß noch gesagt werden, daß er persönlich über acht Stimmen in der Knesset verfügt.«

Ein gewisser Jünger hat Christus verraten. Es wäre für einen Außenseiter unschicklich, Namen zu nennen, aber er hat es mit einem Kuß getan, und seine Initialen waren J. I.

Damals hörten dann Verhandlungen zwischen Ägypten und Israel auf, und Kissinger war enttäuscht, obwohl er Rabins Schwierigkeiten durchaus verstand. Präsident Ford war jedoch so verärgert, daß er einen Brief losgelassen hat. Alsop mag die üble amerikanische Angewohnheit verabscheuen, in der Politik anderer Völker Partei zu ergreifen, aber das hat ihn nicht gehindert, Amos Eiran zu sagen: »In einer Frage von Krieg oder Frieden, die für seine amerikanischen Partner von äußerster Wichtigkeit war, wurde zugelassen, daß Israels gehässig rivalisierende Innenpolitik das Kommando übernahm. Das, und nur das, hat den Verdruß zwischen deinem und meinem Land geschaffen – zumindest auf der amerikanischen Seite, und das ist die Seite, die euch gefährlich werden kann. So unfair das sein mag: Ärger mit Amerika kann für Israel tödlich sein, während ein Zwiespalt mit Israel Amerika nicht übermäßig gefährdet.«

Es wäre schwierig für einen politischen Beobachter – und in Israel ist jeder Bürger ein politischer Beobachter –, die richtige Auslegung für diesen Brief zu finden. Alsop hat recht deutlich gesagt, bringt euer Haus in Ordnung, formiert euch, tretet nicht aus dem Glied. Sind diese Drohungen vom Außenminister inspiriert worden? Vom Präsidenten? Oder hatte Alsop es auf sich genommen, ein privater amerikanischer Bürger, aber auch durch sein Auftreten ein Mann des Schicksals, die Schicksalspeitsche im besten Toulouse-Lautrec-Zirkus-Stil zu knallen?

Israel, sagt Alsop, hat nicht der Tatsache Rechnung getragen, daß Amerikas Beziehungen zu den arabischen Ländern sich geändert haben. »Das in Rechnung zu stellen, ist jetzt dringender als je zuvor, es sei denn, daß ihr Israelis einen noch größeren Verdruß zwischen unseren beiden Ländern wünscht. Eine solche Erkenntnis soll auf keinen Fall bedeuten, daß ihr euch ausnahmslos amerikanischen Auffassungen fügt. Es wird immer Raum für einen ernsten Meinungsaustausch geben. Aber die neue Lage (in der Amerika erst Ägypten und dann den Rest der arabischen Welt dem russischen Einfluß entzieht) fordert ganz sicher von euch, daß ihr die israelische Innenpolitik aus allen künftigen nahöstlichen Verhandlungen strikt heraushaltet, soweit sie die amerikanische Nationalpolitik wesentlich berühren. Und ich muß bedauernd hinzufügen, daß sie außerdem von euch fordert, daß ihr in Zukunft alle Versuche unterlaßt, unsere nationale Politik in Nahost zu beeinflussen, indem ihr in die amerikanische Innenpolitik störend eingreift. Leider habt ihr genau das im vergangenen Frühjahr getan, nachdem die Verhandlungen im März abgebrochen waren.« Alsop spricht nur davon, daß Israel versäumt hat, dem Rechnung zu tragen; er sagt nichts davon, ob Ägypten Israels Existenzberechtigung anerkennt. Auch erwähnt er nicht die arabischen Bemühungen, die amerikanische Politik in Nahost zu beeinflussen. Gibt es keinen Boykott von Firmen, die mit Israel Handel treiben? Sind keine arabischen Lobbyisten registriert?

In Israel wurde ich gefragt, was ich von all dem hielte. Hatte Kissinger Alsop angestiftet, einen solchen Brief zu schreiben? Ich antwortete, daß ich in keiner Weise Spezialist sei und mir eine solch byzantinische Intrige nicht vorstellen könne. Kissinger würde – ich war im Begriff zu sagen, daß er in Israel von vielen geschmäht würde, aber es kommt der Wahrheit wohl näher, daß er wenig bewundert wird. Weder er noch die Israelis wissen genau, was sie damit anfangen sollen, daß er Jude ist. Die Israelis würden sich vielleich weniger über ihn beklagen, wenn er ein Baptist aus den Südstaaten oder ein irischer Katholik wäre. Es wird in weiten Kreisen angenommen, daß er während des Jom-Kippur-Krieges Hilfssendungen verzögert hat, weil er wollte, daß die Ägypter einen begrenzten Sieg errangen und ihre Selbstachtung wiedergewannen. Schließlich – so wird erzählt – war es Verteidigungsminister James R. Schlesinger, der zu Nixon ging und ihn bedrängte, sofort Waffenlieferungen nach Israel zu fliegen. In Matti Golans *The Secret Conversations of Henry Kissinger* (Henry Kissingers Geheimgespräche), das 1976 erschienen ist, wird der Außenminister der Doppelzüngigkeit bezichtigt, weil er mit den Russen ein Feuereinstellungsabkommen aushandelte, das Israel hinderte, zwei ägyptische Armeen zu vernichten, die es eingekesselt hatte. Man sagt, daß Kissinger, bevor er im kritischsten Zeitpunkt des Jom-Kippur-Krieges nach Moskau abreiste, Israels Botschafter Simtscha Dinitz zugesagt habe, er werde in seinen Gesprächen langsam vorgehen, um Israel Zeit zu geben, seine militärischen Ziele zu erreichen, aber nach Golans Darstellung war er kaum angekommen, als auch schon die Feuereinstellung beschlossen war und Präsident Nixon sogleich Golda Meir aufforderte, ihre Annahme der Übereinkunft bekanntzugeben, die Kissinger ohne vorherige Rücksprache ausgehandelt hatte. Golda Meir war »schockiert und wütend«. Während einer Kabinettssitzung erhielt sie eine Botschaft vom britischen Außenminister, der sie beschwor, der Feuereinstellung zuzustimmen. »Sie und die anderen Kabinettsminister merkten nun, daß Kissinger sie nicht nur nicht konsultiert, sondern sie erst von dem Abkommen unterrichtet hatte, nachdem er es dem britischen Außenminister mitgeteilt hatte.« Israel fühlte sich gekränkt – ja sogar verraten (von Kissinger). Möglicherweise hatten die Russen mit einer Intervention gedroht. Sie hätten wohl kaum zugelassen, daß Israel zwei ägyptische Armeen vernichtete und vielleicht sogar Kairo einnahm. Was hätte Israel überhaupt mit Kairo anfangen sollen? Eine weitere Kampfwoche hätte tausend zusätzliche israelische Tote gefordert, wie Abba Eban während unseres Lunchs in der Knesset vernünftig festgestellt hatte. Was bei Kissinger »Verrat« genannt wurde, wäre vielleicht bei einem nicht-jüdischen Außenminister mit Achselzucken als Diplomatie hingenommen worden – eine der normalen Formen der Perfidie, soll das heißen.

Alsop ist ein angenehmer Mann. Der Ausdruck seines ziemlich schmalen Gesichts neu-englischen Schnitts läßt ahnen, daß er vieles abgetan hat, was überflüssig war, daß er alle Großartigkeit und alles Elend des Jahrhunderts gesehen und die Fähigkeit gewonnen hat, in größere Gedankentiefen hinabzusteigen, als den meisten Menschen verfügbar sind. Er sieht aus, als habe er die angelsächsischen Qualen durchlebt, alle Entbehrungen erlitten, alle Verantwortungen auf sich genommen. Ganz der Aristokrat aus Neuengland, aber weltgewandt, zäh und eigensinnig: er verbreitet unablässig das Gefühl, daß er ein Mann des Schicksals ist – im amerikanischen Stil, möchte ich hinzufügen. Ich habe einmal einen Nachmittag mit ihm in Georgetown verbracht. Er erzählte mir aufregende Geschichten von seinen Erlebnissen in China. Ich erinnere mich auch an eine seiner Anekdoten über eine Dame am Hof der englischen Königin Anne – oder vielleicht in Versailles – die sich so selten das Haar wusch, daß man einmal eine Mäusefamilie entdeckte, die in ihrer Frisur nistete. Er hat mir auch einen recht guten Witz über einen Südstaaten-Senator in einem Bordell in Washington erzählt – in den guten alten verschlafenen Zeiten, als Senatoren noch Zeit hatten, ins Bordell zu gehen. Er sprach über Möbel des achtzehnten Jahrhunderts, chinesische Antiquitäten, griechische Archäologie, Literatur. Er wußte vielleicht, wovon er sprach, oder auch nicht; ich hatte zu viel Spaß, als daß es mich gekümmert hätte. Er sprang ohne die geringste Mühe von der hohen Kultur zum GI-Jargon. Und er war eindeutig kein Kolumnist für den Massenkonsum. Er hatte die große Übersicht über das Geschick der Nationen, den planetarischen Kampf von Gut und Böse, die Rolle, die Amerika im zwanzigsten Jahrhundert spielte und seinen eigenen Anteil an historischen Ereignissen. Man sollte nach einem solchen Nachmittag mit dem Gefühl weggehen, daß er an seiner Macht trug, aber daß sie groß war und mit verheerender Wirkung eingesetzt werden konnte. Wie diese Männer des Schicksals aber doch an den Leuten rummäkeln! Der »Lieber Amos«-Brief spricht von »flagranter auswärtiger Behinderung« und »geplanter Einmischung« Israels in amerikanische Angelegenheiten, wodurch man Kissinger im Kongress Schwierigkeiten bereite, »Erpressungsmethoden« seitens der Freunde Israels – und diese Freunde können niemand anderer sein als amerikanische Juden. Hier klingt Alsop ein wenig wie General George Brown vom Rat der Chefs der Generalstäbe und Ernest Bevin in seinen schwersten Anfällen von Anti-Zionismus. (Ben-Gurion hat immer sorgfältig zwischen Antisemitismus und Anti-Zionismus unterschieden; er glaubte nicht, daß Bevin antisemitisch war.)

Die Tatsache, daß Israel von den Vereinigten Staaten abhängig ist, ist völlig klar. Was verlockt einen amerikanischen Publizisten, so grausam zu verdeutlichen, was jeder sehen kann?

Von einem engen Fenster der Van Leer Foundation beobachte ich ausländische Würdenträger, die im nächsten Haus, der Residenz des Präsidenten, eintreffen. Eine Ehrenwache ist aufgestellt, und die Kapelle spielt die »Hatikwah« – nicht eben die fröhlichste Nationalhymne. Die Limousinen kommen und gehen, glatt und düster, und ebenso die Motorräder, brummend und ratternd. Ich genehmige mir einen Spaziergang in die Neu- – oder neuere – Stadt und besuche Herbert Steins Buchhandlung. Stein ist ein feiner, altmodischer Händler – schlank, blaß, gefurcht, mit einem großen, hellbraunen Schnurrbart. Ungeordnet liegen im Hintergrund moderne Bücherberge in deutscher, arabischer, französischer, englischer und hebräischer Sprache. Stein hat einem taschenbuchkaufenden Touristen wenig zu bieten. Er ist wohlsortiert in Historikern, Weisen, Mystikern und talmudichen Kommentatoren, und mit deutschen

Romanen der zwanziger Jahre, schön gedruckt auf einem Papier, das man heute nicht mehr findet. Dazu Reisebücher, Führer, Kochbücher und die Bestseller meiner Jugend: Vicki Baum, George Warwick Deeping, Emil Ludwig – ja sogar Richard Harding Davis.

Später am Tag nimmt mich mein Freund Professor Joseph Ben-David zum immer voller werdenden Souk mit, dem öffentlichen Markt. Am Freitag schließt er früh. Wir beobachten den Andrang in den letzten Minuten vor dem Sabbath. Verderbliche Waren sind billig kurz vor Einbruch der Stunde Null. Wir kaufen Bananen und Rosen und winzige Mandarinen, die nicht größer sind als Walnüsse. Ben-David hat ein großes Netz mitgebracht, um unsere Einkäufe zu verstauen. Nur etwa anderthalb Kilometer vom Einkaufszentrum Jerusalems entfernt, aber die orientalischen und nordafrikanischen Händler und Höker lassen es weiter erscheinen. Jungen schieben Karren und schreien: »Hallo! Hallo!«, um freie Bahn zu bekommen. Als die Stände zumachen, kommen verhüllte Bettlerinnen, um die Abfälle zu durchstöbern. Die Luft ist an diesem Nachmittag nicht klar; sie ist grau, warm und schwer. Wir verschließen die Blumen und Früchte in Ben-Davids Auto und durchstreifen die engen Straßen. Diejenigen, unter denen sich Zisternen befinden, schwellen ein wenig zur Mitte hin, wie ein Damm. Ein paar Halbwüchsige kicken ihre Fußbälle auf Miniaturspielplätzen. In allen Bezirken – den kurdischen, jemenitischen, jiddisch-sprechenden polnischen – fest, wäscht, kleidet, schmückt sich jeder für den Sabbath. Ältere Männer mit ihren Pelzhüten und langen Kaftanen schreiten schon langsam und mit feierlicher Miene zu ihren Synagogen. All dies wird verschwinden, sagt Ben-David, wenn sich das Zentrum Jerusalems weiter ausbreitet. Er kennt diese winzigen Bezirke gut. Vor fast dreißig Jahren war er Sozialarbeiter in der Gegend, zur Rehabilitierung junger Straffälliger. Ich habe gelernt, zweimal zu überlegen, ehe ich Ben-David meine Meinung zu irgend etwas unterbreite, denn seine Toleranz für vage Ansichten und ungenaue Formulierungen ist begrenzt. Sein blauer Blick ist recht milde, und er kann sogar nachdenklich und träumerisch aussehen, aber er fängt schnell Feuer. Unsere Diskussionen würden zu Streitgesprächen werden, wenn ich nicht nachgäbe, deshalb mache ich stets, weil ich ihn achte, einen Rückzieher. Außerdem komme ich aus Chicago und werde nach Chicago zurückkehren: das macht mich viel weniger streitsüchtig. Immerhin bemerke ich immer wieder, gerade weil er so milde aussieht, wenn wir uns treffen, und er lächelt und liebenswürdig die Hand ausstreckt, die Härte seiner Handfläche und die Kraft seines Händedrucks.

Wir gehen in die jemenitische Synagoge. Die frühen Ankömmlinge haben nach arabischer Art ihre Schuhe an der Tür gelassen. Bärtig und mit dunklen Gesichtern sitzen sie längs der Wand. Man sieht ihre bestrumpften Füße auf den Fußstützen ihrer Lesepulte. Es ist Tradition, am Freitagnachmittag das Hohelied laut zu lesen und sie rezitieren und intonieren es jetzt, in langen Perioden und einem un-europäischen Singsang. Dieses Singen ähnelt den gemeinschaftlichen Rezitationen, die man hört, wenn man an arabischen Schulräumen vorbeigeht.

Ben-David weiß eine Menge über das Leben der Juden aus arabischen Ländern. Er betont oft, daß auch sie Flüchtlinge seien, die vor Verfolgung flohen und deren Hab und Gut konfisziert wurde. Die Weltmeinung konzentriert sich auf die palästinensischen Flüchtlinge, während diese orientalischen Juden – fast eine Million ist es – überhaupt nicht berücksichtigt werden. Es ist unvermeidlich, daß er und ich auf die Politik zu sprechen kommen. Besichtigung ist gut und schön, aber unsere Köpfe sind voll von Nachrichten, Omen und Spekulationen.

Ben-David, der die amerikanische Presse verfolgt, sagt: »Der Kongress scheint sich in der angolanischen Frage vergaloppiert zu haben. Er hat die Macht des Präsidenten, in auswärtigen Angelegenheiten tätig zu werden, beschränkt. Durch die öffentliche Weigerung, den Präsidenten zu unterstützen, hat er den Russen signalisiert, daß sie handeln können, wie sie wollen. Er geht über den Kopf der Exekutive hinweg. Das ist doch nichts als Beschwichtigung, oder? Die Vereinigten Staaten haben keine Außenpolitik mehr. Sie verhalten sich nicht mehr wie eine Großmacht. Washington hat die Führung aus der Hand gegeben.« Was er sagt, läuft auf folgendes hinaus: Israel ist für sein nacktes Überleben von Amerika abhängig, und die amerikanische Außenpolitik befindet sich auf dem Rückzug. Die verzweifelte Aufmerksamkeit der Israelis ist auf die Entwicklungen in den Vereinigten Staaten fixiert. Eine derartig konzentrierte Aufmerksamkeit wird beinahe zu einer Art magischer Aktivität, um eine Katastrophe abzuwenden. Vom Kongress geht Ben-David zu Henry Kissinger über: »Die Russen haben seine Détente benutzt, um das Gleichgewicht der Kräfte in der Welt zu ihren Gunsten zu verändern. Er hat keine wirkliche Politik.« Und: »Was für ein Mensch kann er sein? Ich glaube, seinem persönlichen Geschmack nach gehört er zum Jet-Set. Er ist einer der ›schönen‹ Leute, wie ihr sie nennt.«

Wir schauen in noch ein paar Synagogen hinein, aber ich bin nicht mehr in Sabbathstimmung. Ben-David hat ein echtes Gefühl für den Bezirk und für den Frieden des Sabbath, aber offensichtlich denkt er an anderes – an Russen und Araber und Petrodollars, an europäische Wurstigkeit und amerikanische Unordnung und Unachtsamkeit. Ich gehe nach Hause zu Alexandra und gebe ihr die Rosen. Sie sind dunkelrot, haben fast eine schwarz-rote Farbe. Sie ist sehr erfreut darüber.

Plötzlich entdecke ich, der ich nie das geringste über Schlachtschiffe, Flugzeugträger und Unterseeboote gewußt habe, daß ich über die Sechste Flotte und die russischen Seestreitkräfte im Mittelmeer grüble. Die Amerikaner haben noch einen gewissen Halt an den nördlichen Küsten, sagt einer meiner Experten, aber sie erleiden Einbußen in Portugal, verlieren an Boden in Spanien, sind vielleicht nicht mehr lange sicher in Italien und sind ziemlich wacklig in Griechenland. Plötzlich ist mehrere Tage lang mein Kopf mit Statistiken von »operativen Schiffstagen« gefüllt, und ich werde mit den entsetzlichen Namen von Waffen geimpft. Seit 1967 haben die Russen zwischen vierzig und hundert Schiffe ins Mittelmeer ausschwärmen lassen, darunter leichte Kreuzer der *Kresta*- und *Kynda*-Klasse. Einer ihrer beiden Hubschrauberträger, die *Moskwa* oder die *Leningrad*, ist immer im Mittelmeer eingesetzt. Im Herbst 1975 sollte der neue 40 000 t-Träger *Kiew* planmäßig aus dem Schwarzen Meer ausfahren. Unter diesen lockenden Gewässern befinden sich etwa ein Dutzend russische Unterseeboote. Es gibt russische Flugzeuge in Landbasen, die die Sechste Flotte angreifen und ohne aufzutanken zurückkehren können – die sowjetische Störwaffe. Die Amerikaner haben dafür die überlegenen F-14. Die F-14 »kann sich in einiger Entfernung von der Trägerflotte aufhalten und kann mit den Phoenix-Raketen sechs Ziele auf einmal ausmachen und zerstören, ohne mit einem der Ziele in Nahkampf einzutreten«, erklärt Dr. Alvin Cotrell.* Er sagt weiter: »Es würde immer noch

* »Issues in the Mediterranean«, *The Chicago Council on Foreign Relations*, 1975, S. 28.

schätzungsweise sieben bis zehn Jahre dauern, bevor die Russen imstande wären, wirksam einen Flugzeugträger des amerikanischen Typs mit Dampfkatapulten und den modernsten Jägern wie der F-4 und der F-14 zu handhaben. Die US-Marine hat Übung im Operieren mit diesen Schiffen, eine Erfahrung, die von einer Generation auf die nächste übertragen wurde.« Und doch gibt es da grüne Matrosen, die unerfahren, aber von den furchtbarsten Waffen dicht umgeben sind. Sie haben sie nie im Ernstfall bedient. Niemand weiß, wie einsatzfähig diese unerfahrenen Mannschaften sind und ob ihre Offiziere etwas taugen – ich verschlinge das atemlos. Wenn man bedenkt, daß ich noch gestern Henry James und Baudelaires Tagebücher gelesen habe. Heute sind alle meine Gedanken bei sowjetischen Beobachtungs-Satelliten, die am Nachthimmel funkeln, und der Kontrolle der von Fachleuten so genannten »Würgestellen«, der Straße von Gibraltar, Sizilien, dem Gebiet nahe der Westeinfahrt nach Piräus. Die Russen haben sich geschickt der Zypern-Krise, der Differenzen zwischen den arabischen Staaten und selbst des Disputs zwischen Spanien und England um Gibraltar bedient, um die Vereinigten Staaten zu isolieren und ihre Stellung im Mittelmeer zu schwächen. Israel ist dort der einzige verläßliche Bundesgenosse. Das westliche Monopol auf das Mittelmeer ist vorbei. Die Russen haben sich als herrschende Macht durchgesetzt. In den Worten von Cottrell: »Es wäre nicht allzu optimistisch, wenn sie glaubten, die . . . Überlegenheit in dieser Region sei in ihre Reichweite gerückt.« Sie hätten leicht im Jahr 1973 Truppen in Ägypten landen können. Und wenn die libanesische Regierung in ihrem Kampf um den Fortbestand des Landes die Vereinigten Staaten um militärische Hilfe ersuchen sollte, dann müßten vielleicht die Amerikaner antworten, daß die sowjetische Seemacht dies unmöglich mache.

Die posthum veröffentlichte, dreibändige Studie *The Venture of Islam* meines verstorbenen Kollegen von der Universität Chicago, Marshall Hodgson, bekommt von den Fachleuten gute Kritiken. Jetzt, da ich wieder vom Lesetrieb gepackt bin, habe ich vor, mir die drei neuen Bände zu kaufen. Marshall war Vegetarier, Pazifist und Quäker – höchst sonderlich, höchst unglücklich, ein verschrobener Charmeur. Er war angenehm widersprüchlich in seiner Weltsicht – wie konnte ein Pazifist sich in den militanten Islam verlieben? Marshalls kleine Töchter, die Zwillinge, hatten eine angeborene

Erkrankung des Nervensystems, die schließlich zum Tode führte. Oft traf ich Marshall im fünften Stock des sozialwissenschaftlichen Gebäudes – er lehnte es ab, den Fahrstuhl zu benutzen, er rannte die Treppen hinauf –, und wir unterhielten uns. Das schmerzliche Thema wurde niemals gemieden. Ich fragte, wie es den Kindern ginge. Sie schliefen nicht gut. Er und seine Frau waren nachts ihretwegen auf und lösten einander ab. Daher war sein unausgeschlafenes Gesicht oft geschwollen, blutunterlaufen, die Augen traten ihm aus den Höhlen, und er war heiser, fast unverständlich, weil er den Mädchen Märchen vorgelesen hatte. Er sagte, beinahe stimmlos, es sei so herzzerreißend, wieviel die Kinder verstünden. Sie schienen zu merken, daß sie sterben würden. Dann eilte er mit Tränen in den Augen zurück zu seinen Studien. Ich ging hin und wieder zu ihm. Die Hodgsons wohnten im Studentenbudenstil in einem Mietshaus im Hyde Park, nicht weit von Jimmys berühmter Taverne, dem fröhlichen Mittelpunkt von gutem Willen und verkrustetem Dreck. Bei den Hodgsons aß man Vanille-Eis und besprach ernste Probleme. Die Köpfe der Kinder waren stets gebeugt; vielleicht waren ihre Hälse schwach. Die Familie waren Quäker und gebrauchten das englische »Thee« (das biblische Du). Marshall, in sein Thema vergraben und durch und durch pedantisch, konnte sich nicht gehen lassen. Er war immer und überall der gleiche – ernst, theoretisch, idealistisch, eigensinnig tugendhaft. Er hielt sich körperlich fit. Er aß Haupt- und Nebengerichte mit einem gierigen roten Mund in kleinen schnellen Bissen. Bei einem Essen des Ausschusses für Sozialwissenschaften blickte er – während er eine große Erdbeere im Eichhörnchenstil mit den Fingern beider Hände festhielt – seitwärts auf meinen Teller mit dem Steak nieder und fragte: »Ist Ihr Aas gut gekocht?«

Er war ein Romantiker des Islam. Er sagte mir und hatte wahrscheinlich recht, daß ich nicht *verstand*. Obwohl er mir einmal in einem Brief schrieb, er wolle sich den Bürgerrechtsmarschierern in Mississippi anschließen, hatte er nicht die geringste Sympathie für den Zionismus. Nach dem Krieg von 1967 rief er aus: »Ihr habt in arabischen Ländern nichts zu suchen, ihr Juden!« In der Hitze der Debatte sagte er dann viele unüberlegte Dinge. Gewiß verstehen wenige Menschen die Komplexität der arabischen Geschichte, und es brachte Marshall außer sich, wenn ein Schema westlicher politischer Ideen aus Unkenntnis auf den Nahen Osten übertragen wurde. Aber er wußte ebensowenig von den Juden wie ich von den

Arabern. Nationalstaaten sind selten, wenn überhaupt, ohne Gewalt und Ungerechtigkeit geschaffen worden. Hodgson meinte, daß die Juden sich benommen hätten, als seien die Araber sozusagen ein minderwertiges Kolonialvolk und nicht die Erben einer großen Kultur. Natürlich waren die Araber selbst vor vielen Jahrhunderten als Eroberer gekommen. Aber derartige Argumente trug man Marshall nicht vor. Die Araber waren sein Volk. *Er* konnte nicht verstehen, was Israel für die Juden bedeutete. Es war nicht so, daß die Juden ohne Bedeutung waren – er war ein Quäker und ein Liberaler, ein Mann mit humanen Gefühlen –, aber er wußte nicht recht, inwiefern sie Bedeutung hatten.

Vor einigen Jahren ging Hodgson aus dem Haus, um an einem siedend heißen Chicagoer Nachmittag einen Waldlauf zu machen, und starb am Herzschlag.

Wohin man in Israel auch geht, immer feiert man irgendein Wiedersehen. Man sieht bekannte Augen, Nasen, Gesichtsfarben, Haltungen, Gesten. Professor Harkabi und mein Vetter Louie aus Lachine sind sich sehr ähnlich. Oder um ein anderes Paar zu nennen: Ist dieser kahle Mann mit der tiefen Stimme und dem mächtigen Brustkorb der Leiter einer Fabrik in Nazareth oder Dr. Tirs Sohn, der Kapitän in der US-Handelsmarine geworden ist? Man beginnt zu argwöhnen, daß ein vielgestaltiger Geisterschwarm aus einer begrenzten Anzahl von Körper- und Gesichtstypen schöpft. Die Erfahrung ist angenehm und zugleich unangenehm. Die Augen, Sommersprossen, Münder, Finger sind absolut vertraut, aber diese Ähnlichkeiten sind irreführend. Wenn man Parteiführer und Minister trifft, die aussehen wie Versicherungsagenten aus Montreal oder Oberschullehrer aus Brooklyn, dann wird man langsam ungehalten. Denn man stellt sich die Staatslenker entschieden anders vor. Sie sind unnahbar wie Woodrow Wilson, sie blinzeln vornehm über die Köpfe der Menge wie F. D. Roosevelt, sie sind von einer besonderen historischen Essenz erfüllt wie General de Gaulle.

Gewiß, Ben-Gurion sah aus wie ein Führer. Golda Meir war, als ich sie 1959 kennenlernte, mit ihren Enkeln beschäftigt, aber selbst bei dieser Gelegenheit hatte sie das Aussehen einer führenden Persönlichkeit. Premierminister Rabin hat kein solches Aussehen, obwohl er es bekommen könnte, wenn er lange genug im Amt bleibt. Warum haben die politischen Führer aufgehört, sich selbst im klassischen Stil in ihre Gesichter zu projizieren? John F. Kennedy hatte bestimmt dieses Aussehen, aber Lyndon Johnson schien versichern zu wollen, daß er kein Aussehen brauchte – er war ES. Und was Richard Nixon anlangt, so hatte Aussehen in seiner Phantasie keinen Raum; sein Blick ist etwas, wovor er sich augenscheinlich in die Tiefen zurückzieht, in der die eigentliche Handlung stattfindet. Und ich denke an andere politische Führer, die ich gesehen habe – an Willy Brandt, der einen geschenkten Cowboyhut neben einem Forellenbach in Colorado auf den Kopf setzt, an Harold Wilsons wirres Haar und seinen wenig aufregenden Händedruck. Die Franzosen, nehme ich an, werden die letzten sein, die das »geladene« Aussehen aufgeben. Es war ein Erlebnis, mit St.-John Perse zusammenzutreffen, dem Diplomaten und Dichter. Er vergrößerte seine Augen schamanenhaft, als er den Namen des anderen aussprach, er benahm sich wie ein Hellseher, sein Blick durchbohrte einen dramatisch. Durch seine Gegenwart wurde man dauernd verknäult und entknäult. Aber selbst die Franzosen beginnen auszusehen wie alle anderen. Ein israelischer Führer hat mir Valéry Giscard d'Estaing als eine »computerisierte« Persönlichkeit beschrieben: »Er ist ein Technokrat und sieht auch so aus.« Leonid Breschnew soll um sein Aussehen besorgt sein. Er soll einen amerikanischen Diplomaten gefragt haben: »Finden Sie, daß ich ein brutales Gesicht habe?« Das sind die Dinge, die man hört, wenn man den Schreibtisch verläßt und ins Leben tritt.

Premierminister Rabins Qualität ist einfacher in ihrer Art. Der Rabin, den Alexandra und ich beim Lunch kennenlernen, sieht aus wie eine Privatperson in einer schwierigen öffentlichen Stellung. Ein kräftig gebauter Mann von mittlerer Größe, mit einem starken Hals, das Gesicht wird durch die Stirnglatze vergrößert, sein Teint ist hell, rötlich. Er scheint intelligent, tapfer und bedrängt. Es ist erkennbar, daß er sich dauernd bemüht, vernünftig zu sein; wenn man eine solche Verpflichtung auf sich nimmt, wird das Leben nicht einfacher. Er spricht Englisch korrekt, mit vielen israelischen Rachenlauten. Er hat vielleicht kein »geladenes« Ansehen, aber die Ladung ist vorhanden. Man spürt das auch in seinem Haus, obwohl das Rabinsche Haus nicht eindrucksvoll ist. Wenn die Männer mit Maschinenpistolen nicht an der Tür stünden, könnte man sich in ein behagliches Haus in Washington oder Philadelphia versetzt fühlen. Wir trinken Sherry mit den Rabins und Mr. und Mrs. Amos Eiran. Amos Eiran ist Geschäftsführender Direktor im Amt des Premierministers. Dann kommen zum Lunch noch der junge Rabin, ein Soldat auf Urlaub, und seine Freundin zu uns. Die jungen Leute sprechen nicht während der Mahlzeit. Die Frau des Premierministers ist schlank und dunkel, lebhaft in der Unterhaltung. (»Sie hat Klasse«, sagt Alexandra später.) Mrs. Rabin weiß aber auch, daß wir gekommen sind, um zu hören, was ihr Mann zu sagen hat.

Aber was erzählt der Führer eines höchst bedrängten Landes seinen amerikanischen Gästen? Man kann sicher sein, daß er nicht mehr tun wird als wiederholen, was er oft in der Öffentlichkeit gesagt hat. Was kann er anderes tun? Ich bin kein Journalist. Ich gehöre zu einer anderen, verträumteren Menschenart. Trotzdem muß sich Rabin mit mir in acht nehmen.

Was mich betrifft, so habe ich ein Grauen davor, den Leuten, die beschäftigt und beladen sind, die Zeit zu stehlen. Ich erinnere mich an eine Anekdote über Lyndon Johnson: Einem Interviewer, den er verängstigt hatte und der unsicher und ungeschickt war, soll der Präsident geantwortet haben: »Und solchen Mäusedreck fragen Sie den Führer der mächtigsten Nation der Welt?« Wie gut kann ich die Weigerung Samuel Johnsons verstehen, sich mit seinem Souverän in Höflichkeitsphrasen zu ergehen.

Aber Rabin ließ mich nicht fühlen, daß ich seine Zeit vergeudete. Er sagte beim Lunch, was er sagen konnte. Aber ich war nicht hier, um einen Knüller zu landen. Ich war hier, um zu beobachten, einen Zustand zu spüren oder Atmosphärisches aufzunehmen. Ich glaube, daß Rabin das gewußt hat; Mrs. Rabin hat es eindeutig verstanden und versucht, die Unterhaltung hilfreich zu steuern. Rabin ist in seiner Art überlegt und maßvoll. Ein Mann in seiner Stellung ist verpflichtet, gefestigt zu erscheinen – »normal«. Aber an seiner Situation ist überhaupt nichts »normal«. Seine Regierung wackelt, er muß sich mit innenpolitischen Zwistigkeiten auseinandersetzen, dazu mit der Stärke der Araber und ihrer Petrodollars, mit dem Druck der Russen und mit Washington. Der Kongress ist im Augenblick pro-israelisch, nicht aber das Außenministerium. Der Bericht von Harold Saunders, dem stellvertretenden Staatssekretär für den Nahen Osten und Südasien, an den Parlamentsausschuß für Internationale Beziehungen, betont die Bedeutung der palästinensischen Frage und hat die Israelis enttäuscht; sie haben ihn für einen Beweis gehalten, daß der pro-arabische Flügel im Außenministerium aus taktischen Gründen von Kissinger selbst Auftrieb bekam. Hier ist denn also Rabin, der inmitten heftiger Erschütterungen auf die Stabilität setzt. Die Situation ist verzweifelt kompliziert. Kein Wunder, daß er lebhafte Farben hat.

Wir beginnen mit einem leichten Thema. Da Amos selbst hier ist, ist es unvermeidlich, daß wir von Alsop und seinem »Lieber Amos«-Brief reden. Obwohl Alsop von der Vernichtung Israels spricht, sollte man ihn nicht allzu ernst nehmen; er ist an sich nicht gefährlich. Er ist in gewissem Sinne der Freund, als der er sich ausgibt, und er ist jedenfalls unterhaltsam. Nach Rabins Ansicht ist Alsop zum Parteigänger des israelischen Staates geworden, als er mit israelischen Soldaten in den Krieg gezogen war. Nachdem er ein paar Tage mit den Kampftruppen im Feld gelebt hatte, kam er voller Begeisterung für diese Juden zurück, die so anders waren als alle, die er gekannt hatte. Ich bemerke, daß Alsop sich über die Verschlechterung der amerikanischen Maßstäbe Sorge macht. Ich glaube, er ist davon betroffen, daß die protestantische Mehrheit nicht länger kulturell und intellektuell führend ist. Rabin, der Alsop während seiner Zeit als Botschafter in Washington gut gekannt hat, sagt, daß sie dieses Thema oft behandelt hätten, und stimmt zu, daß Alsop es schmerzlich empfindet. Alsop ist auch ein leidenschaftlicher Poseur, und eine der Posen, die er einnimmt, ist die eines patrizischen Amerikaners, einer schwindenden Kaste. Wenn Alsop Israel und die amerikanischen Juden beschimpft, drückt er vielleicht seine Enttäuschung über den schwindenden Einfluß seiner Kaste aus.

Wir wenden uns anderen Dingen zu. Die Araber, sagt Rabin, haben kein Interesse an territorialen Zugeständnissen und werden nie damit zufrieden sein. Sie sehen sich als Eigentümer und Herrscher dieses Landes. Juden und Christen werden in einer muselmanischen Gesellschaft nur als Bürger zweiter Klasse geduldet. Es hat daher keinen Zweck, Angebote zu machen und den Arabern zu sagen, wir geben euch diesen oder jenen Landstrich gegen Anerkennung und Frieden. Es bleibt nur die Hoffnung, daß die arabischen Länder, wenn sie reich werden und sich modernisieren, sich weniger feindselig zeigen, mehr damit befaßt, Waren zu produzieren als zu kämpfen. Ich sage nichts, bezweifle es aber stark. Man kann Rabins Theorie auf die Probe stellen, indem man nach Libanon blickt, wo fanatische Extremisten auf der Höhe der modernen Zivilisation in diesem Augenblick Menschen in den Straßen des einst wohlhabenden Beirut töten. Mit feudalen Monarchen kann man wahrscheinlich leichter auskommen als mit den europäisch-beeinflußten, jungen, linksgerichteten künftigen Führern. Rabin sagt als nächstes, daß die arabische Stärke zurückgehen wird, wenn Europa und Amerika unabhängige Energiequellen entwickeln. Wie lange das wohl dauern wird, frage ich mich. Sechs Jahre? Acht? Zehn? Und in dieser Zeit muß Israel weiterhin Milliarden Dollar von den Vereinigten Staaten bekommen, die ihre eigenen Interessen in der arabischen Welt bedenken müssen. Auch das sage ich Rabin nicht. Ich bin gekommen, um zuzuhören, nicht um zu streiten. Daher bemerke ich nur, daß die Vereinigten Staaten ihre Energieprobleme nicht sehr schnell lösen werden.

Ich frage Rabin, wie er die russischen Ziele in dieser Region definieren würde. Er sagt, daß die Russen Konflikte im Nahen Osten schaffen, um die Vereinigten Staaten zu beunruhigen, daß sie jedoch einen Weltkrieg vermeiden werden. Direkte Konfrontationen sind unnötig. Die Russen können mit indirekten Mitteln bessere Erfolge erzielen. Sie hoffen, Westeuropa zu finnlandisieren. Wenn Tito stirbt, werden sie versuchen, in Jugoslawien einzudringen. Sie begrüßen nicht die neue demokratische Linie der italienischen und französischen kommunistischen Parteien, aber wenn diese Parteien an die Macht kommen sollten, dann könnte sich Amerika aus Westeuropa zurückziehen und Rußland als die einzige kontinentale Supermacht übriglassen. Daher Finnlandisierung. Dieser Begriff, der jetzt allgemein gebräuchlich ist, besagt, daß einige von Rußlands Eroberungen »weich« behandelt werden können. Die Sowjets haben in Helsinki nicht getan, was sie in Prag getan haben.

Gegen Ende der Mahlzeit wendet sich die Unterhaltung einem wichtigen und vernachlässigten Thema zu: der öffentlichen Meinung. Rabin gibt zu, daß Israel in seiner Öffentlichkeitsarbeit nicht geschickt gewesen ist. Ich sage, daß die arabische Propaganda außerordentlich wirkungsvoll geworden ist und daß es den Arabern gelungen ist, weltweite öffentliche Unterstützung zu finden. Ja, für so etwas sind sie begabt, sagt Rabin; er läßt durchblicken, daß dies nicht eins von Israels größeren Problemen sei. Ich bin anderer Ansicht.

Die Araber haben einen bedeutenden Vorsprung in der Sympathie der Linken. Raymond Aron hat einmal geschätzt, daß die französische Intelligenz zu »achtzig Prozent marxianisiert« sei. Die französische Intelligenz hat immer noch ein ungeheures Prestige – ungeheuer und unerklärlich, weil es Intellektuelle in den Vereinigten Staaten gibt, die einem erzählen, daß Paris heutzutage kulturell auf dem Niveau von Buenos Aires steht. Aber das Prestige von Jahrhunderten ist in ein paar Jahrzehnten nicht erschöpft, und das französische Verhalten hat in vielen Teilen der Welt ein großes Gewicht. In Frankreich, Deutschland, England und den Vereinigten Staaten gebrauchen linksgerichtete Intellektuelle, wenn sie über Israel diskutieren, immer noch die marxistisch-leninistischen Kategorien: Finanzkapital, Kolonialismus und Imperialismus. Arabische Nationalisten brauchen nur die antikapitalistischen, antiimperialistischen Schlagwörter zu schreien, um im Westen Unterstützung zu finden. Daneben gibt es in Frankreich und Deutschland eine bedeutende Tradition des linksradikalen Antisemitismus. Die Geschichte des sozialistischen Antisemitismus ist, leider, lang und schmutzig, aber ich bezweifle, daß von diesem älteren, linken Antisemitismus noch viel unter den europäischen Intellektuellen übrig ist. Sie sind nicht offen antisemitisch. Es genügt ihnen, daß Israel, da es von amerikanischer Unterstützung lebt, den amerikanischen imperialistischen Zielen im Nahen Osten dient. (Sartre hat dies übrigens in Abrede gestellt.) Aber es gibt in Europa ein großes Reservoir linksgerichteter Sympathien, das Ägypten, Syrien und die PLO anzapfen können (und es auch tun). Viele amerikanische Radikale teilen diese Sympathien.

Ich versuche kurz, Rabin zu überzeugen, daß Israel in den Vereinigten Staaten sein Augenmerk lieber auf die Intellektuellen in den Medien richten sollte. Ich sage, daß das Land sich in einer »Macht-reines-Haus-Stimmung« befindet. Wir haben Vietnam bereinigt, Watergate bereinigt, wir bereinigen jetzt die CIA und den FBI und die Betrügereien der Krankenkassen. Wenn die Medien das Problem der Palästinenser oder des Friedens im Nahen Osten vor der amerikanischen öffentlichen Meinung ausbreiten würden, während das Land noch in diesem ungeduldigen Zustand ist, und die Regierung aufriefen, es »zu bereinigen«, dann könnte das für Israel katastrophal sein. Rabin sagt, daß ihm das alles bewußt sei. Ich bezweifle, daß Israels höchste Amtsträger die Gefahr begreifen. Ich urteile nach dem, was ich zu Hause gesehen und gehört habe. Zu Hause sind die Grundfakten weithin nicht bekannt. Sehr wenige Amerikaner scheinen zum Beispiel zu wissen, daß damals im Jahre 1947, als die Vereinten Nationen die Schaffung zweier getrennter Staaten, eines jüdischen und eines arabischen, vorschlugen, die Juden sich mit der politischen Unabhängigkeit der palästinensischen Araber einverstanden erklärten. Es waren die Araber, die den Plan der

UNO ablehnten, gelobten, sich der Teilung gewaltsam zu widersetzen, und die jüdischen Siedlungen in Palästina angriffen. Es ist den Arabern gelungen, die amerikanische öffentliche Meinung davon zu überzeugen, daß die Juden sich nach dem zweiten Weltkrieg auf Palästina stürzten und die eingeborene Bevölkerung mit Waffengewalt vertrieben.

Professor Bernhard Lewis von der Princeton University vertritt die Ansicht, daß Israel seinen Kampf in den Vereinigten Staaten gewinnen muß und daß es die Unterstützung der öffentlichen Meinung Amerikas haben muß. Er hat selbstverständlich recht. Schon unterziehen »ausgewogene« (d.h. unfreundliche) journalistische Strategen Israels militärische Bedeutung einer Revision. Diese Art von »Revision« heißt: (ausgewogen) nahelegen, daß Israel für die amerikanischen Interessen nicht unentbehrlich ist. Daraus ergibt sich, daß es besser sein könnte, sich bei der arabischen Welt einzukaufen. Raymond Aron drückt es in *Die imperiale Republik: Die USA und die übrige Welt seit 1945* einfach aus: Die Vereinigten Staaten sind Israels Protektor und Verbündeter geworden. »Ist diese Ausrichtung auf den Einfluß der jüdischen Bevölkerung in Amerika zurückzuführen? Teilweise, ohne den geringsten Zweifel; Entscheidungen über die auswärtigen Aktionen der amerikanischen Republik stehen immer unter Druck . . . In Fragen, die den Nahen Osten und Israel betreffen, bilden die Vertreter der amerikanisch-jüdischen Kommission eine Lobby beim Außenminister, genau wie die Vertreter der großen Ölgesellschaften. Im vorliegenden Fall haben die letzteren sich nicht durchgesetzt.« Das schrieb er im Jahr 1974. Aber wie lange wird dieser Zustand dauern? In einem jener »objektiven«, halb drohenden Gespräche, die mir starke Kopfschmerzen verursachen, hat mir ein amerikanischer Experte mit Verbindungen zum Außenministerium – im Hinblick auf die Warnung in Alsops »Lieber Amos-Brief« – gesagt: »Wenn nun der Präsident sich durch die jüdischen Lobbyisten gereizt oder verärgert fühlen sollte? Und nehmen wir mal an, er würde losbrechen und öffentlich, in einer Pressekonferenz, sagen, daß die jüdische Lobby zu viel Druck ausübt? Was wäre wohl die Wirkung einer solchen Erklärung? Wenn ein Präsident das auch nur andeuten würde, dann würde das großen Ärger geben. Natürlich wäre dann das amerikanische politische System selbst in großen Schwierigkeiten. Aber Israel sollte nicht auf die Macht der amerikanisch-jüdischen Lobby zählen. Es sollte auch die langfristigen Wirkungen der Lobby bedenken.«

Sobald Alsop von der »Erpressungs«-Taktik spricht, die von den amerikanischen Freunden Israels ausgeübt wird, beginnen die Schatten einer doppelten Loyalität und einer Bürgerschaft zweiter Klasse schnell am Horizont emporzusteigen. Derartige Schatten hingen über Frankreich im Jahr 1967, als de Gaulle in seiner historischen Pressekonferenz die Juden als ein Volk charakterisierte, das »selbstsicher und herrisch« ist. Dadurch hat er die französischen Juden gekränkt – er hat wahrscheinlich einige von ihnen verängstigt und schockiert. Gewiß sprach er als »Monarch«, erbost über den Ungehorsam der Israelis, die gegen seinen Wunsch im Juni in den Krieg zogen.

Wir sind zum Essen bei Freunden von Alexandra eingeladen – die, wie sie, an der Hebrew University Mathematik unterrichten. Angenehme Leute. Die Kinder, ein Junge und ein Mädchen, sind entzückend. Sie kommen an den Tisch und prüfen uns eingehend, wobei sie wie kleine Löwen im Zimmer herumstreichen. Sie schauen uns auf den Teller, um zu sehen, wie Ausländer Koteletts essen. Wir sind seltsame Wesen, und wir bringen sie zum Lachen.

Das Gespräch wird wie gewöhnlich bald ernst. Man hört in Jerusalem nicht viel Geschwätz. Die Inflation, hohe Steuern, das Sparsamkeitsprogramm machen einen zweiten Verdienst notwendig. Man erzählt uns, daß viele Hausfrauen wieder arbeiten gehen. Alexandra ist aufgefallen, wie beschäftigt ihre Mathematiker-Kollegen geworden sind. Sie müssen mehr unterrichten; sie haben weniger Zeit für die Forschung.

Nach dem Essen kommen zwei weitere Gäste, Dr. Eliahu Rips und Frau. Rips stammt aus Riga. Als die Russen in die Tschechoslowakei einmarschierten, hat Rips, ein Mathematikstudent, sich aus Protest angezündet. Die Flammen wurden erstickt, und Rips wurde in eine Irrenanstalt geschickt. Dort hat er ohne Bücher ein berühmtes Algebraproblem gelöst. Als er entlassen wurde, wanderte er aus und kam kurz vor dem Jom-Kippur-Krieg nach Israel. Da er keine militärische Ausbildung hatte, ging er zu einer Tankstelle und bot an, dort umsonst zu arbeiten, denn er fand, daß er zur Verteidigung Israels seinen Beitrag leisten müsse. So pumpte er denn monatelang ohne Bezahlung Benzin. Er lehrt jetzt an der Hebrew University. Er ist nicht nur orthodox, sondern sehr fromm geworden. Vier Tage in der Woche studiert er in einer Jeschiwa den Talmud. Fromme talmudistische Mathematiker, Physiker, Biologen sind in Israel nicht selten. Zu allen Stunden sind die Schulhäuser in Jerusalem gefüllt.

Rips hat vor kurzem eine junge Frau geheiratet. Sie ist Französin von Geburt und streng orthodox. Da sie französisch und orthodox ist, ist sie elegant und fromm. Sie hat den Kopf nicht nur bedeckt, wie es das Gesetz vorschreibt, sondern wunderschön mit einem Seidenschal geschmückt. Sie sieht aus wie eine jener dunklen Rebekkas, in die sich die Kreuzfahrer verliebt haben. Sie hat nicht nur einen eleganten Kopfputz, sondern ist auch elegant gesprächig. Unser Thema: Wissenschaft und Religion; die Grenzen der wissenschaftlichen Erkenntnis, die Gewißheit, daß es andere Arten des Wissens gibt. Rips selbst, das Genie in Algebra, trägt wenig zur Unterhaltung bei, obwohl er ihr aufmerksam folgt. Er ist schlank, hat eine reine Haut und ist ein gutaussehender junger Mann. Das erste, was man an ihm bemerkt, ist seine ruhige Art zu sitzen. Darin liegt eine ganze Philosophie. Seine Beine sind locker, seine Handgelenke und Hände sind locker. In der Irrenanstalt verlangte er nichts anderes als einen Stuhl, auf dem er sitzen konnte. Ich erinnere mich während des Gesprächs an etwas, was ich einmal über Leibniz gehört habe – daß er beim Nachdenken drei Tage sitzend verbringen konnte. Wenn ich Rips sitzen sehe, beginne ich zu begreifen, wie er im Kopf seine Berechnungen anstellen und die Antwort auf ein ungelöstes Problem finden konnte. Unvorstellbar ist aber, daß dieser sanfte, geistesabwesende junge Mann imstande sein sollte, sich mit Benzin zu übergießen und in Brand zu setzen.

Ob Menschen, die hoch geachtet sind, wissen, was sie sagen: Laura (Riding) Jackson warnt vor der Gefahr, die »Denker« für die übrige Menschheit bedeuten können. Sie sieht die Gefahr in den linguistischen Formen, in die ihre Gedanken gefaßt sind. Diese können »den Verstand hypnotisch durch die Kraft des ihnen innewohnenden persönlichen Willens gefangennehmen«. Man kann es auch anders beschreiben und es mit ihr »einen politischen Stil intellektueller Tätigkeit« nennen. Sie spricht dann weiter von der »Traditon einer intellektuellen Führerschicht der Geistesriesen«.* Niemand, der

* »Bertrand Russell and Others: The Idea of the Master-Mind«, Antaeus 21/22, pp. 125-135.

eine Liste dieser zeitgenössischen führenden Köpfe aufstellen wollte, könnte Sartres Namen auslassen. Ich kann mich ihrer Meinung nicht anschließen, daß das Problem von den »linguistischen Formen« herrührt, aber ich stimme ihr darin zu, daß wir in jeder Generation eine Führerschicht der Geistesriesen anerkennen, deren Ideen (»Klassenkampf«, »Ödipuskomplex«, »Identitätskrise«) sich über uns senken wie Schmetterlingsnetze.

Wenn ich Sartres Texte über den Nahen Osten lese, frage ich mich, ob er wirklich weiß, wovon er redet. Und dennoch ist er ein hervorragender Schriftsteller, ein *normalien*, und Leute, die ich respektiere, schätzen ihn. Ich erinnere mich, daß ich mit Edmund Wilson über ihn gesprochen habe. Wilson war von ihm begeistert. Warum? Vielleicht weil sie beide in vielen Fällen gegen dasselbe opponierten. Wilson sagte, daß Sartre in der Tat vielen Formen der Kritik Angriffsflächen biete, aber daß er schließlich doch ein Literat sei. Das klingt auf französisch noch bedeutender – ein *homme de lettres*, einer aus jener wundervollen Linie der Voltaires, der Diderots, der Renans, der Sainte-Beuves, Taines und Valérys. Keine Generation ohne ihre *Hommes de lettres* könnte sich als wahrhaft kultiviert bezeichnen. Daher ist ein Sartre ein wertvolles Stück im Inventar der Kultur. Raymond Aron, ein von Wilson sehr verschiedener Mann, sagt, daß »ich in Diskussionen mit Sartre sicher oft recht hatte. Aber selbst dann merkte ich, daß er den schöpferischen Geist besaß.« Gesellschaftswissenschaftler, die für sich keinen Anspruch auf das Schöpferische erheben, legen manchmal sorglos den schöpferischen Geist in die erste Hand, die sie ausgestreckt sehen.

In den späten vierziger Jahren bin ich oft zur Bar am Pont Royal gegangen, um mir Sartre anzusehen; ich kann nicht sagen, daß er mich angesehen hat. Amerikaner waren bei ihm nicht populär. Vor sechzig Jahren standen die Dinge anders. Als John Dos Passos und E. E. Cummings nach Frankreich kamen, da kamen sie als Ambulanzfahrer im Weltkrieg, und sie wurden warm begrüßt oder glaubten es wenigstens. Tatendurstige junge Amerikaner, die nach dem zweiten Weltkrieg nach Paris eilten, erfuhren eine eisige Behandlung. Aber dann denke ich an jemand wie Kafū Nagai, einen genialen Schriftsteller, der in den frühen 1890er Jahren in Tokio Maupassant und andere französische Romanciers las, sich in sie verliebte und sich aufmachte, um sie zu besuchen. Es dauerte lange, bis Kafū den amerikanischen Kontinent überquert hatte. Er machte in Chicago Station. Er verbrachte über ein Jahr in Michigan, am Ypsilanti State Teacher's College. Als er schließlich nach Paris gelangte, konnte er keine französischen Schriftsteller finden, die mit ihm reden wollten. Diejenigen von uns, die in den späten vierziger Jahren aus Amerika dort ankamen, waren nicht die ersten, die die Schmerzen unerwiderter Liebe erfuhren.

Ich habe *La Nausée* gelesen und fand es gut, aber nur als Kuriosität – es hat mich an keiner für mich vitalen Stelle berührt. *Chemins de la Liberté* mit seiner Filmmethode, seiner *simultanéité*, fand ich zu bewußt historisch, zu verkrampft und überzogen. Wyndham Lewis hat dafür den richtigen Ausdruck gefunden. Er nannte es »Zyklonen-Literatur«. Nur Seuche, Krieg, Massaker, Krisensituationen konnten nach Sartres Ansicht das Wesentliche enthüllen, den totalen Menschen: *»l'homme tout entier«*.

Dieser *homme tout entier* muß aus dem Dickicht des Philistertums gescheucht werden, wo er sich verschanzt. Unsere Vorfahren haben Häuser gebaut, unsere Kultur geschaffen, uns ihre Weisheit gegeben, Statuen für ihre großen Männer aufgestellt, bescheidene Tugenden geübt und sich auf die gemäßigten Zonen beschränkt, sagt Wyndham Lewis, der 1952 in *The Writer and the Absolute* Sartre interpretiert hat. Während wir, vertraut mit Weltkriegen, Endlösungen, Bombenangriffen, Staatsstreichen »notwendigerweise aus heroischem Guß sind. Unsere Tugenden sind entweder gewaltig, oder wir sind Untermenschen schlimmster Art. Diese unsere unmittelbaren Vorfahren, aus behaglichen, blühenden Zeitläuften, bevor die ›Luftstreitmacht‹ die Verheißung in sich barg, einen zu zerstükkeln oder vom Himmel her zu rösten, oder bevor die Revolutionäre die packende Atmosphäre der Inquisition oder des Autodafé wieder einführten, sind zu bedauern (und so sehr wir auch protestieren mögen, zu verachten), weil sie nie die Gelegenheit hatten, ›metaphysisch‹ zu sein oder ›den Druck der Geschichte‹ gespürt zu haben.« Diese Geschichte ist eine Breitwand- oder Cinerama-Geschichte, und wir sitzen in der ersten Reihe und sehen uns die brutale Bewegung der natürlichen Massen in Farbe und *tout nu* an.

Baudelaire, der von Sartre sehr verschieden ist, weil er weniger formale Bildung genossen und sich den Dingen mit einem Minimum an theoretischem Apparat genähert hat, spricht von seiner wilden Erregung während der Revolution von 1848. Und was war die Ursache dieser Erregung? »Der Wunsch nach Rache«, erklärt er einfach in *Mon Cœur Mis à Nu*, »die natürliche Lust an der Zerstörung«. Davon nimmt er dann selbst etwas Abstand, denn das Natürliche ist ihm suspekt. Anderswo in seinen Tagebüchern bezieht sich Baudelaire auf ein »aristokratisches Vergnügen« daran, Anstoß zu erregen. Selbstverständlich wurde damals beim Bourgeois Anstoß erregt. Und jetzt glaube ich zuweilen, daß im zwanzigsten Jahrhundert Amerika von der Geschichte auserwählt ist, den Bourgeois zu ersetzen, während Frankreich als Nation zur Aristokratie erhoben worden ist. Die Vereinigten Staaten sind in einem gewissen Sinn der auserwählte Gegenstand für Frankreichs aristokratische Überheblichkeit.

Zwischen Sartre und jedem denkbaren Problem in der Politik haben von jeher die Vereinigten Staaten gestanden. Es gibt in der Welt zwei Supermächte, aber nur eine ist ihm tatsächlich böse vorgekommen. Wenn er sich über den Nahen Osten ausließ, dann war sein erstes Anliegen als Freund Israels, es von den Interessen Amerikas zu trennen. In einem Interview, das ich gelesen habe und das 1969 erschienen ist*, bekennt Sartre seine große Sympathie für Israel, sagt, daß in dem israelisch-arabischen Konflikt keine Seite absolut recht habe, und verteidigt Israel gegen den Vorwurf, daß es das Instrument des amerikanischen Imperialismus sei. Wichtiger noch, Sartre erläutert, »die israelische Wirtschaft ist nicht so beschaffen, daß sie allein funktionieren kann. Die Wirtschaft eines Landes wie Israel sollte völlig auf den Nahen Osten ausgerichtet sein, aber in Wirklichkeit ist es eine Wirtschaft, die halb die eines entwickelten Landes und halb die eines unterentwickelten ist. Im Handel mit den kapitalistischen und industrialisierten Staaten liefert Israel hauptsächlich Früchte, Gemüse oder Blumen; seine Wirtschaft kann sich bei dieser Art von Produktion und Außenhandel nicht genügend behaupten, nicht einmal durch Diamantenschleiferei.« Er beschließt diese wunderbar originelle Wirtschaftsanalyse, indem er von Israels langer Abhängigkeit von deutschen Reparationszahlungen spricht und daß es gegenwärtig auf das Geld angewiesen ist, das »von den pro-israelischen Juden von New York« gegeben wird. Es ist absurd, behauptet er, von Israel als von einem »Stoßkeil des amerikanischen Imperialismus zu reden, aber es ist eine Tatsache, daß Israel gegenwärtig die Unterstützung der amerikanischen Juden braucht«. Die Araber selbst haben jedoch Israel

* »Sartre Looks at the Middle East Again: An Interview«, *Midstram,* August-September 1969, pp. 37-48.

in die Lage versetzt, in der es »verurteilt ist – militärisch und wirtschaftlich –, nicht nur auf die Regierungen der imperialistischen Staaten, sondern auch die jüdischen Minoritäten dieser Staaten angewiesen zu sein, die weitgehend die Politik dieser Staaten unterstützen«.

Sartre tadelt dann weiter diejenigen, die behaupten, daß die Araber den Krieg von 1967 angefangen haben. Und hier kann der Argwohn, den seine unbedarfte Analyse der israelischen Wirtschaft und der Unterstützung Israels durch die imperialistisch gesinnten Juden in den Vereinigten Staaten erzeugt hat, nicht länger unterdrückt werden, und ich frage mich: Wußte dieser einflußreiche Denker und prominente Revolutionär eigentlich, was er sagte? Präsident Gamal Abdel Nasser wußte genau, als er den Golf von Aqaba abriegelte und die Friedenstruppen der Vereinten Nationen auswies, daß Israel keine andere Wahl hatte, als zu kämpfen. Nasser bedrohte nicht nur die Existenz Israels, sondern widersetzte sich den Regierungen Frankreichs, Englands und der Vereinigten Staaten, die sich verpflichtet hatten, Aqaba offen zu halten. Nassers Freund, Mohammed Heikal, Ägyptens führender politischer Journalist, schrieb im Mai, bevor der Krieg ausbrach, daß Israels Sicherheit bedroht worden sei und daß es nun gezwungen sein werde, anzugreifen. Sartre sagt: »Wer behauptet, daß die Araber den Krieg angefangen haben, daß sie Verbrecher sind, vergißt, die Situation der Palästinenser in Betracht zu ziehen, die absolut unerträgliche Situation der Palästinenser. Er vergißt auch, daß die Araber von Anfang an durch britische Manipulationen verführt wurden, Israel gegenüber eine negative Haltung einzunehmen, eine Haltung, die seit 1948 die gleiche geblieben ist, als ein idiotischer Krieg provoziert wurde.«

Viele Palästinenser haben furchtbar gelitten, aber Nasser ist nicht wegen ihrer Leiden 1967 in den Krieg gezogen. Nasser wollte nicht, daß sie sich wieder ansiedelten; er hat sie in Flüchtlingslagern verkommen lassen und gebrauchte sie gegen Israel. Die Engländer haben nicht den arabisch-israelischen Konflikt geschaffen, obwohl sie ihn vielleicht verschärft haben. Wenn die Araber nicht vorsätzlich die Palästinenser für politische Ziele ausgenutzt haben, dann ist die freundlichste Erklärung für ihr Verhalten, daß sie völlig unfähig waren. Es ist wahr, daß Israel über die Jahre mehr für die Flüchtlinge hätte tun können. Die Anstrengungen, die gemacht wurden, um diejenigen, die ihr Land und ihre Heimstätten verloren hatten, zu entschädigen, waren nicht im entferntesten ausreichend. Hannah

Arendt hat immer wieder vorgeschlagen, daß von Israel ein Teil der deutschen Reparationszahlungen für die Unterstützung der Palästinenser eingesetzt werden solle. Aber man hätte das so auslegen können, daß das, was die Nazis den Juden zugefügt hatten, dem ähnele, was der Zionismus den Arabern angetan hatte – eine Parallele, der kein normaler Mensch zustimmen kann. Trotzdem hätte es die Spannungen abgebaut, wenn eine große Summe an eine neutrale internationale Organisation gezahlt worden wäre, um die Forderungen der Palästinenser zu begleichen.

Der Palästinensische Versöhnungsausschuß, eine Gruppe, die 1948 von den Vereinten Nationen ins Leben gerufen wurde, um einen arabisch-israelischen Friedensvertrag auszuhandeln, schätzt den Wert der arabischen Besitztümer auf etwa 300 Millionen Dollar. Es ist unerläßlich hinzuzufügen, daß die meisten palästinensischen Araber fürchteten, die Annahme einer Entschädigung könne für sie Konsequenzen haben.

Auf alle Fälle haben die Engländer 1948 die Invasion Israels durch seine arabischen Nachbarn nicht provoziert. Ägypten und die anderen haben ihre Truppen ins Land geschickt, um den neuen Staat zu vernichten, sobald das englische Mandat erlosch. »Eines Tages im Café de Flore«, schreibt Raymond Aron, »haben Sartre und Simone de Beauvoir ihren rechtschaffenen Zorn gegen die Engländer losgelassen. Ich wies darauf hin, daß die letzteren keine leichte Aufgabe zwischen den Juden und den Arabern hätten, sie hätten den arabisch-israelischen Konflikt nicht geschaffen, sie versuchten, darin zu vermitteln. Zu der Zeit suchten die Beauvoir und Sartre immer nach einer einfachen Trennungslinie zwischen Engeln und Teufeln und konnten nichts entdecken als die Grausamkeit (oder den Imperialismus) der Engländer und die heilige Sache der Märtyrer.« Mehr als zwanzig Jahre später redete Sartre immer noch vom britischen Imperialismus. Eine Definition ist eine Definition. Sartre ist nicht übermäßig flexibel. Er hat, was ich das »Larousse-Syndrom« nenne. Alles, was ein Pariser über Eskimos und ihre Kajaks wissen muß, kann er in seinem Larousse finden, wo ein kleiner gelber Mann in Felle gekleidet in seinem Kajak sitzt. De Gaulle hat oft die Russen gekränkt, wenn er den Ausdruck »vom Atlantik bis zum Ural« gebrauchte, um Europa zu definieren, sagt der Botschafter Charles E. Bohlen in seinen Memoiren.* Denn so wurde Europa im

* *Witness to History* (New York 1973)

Petit Larousse von 1907 definiert. Manchmal zeigt sich bei der französischen Version von Dingen ein gewisser Rückstand. Sartre leitet seine Definition des Imperialismus von Lenin ab. Die Substanz von Lenins Pamphlet *Der Imperialismus als höchstes Stadium des Kapitalismus*, das er im Jahr 1916 schrieb, war John Atkinson Hobsons *Imperialism* verpflichtet, das 1902 erschien. Die Wahrheit ist zeitlos, gewiß, und man muß nicht auf dem neuesten Stand sein, um recht zu haben; wenn man jedoch Stellungen bezieht und Aktionen das Wort redet, die Menschenleben kosten können, dann sollte man die historischen Tatsachen so klar wie möglich beurteilen. Hier beginnt die Gefahr, die »Denker« für die ganze Menschheit darstellen können, sehr deutlich zu werden.

In seinem Interview von 1969 sympathisiert Sartre, dessen Einstellung gewöhnlich von der europäischen Linken geteilt wird, mit Israel. Zu gleicher Zeit wünscht er sich eine Revolution in der arabischen Welt. Er rechnet damit, daß mehr vom Volk getragene oder linksgerichtete arabische Regime Israels Existenz akzeptabler finden würden. Sartre dirigiert seine Kapelle mit Energie, aber die Melodien, die rauskommen, entsprechen nicht den Noten, die er in der Einfachheit seines Herzens komponiert hat. Die marxistisch-leninistischen Führer der arabischen Welt waren und bleiben Israel gegenüber noch feindlicher als die Feudalfürsten der Ölreiche. Arabische Marxisten leugnen, daß Israel eine Linke hervorbringen kann, obwohl Sartre behauptet, daß »der Klassenkampf in Israel vorhanden ist wie sonst überall . . . und daß folglich die Elemente einer linken Bewegung existieren.« Er jammert jedoch: »Man kann die Israelis und die Araber nicht zusammen zu einer internationalen Konferenz einladen. Man kann es nicht, weil die Araber es nicht wollen.« – »Aber warum fügt man sich immer dem arabischen Boykott?« fragt sein Interviewer. »Weil«, antwortet Sartre, »die Linke immer mehr Sympathie für gewisse Befreiungsbewegungen zu haben scheint – denken Sie an Algerien bei uns –, als für eine Regierung oder ein Land, das erst in den letzten Jahren so bedroht war, wie es jetzt ist. Das wirkliche Problem für uns war ›Was geschieht da in Algerien? Was geschieht in der marokkanischen Linken? Was bedeutet der Assuan-Damm? Ergreift Nasser wirklich objektiv sozialistische Maßnahmen in Ägypten?‹ . . . Tatsächlich ist es eine Schande, die Vertreter der israelischen Linken nicht einzuladen, aber wenn wir sie einladen – machen wir uns nichts vor –, dann heißt das, daß wir die Araber nicht einladen.« Mit anderen Worten, es gibt Millionen Araber; sie sind politisches Großformat. Weder das State Department noch das Politbüro noch Jean-Paul Sartre können sich leisten, sie zu ignorieren.

Eine neue Frage wird an Sartre gestellt: War das Ziel der arabischen Staaten 1948 und dann wieder 1967 die Ausrottung der jüdischen Bevölkerung in Israel? Ja, antwortet Sartre, aber als Staat. Er führt das weiter aus. Er kennt Araber – natürlich linksgerichtete Araber – recht gut, und »alle, die ich kenne, denken an Israel als Staat, nicht an Israel als jüdische Minorität. Im Gegenteil: ›Wir müssen einen Staat schaffen, der arabisch oder palästinensisch und jüdisch sein wird – das ist unsere Aufgabe‹, sagen sie . . . Die Idee einiger verantwortlicher Politiker war, den Staat zu unterdrücken und nicht die Juden als Minorität.« Dazu erwidert der Interviewer, daß er in Alexandria geboren sei und über fünfundzwanzig Jahre im Nahen Osten gelebt habe und wisse, wie die Minoritäten – die Kopten, die Juden und andere – in Ägypten behandelt würden. Sie sind Bürger zweiter Klasse, sagt er, »genau wie in den Vereinigten Staaten die einzigen vollwertigen Bürger die weißen Protestanten sind, sind in den arabischen Ländern die einzigen vollwertigen Bürger die mohammedanischen Araber«.

Sartre stimmt zu, aber sträubt sich auch und ändert das Argument. Der ägyptische Fellache ist auch kein vollwertiger Bürger. Er ist Analphabet, daher ist das Bürgerrecht außerhalb seiner Reichweite. Nur »gewisse mächtige Gruppen, die die ägyptische Regierung zu bekämpfen versucht hat«, haben das volle Bürgerrecht. Darunter gibt es keine Kategorie, die politische Rechte besitzt. Nachdem er das gesagt hat, gibt er zu, daß »das Minderheitenproblem im Nahen Osten häufig durch ein Massaker gelöst wird«. Sartre reinigt die Juden vom Vorwurf des Kolonialismus; wären sie Kolonialisten und Imperialisten, dann wäre er durch seine Logik dazu gezwungen, ihre Ausrottung zu fordern, denn in seiner langatmigen Einführung zu Frantz Fanons *The Wretched of the Earth* ermahnt er unterdrückte, rückständige Völker, sich auf ihre Ausbeuter zu stürzen und sie zu ermorden. Nur durch Töten können die Opfer der imperialistischen Ausbeutung Freiheit, Selbstachtung und Männlichkeit erringen. Sie müssen ihre weißen Unterdrücker niederschießen und sich selbst durch Blutvergießen erlösen.

Aber das Blut ist vielleicht, wie so vieles bei Sartre, imaginär. Von seinem früheren Verhalten wissen wir, daß es solches und solches

Blut gibt, denn im Jahr 1949 entwarf der französische Schriftsteller David Rousset, der von den Deutschen nach Buchenwald geschickt worden war, ein Manifest, in dem er die Vernichtung von Millionen Gefangener in russischen Konzentrationslagern verurteilte und Sartre verweigerte seine Unterschrift. Er sagte, daß er durch seine Unterschrift den amerikanischen Imperialismus rechtfertigen und stärken würde.

Er spricht in seinem Interview von dem großen Wert, der den Juden durch ihre Leiden verliehen werde, durch ihr »Erbe dauernder Verfolgung«, das unendlich kostbar sei. Aber gerade weil sie so fürchterlich verfolgt worden sind, »muß der Staat Israel ein Beispiel geben; wir haben von diesem Staat mehr zu fordern als von anderen«. Aber wie ist nur dieses besondere, dieses kostbare Schicksal mit dem Antisemitismus der sozialistischen Länder Osteuropas zu vereinbaren? Denn in Sartres Augen sind auch sie kostbar und außergewöhnlich, und diese Unvereinbarkeit verlangt eine Erklärung. Eifersüchtig auf ihre Souveränität bedacht, sehen diese sozialistischen – oder sogenannten sozialistischen – Länder, daß ihre eigenen jüdischen Volksgruppen doppelt gebunden sind. Sie sind nicht ganz wie andere Staatsbürger, da sie die Wahl haben, nach Israel zu ziehen – Israel hat ihnen mit seinem »Gesetz der Wiederkehr« garantiert, sie zu empfangen. Das, sagt Sartre, gibt dem Antisemitismus Nahrung. »Wenn ein sowjetischer oder rumänischer Bürger, der schon jetzt nur allzusehr zum Antisemitismus verlockt wird, nicht das Recht hat, das Land zu verlassen – außer unter ganz besonderen Umständen – während ein rumänischer Jude sich wahlweise sowohl Rumäne wie Israeli nennen darf, dann wird der Nicht-Jude erstens denken, daß diese Menschen ihm gegenüber begünstigt sind, und zweitens, daß sie nicht loyal sind. Zu gleicher Zeit wird die Regierung ihnen feindlich gesinnt sein, da sie von dem Augenblick, da sie Israel wählen oder wählen können, keine Sozialisten mehr seien. Was da Recht oder Unrecht ist, weiß ich nicht, aber ich bin sicher, daß diese Art von zionistischer Aktivität eine sehr ernste Sache ist. Ich würde meinen, daß wir Israels Recht als souveräner Staat anerkennen müssen, alle Juden aufzunehmen, die dorthin wollen, aber daß Israel im Ausland keine militante zionistische Politik treiben sollte.« Was soll das bedeuten? Zunächst einmal eine massive Unkenntnis der Lebensbedingungen in Osteuropa. Sowjetbürger leben unter ungeheuer vielen Beschränkungen. Sie können sich nicht frei in Rußland bewegen und viel weniger noch auswandern. Sartre sagt dann, daß die Nicht-Juden in Rußland den Juden feindlich gesinnt seien, weil die Juden nach Israel gehen könnten, *wenn* die Regierung ihnen die Auswanderung erlaubte. Aber er sagt gleichzeitig, daß die Juden unterdrückt sind und fort wollen, und daher sind sie keine loyalen Sozialisten und guten Sowjetbürger.

Das ist in der Tat Swiftsche Philosophie, der aus Gurken Sonnenlicht absondert und die Spinnen dazu bringt, Seide zu fabrizieren.

Nadescha Mandelstam, die Witwe des Dichters, die die sozialistischen Länder besser kennt als Sartre, sagt, daß der Antisemitismus in Rußland ein Staatsprodukt sei, das »von oben propagiert und in einem Kessel gebraut wird, der als der *Apparat* bekannt ist«. Andrej Sinjawski ist nicht der Meinung, daß der Antisemitismus ausschließlich von oben gelenkt ist. Im Volksbewußtsein, erklärt er, ist der Jude ein böser Geist, ein Teufel, der sich im Leib Rußlands eingenistet hat und alles schiefgehen läßt. Der russische Bauer »weiß« schon seit geraumer Zeit, daß Lenin Jude war und Stalin ein georgischer Jude. Im Gefängnis hörte er, daß sogar Leo Tolstoi als Jude identifiziert wurde.

Was in zivilisierten Ländern »bewußt« ist, was man bei den Menschen als »gewußt« voraussetzen kann, ist ein großes Geheimnis. Vor kurzem hatte ein Überlebender von Auschwitz, der jetzt in Chicago wohnt, Gelegenheit, vor einem großen Geschworenengericht auszusagen, und wurde von dem Obmann der Geschworenen gefragt: »Warum hat man Sie in dieses Gefangenenlager geschickt? Was für ein Verbrechen hatten Sie begangen?« – »Kein Verbrechen, es gab keinen Prozeß.« – »Das kann keine wahrheitsgetreue Antwort sein«, sagte der Obmann. »Wenn Leute ins Gefängnis müssen, dann deshalb, weil sie etwas getan haben. Sie müssen in der alten Heimat vorbestraft gewesen sein.« Wenn ich Sartres Ausführungen über die jüdische Frage lese, bin ich weniger über die Weltfremdheit dieses Geschworenen überrascht. Ich bin eher über mich selbst überrascht und über meine eigenen Erwartungen. Man kann eine Menge Intelligenz in Unwissenheit investieren, wenn der Bedarf an Illusionen groß ist.

Die vermeintlichen Freunde Israels drängen immer darauf, daß es der Welt ein moralisches Beispiel gibt. »Wir müssen mehr von diesem Staat verlangen.« Nicht alle Staaten sind solch einer Forderung ausgesetzt. Als einer von de Gaulles Ministern bei einer Kabinettssitzung von den Freunden Frankreichs sprach, wurde er vom General unterbrochen. Eine Nation hat Interessen, nicht Freunde, berichtigte er ihn. Wie wäre de Gaulle 1940 gefahren, wenn die Engländer ihn nicht als Freund behandelt hätten? Nationen haben (bisweilen) beides: Freunde und Interessen. Gewiß gab es (und gibt es) harte Burschen im Pentagon, im State Department und im Kongress, die lieber an Interessen dachten als an Freundschaften. Aber Amerika hat in dem ihm eigenen lockeren Stil moralische Gefühle gepflegt – oder hätte sich ohne sie unbehaglich gefühlt. Zwischen 1950 und 1975 haben die Vereinigten Staaten mehr als 600 Millionen Dollar dem Arbeits- und Wohlfahrts-Ausschuß der Vereinten Nationen zur Unterstützung palästinensischer Flüchtlinge gespendet. Israel hat mehr als sechs Millionen gespendet. Die Sowjetunion hat nichts gegeben, die Chinesen nichts, die algerische Regierung, der die Palästinenser so am Herzen liegen, nichts.

Aber Sartre und andere wollen anscheinend, daß die Juden außergewöhnlich außergewöhnlich sind. Vielleicht haben die Juden selbst diese Erwartungen geschaffen. Israel hat unerhörte Anstrengungen gemacht, um demokratisch, gerecht, vernünftig und wandlungsfähig zu sein. Es hat sogar seine Juden umgemodelt. In Hitlers Europa wurden sie zur Schlachtbank geführt, 1948 wurden die Überlebenden gefürchtete Kämpfer. Ohne Land im Exil verwandelten sie sich in Farmer. Die Mamelukken hatten angeordnet, daß die Küstenebene Palästinas eine Wüste sein solle; die Juden haben daraus einen Garten gemacht. Offensichtlich haben die Juden die historische Verantwortung, außergewöhnlich zu sein, auf sich genommen. Sie sind dazu angehalten worden; sie haben sich selbst dazu angehalten. Jetzt ist die Frage, ob von anderen Völkern nicht mehr gefordert werden kann. An die anderen werden derartige Forderungen nicht gestellt. Ich frage mich zuweilen, warum westliche Intellektuelle (und besonders die Franzosen, die sich in Syrien, Libanon und Ägypten eines so großen Prestiges erfreuen und die Beziehungen zu den in diesen Ländern noch verbleibenden Arabern haben) den Arabern nicht sagen können: »Wir müssen auch von euch mehr fordern. Auch ihr – besonders die Marxisten unter euch – müßt versuchen, etwas für die Brüderlicheit zu tun und mit den Juden Frieden zu schließen, denn sie haben im christlichen Europa und unter dem Islam unmenschlich gelitten. Israel bewohnt etwa ein Sechstel von einem Prozent der Länder, die ihr arabisch nennt. Ist es nicht möglich, die islamischen Traditionen anzupassen – neu zu deuten, den Akzent zu verlagern, um dieses winzige Wohnrecht gutzuheißen? Eine große Kultur sollte einer humanen und großzügigen Anpassung fähig sein. Die Vernichtung Israels wird euch nichts bringen. Laßt die Juden leben in ihrem kleinen Staat.« Aber es gehört sich kulturell wohl nicht, Völker zu bitten, ihr Verhalten zu ändern, und sei es auch nur wenig. Auf alle Fälle hat Sartre davon nichts gesagt. Er hatte die Revolution – die ruhmreiche, unaussprechliche Revolution – zu bedenken. Eine Explosion von hundert Millionen Arabern kann ein Riesenloch in verrottende bürgerliche Strukturen reißen. Nach einer ekstatischen Periode des Mordens wird Friede kommen und Gerechtigkeit. Die Fellachen, die ihre Mannhaftigkeit wiedergewonnen haben, werden Lesen lernen und Bürger sein und so weiter. »Es ist schändlich, die Vertreter der israelitischen Linken nicht einzuladen, aber wenn wir sie einladen – wir wollen uns nichts vormachen –, dann heißt das, daß wir die Araber nicht einladen«, sagt Sartre.

Letzte Spaziergänge in Jerusalem. Mehr Abschied als Besichtigung. Die kalten Regengüsse, die herunterprasseln, sind manchmal seltsam begrenzt, so daß der Himmel nicht weit von der Regenwolke klar sein kann. Mein Bruder Sam, der mit seiner Frau Jerusalem besucht, überrascht mich: er steht vor meiner Tür. In den Staaten würde das nie geschehen. Wir wohnen an entgegengesetzten Enden von Chicago und verabreden uns telefonisch zum Mittag- oder Abendessen. Unser Tageslauf treibt uns in verschiedene Richtungen. Es muß daher dreißig Jahre oder länger her sein, daß wir uns in Muße an einem gewöhnlichen Morgen gegenüberstanden. Wir sind still erheitert. Das Lächeln meines Bruders ist fröhlich und außerordentlich mitteilsam. Wir mustern einander. Bis auf die Augen sind wir ganz unverändert. Wir haben hauptsächlich diesen braunäugigen Beweis, daß es in uns einen alterslosen Kern gibt, unwandelbar. Der Rest ist Falten. Und warum sollten wir nicht lächeln?

Mein Vetter Nota Gordon kommt später in der Woche von Tel Aviv herauf, und dann gibt es drei Familiengesichter in einem Zimmer. Notas Hautfarbe ist anders als unsere, sie ist hellbraun getönt. Zudem trägt er eine Mütze, im sowjetischen Stil, und einige seiner Zähne haben Goldkronen. Aber wir stammen sichtlich aus demselben genetischen Teich. Nota stellt in Tel Aviv Pullover auf Strickmaschinen her, die aus Italien importiert sind. Das klingt großartig, ist es aber nicht. Die Ersparnisse von fünfundzwanzig Jahren sind draufgegangen, um Auswanderungsdokumente für seine Frau, seine beiden Söhne und seine Schwestern zu kaufen. Er ist ohne einen Pfennig in Israel eingetroffen und hat sich Geld geborgt, um ein Geschäft zu gründen.

Als einfacher Mann führt er ein einfaches Leben, wie alle Vettern aus Riga. Seine Wohnung ist klein und mit altmodischen Möbeln verstellt. Unsere Kusine Lisa und ihr Mann, Westreich, haben einen Lebensmittelladen; er ist nicht größer als eine Speisekammer, aber hält sie zehn Stunden am Tag auf den Beinen. Kusine Bella, die in Lettland irgendwo im medizinischen Bereich tätig war, ist hier Kassiererin in einem Warenhaus. Ihr Sohn, ein Ingenieur, arbeitet in der Elektronik für Sony. Bella erzählt mir von einer unserer Kusinen, die jetzt mit ihrem Mann in Genf lebt. Während der deutschen Besetzung von Riga waren diese Kusine und ihre Schwester Zwangsarbeiter in einer Fabrik, die Armeeuniformen herstellte. Bevor die Deutschen den Rückzug antraten, gruben sie Tausende von Leichen aus den Massengräbern und verbrannten sie. Eine plötzliche Empfindsamkeit vor Beweisen. Die zwei jungen Mädchen gehörten zu den Hunderten, die gezwungen wurden, verweste Kadaver auszugraben und in die Flammen zu werfen. Die jüngere Schwester wurde krank davon und starb.

Unsere europäischen Vettern und Kusinen, die Verhaftung, Verschickung, Massaker und Krieg kennengelernt haben, sind froh, ein alltägliches Leben zu führen. Sie haben sonderbarerweise mehr Seelenruhe als der amerikanische Zweig der Familie; sie sind weniger gesichert, aber auch weniger reizbar. Wenn ich ihr Temperament und ihr Verhalten beobachte, dann frage ich mich, welche Wirkung unbegrenzte Erwartungen auf den amerikanischen Wirklichkeitssinn ausüben. Einige der russischen Dissidenten glauben in der kapitalistischen Demokratie, in der amerikanischen Gesellschaft, zu erkennen, wie die menschliche Natur beschaffen sein kann, wenn ihr die Möglichkeit zur Expansion offensteht. Sie glauben, daß die Amerikaner seit dem Ende des zweiten Weltkrieges nichts haben hören und sehen wollen, was diesen Möglichkeiten entgegenstand. Aus der Perspektive dieser russischen Intellektuellen wollte die reiche, produktive, überbordende amerikanische Welt – denn Henry James hatte recht, und Amerika ist mehr eine Welt als ein Land – nur ihr eigenes nationales Wachstum und die Vorrechte des persönlichen Wachstums genießen. Glücklich mit ihrem Geld und ihren Maschinen, glücklich mit ihren Möglichkeiten zu reisen und einzukaufen, ihren sexuellen Möglichkeiten und ihren Zerstreuungen, war sie bereit, die Polen, die Ungarn, die Rumänen, die Tschechen Stalin zu überlassen. Der Vorwurf ist, daß wir die kommunistischen Diktaturen bezahlt hätten, damit sie uns in Ruhe ließen, und daß wir das immer noch in der Form von Beschwichtigung täten, die wir lieber Entspannung nennen. Solschenizyn hält dem Westen vor, er scheine zu glauben, daß die erworbene Freiheit ein für allemal gesichert sei. Folglich sei unsere Freiheit nicht mehr heroisch und tugendhaft, sondern etwas Verkümmertes und Trügerisches »voller Tand, Überfluß und Leere«, sagt Solschenizyn. Und er fügt hinzu: »So seid ihr also in die Phase der Berechnung getreten. Ihr seid nicht mehr imstande, für diesen Schatten der Freiheit, die einmal existiert hat, Opfer zu bringen, nur noch Kompromisse. Überlaßt diese Länder da ihrem Schicksal, sagt ihr, so lange der Reichtum noch eine Weile auf dem Boden erhalten bleibt, auf dem wir stehen.«

Als ich Anthropologie studierte, hatte ich den unausgegorenen Ehrgeiz, Eskimogruppen zu erforschen, die sich angeblich entschieden hatten, lieber zu verhungern, als Nahrungsmittel zu essen, die in Fülle vorhanden, aber tabu waren. Wie weit, fragte ich mich, unterwarfen sich die Menschen der Kultur oder ihren lebenslangen Vorurteilen, und an welchem Punkt würde das animalische Bedürfnis, am Leben zu bleiben, die Schranken von Sitte und Glauben durchbrechen? Ich hatte damals den Verdacht, daß bei den primitiven Völkern die objektiven Tatsachen weniger hoch eingeschätzt würden. Aber ich bin jetzt durchaus nicht sicher, ob der zivilisierte Verstand wendiger und besser imstande ist, die Wirklichkeit zu begreifen, oder ob er lebhafter, intelligenter auf drohende Vernichtung reagiert. Ich gebe zu, daß ich als Amerikaner Illusionen eher unterworfen bin als meine Vettern und Kusinen. Aber werden die israelischen Veteranen von Entbehrungen, Massakern und Kriegen wissen, wie man sich rettet? Hat die Erfahrung der Krise sie gelehrt, was zu tun ist? Ich habe Schriften über die Vernichtungslager gelesen, in denen die Autoren die europäischen Juden hart kritisierten und behaupteten, sie hätten ihren eigenen Untergang verschuldet, weil sie nicht gewillt gewesen seien, ihr bequemes Leben, ihr Vermögen, ihre Passivität, ihren Glauben an die Bürokratie aufzugeben und sich widerstandslos hinschlachten ließen. Ich halte es für sinnlos, die Toten zu beschimpfen. Aber wenn die Geschichte tatsächlich ein Alptraum ist, wie Karl Marx und James Joyce behauptet haben, dann ist es Zeit, daß die Juden, ein historisches Volk, erwachen und aus ihrem historischen Schlaf ausbrechen. Und Israels politische Führer kommen mir nicht wach vor. Ich glaube manchmal, es gibt zwei Israels. Das eigentliche ist territorial unbedeutend. Das andere, das geistige Israel, ist unermeßlich, ein unschätzbar wichtiges Land, das in der Welt eine führende Rolle spielt, breit wie die ganze Geschichte – und vielleicht tief wie der Schlaf.

Eine Familienfahrt. Mein Bruder, seine Frau, Schimson, einer ihrer religiösen, philanthropischen Freunde, Vetter Nota und ich besuchen das Westufer des Jordan. Wir benutzen eine Umgehungsstraße und vermeiden Bethlehem mit seinem Weihnachtstrubel. Wir fahren auf Hebron zu. Die Sonne Judäas über den geriffelten Feldern, die rötlichen Farben des Winters, mildes Gold in das Licht gemischt und weiße Steinterrassen überall. Der Boden, der viele Male gesäubert worden ist, gebiert weiterhin Steine; Erdwellen bringen neue Steine hervor. Die uralten Felder sind sehr klein.

Aus diesen Dörfern kommen die arabischen Bauarbeiter, die man in Jerusalem sieht. Es gibt Linke und sogar einige alte Zionisten, die das beklagen. Sie sagen, daß die jüdische Arbeiterschaft Israel aufgebaut hat, aber daß nur die Araber die ganzen unangenehmen Arbeiten verrichten und eine ausgebeutete Klasse von Parias bilden. Aber so betrachten sich die arabischen Arbeiter selbst wahrscheinlich nicht. Ihre Löhne sind gestiegen, und der Wohlstand, den sie genießen, ist für sie ohne Beispiel. Pan-Arabismus hat sie unzweifelhaft beeinflußt; sie sind Nationalisten und würden für die Selbstbestimmung votieren, wenn es Wahlen gäbe. Sie sind jedoch Arbeiter und Lohnempfänger, nicht Terroristen. Diejenigen, die zornige Demonstrationen veranstalten, die Steine werfen, die Besatzung herausfordern und Bomben in Jerusalem und anderen Städten legen, sind die jungen, viele von ihnen Halbwüchsige. Sie haben ihre Gegenspieler unter den militanten Israelis der Gusch-Emunim-Bewegung – junge Männer und Frauen, die aus religiösen Gründen entschlossen sind, das Westufer zu kolonisieren. Ihre Siedlungen gelten bei manchen als Ablehnung des Zionismus, denn die zionistischen Pioniere waren mit einer Zuflucht zufrieden und haben nicht versucht, daß Verheißene Land wieder in Besitz zu nehmen. Im Gegensatz zu den religiösen Irredentisten haben sie dünn besiedelte Gegenden für ihre Siedlungen gesucht und zumeist arabische Gemeinden gemieden. Die ersten Kibbuzim wurden in den Morästen und Sanddünen gegründet. Araber in den alten Städten wie Hebron, Jericho und Jenin fühlen sich jetzt von jüdischen Siedlern bedroht, die sich verschworen haben, Gottes Verheißung wahrzumachen. Schimschon, ein Chicagoer Geschäftsmann im Ruhestand, sehr religiös und tätig in jüdischen Angelegenheiten, fährt uns nach Gusch Ezion und zeigt uns stolz die Jeschiwa, eine neu errichtete Festung der Orthodoxie. Nicht weit davon ist vor dem zweiten Weltkrieg eine jüdische Kolonie von den Arabern angegriffen und vernichtet worden. Nachkommen der Opfer sind Farmer in der Nachbarschaft. Stämmige, robuste Leute; sie sind unzweifelhaft bewaffnet und könnten nicht leicht vertrieben werden. Ihre neuen Betonbauten haben einen grimmigen Maginot-Look. Die jungen Männer tragen Schädelkappen, aber sie sind kräftig gebaut, und ihre Unterarme strotzen von Muskeln. Ihre Bärte sind überhaupt nicht zahm und rabbinisch; sie sträuben sich. Wir verlassen diese Bunkersiedlungen und fahren weiter nach Kiryat Arba, um dort die von den Israelis – vermutlich mit behördlicher Genehmigung – errichteten Wohnhäuser zu besichtigen. Schimschon findet sie richtig. Das Baugelände ist noch im Rohzustand; weder Gras noch Bäume sind bisher gepflanzt. Wäsche ist im Mittelmeerstil an Leinen befestigt, die unter den Fenstern hängen. Auf den neu angelegten Wegen treten vereinsamt aussehende Kinder ihre Dreiräder. Mir ist am unbehaglichsten zumute, wenn ich die Kinder auf den Rädern sehe, da ich weiß, wieviel Wahnsinn direkt hinter dem Horizont gespeichert ist.

In Libanon, zehn Düsenminuten entfernt, töten bewaffnete Banden wöchentlich Hunderte von Menschen. Auf unseren Fernsehschirmen kann man die Morde sehen, wenn sie begangen werden. Leichen werden an die Stoßstangen von Automobilen gebunden und durch die Straßen geschleift. Beirut ist ins Bodenlose gesunken. Reporter sagen, daß die Christen und Moslems nicht mehr zu wissen scheinen, auf wen sie schießen oder warum.

Je schwieriger die Lage der Regierung Rabin wird, desto mehr wird ihr von den religiösen Siedlern und ihren Anhängern eingeheizt. Das Kabinett ist scharf gespalten, und die Regierung ist zu schwach, um mit den militanten Gusch Emunim fertig zu werden. Sie hat es nicht geschafft, sie aus Orten wie Sebastia und Kadum zu entfernen, wo sie direkt in der Mitte des besetzten Westufers als Siedler ohne Rechtstitel leben.

Gleich nachdem die Jordanier 1967 vertrieben worden waren, habe ich diese Landschaft mit Sydney Gruson von der *New York Times* besichtigt. Junge israelische Soldaten, die an dieser Front ihren Krieg gewonnen hatten, machten sich einen schönen Tag und gingen in arabischen Automobilen auf Vergnügungsfahrt. Zwei Tage später feierten sie auf dem Weg zu den Golan-Höhen immer noch. Während sie knirschend durch Tiberias fuhren, hielten sie aus den offenen Panzertürmen Schaufensterpuppen mit flatternden arabischen Röcken und Blusen mit baumelndem Modeschmuck. Ich war Stunden vor ihnen dort angekommen. Das war leicht genug. In Tel Aviv hatte ich einfach ein Taxi angehalten, meinen Presseausweis gezeigt und gesagt: »Fahren Sie mich nach Galiläa.« Die Taxifahrer, Veteranen von 1948 und 1956, die jetzt zum Kämpfen zu alt waren, waren selig, einen für einen Blick auf die Kampfhandlungen an die Front zu fahren.

Auf dem Westufer reiste ich vornehm, denn Gruson hatte seinen eigenen Wagen. Die *Times* beeindruckte mich durch ihre gut funktionierende Organisation. Ihr Team wurde von Gruson geleitet, der die Arbeit einteilte und Aufgaben vergab. Wir anderen waren hergeschneite Amateure mit wenigen Verbindungen. Gruson ist ein angenehmer Mann, forsch und professionell. Er hat mir auf die Notiz geantwortet, die ich ihm vor einigen Wochen geschickt habe, und der ich die Abschrift einer – bewundernden, ja sogar vergötternden – Erklärung beilegte, die Anwar Sadat 1953 über Hitler geschrieben hatte. Gruson dankte mir und sagte, er ließe das Dokument nachprüfen. Irgendwo in seinen Akten habe er ein Bild von uns beiden »an der Front«, fügte er hinzu. Auf den Feldern nahe Jerusalem durchsuchten Soldaten den Boden nach Minen und markierten die sicheren Pfade mit Stoffetzen.

Die Stimmung von Jacob Leib Talmon ist zugleich gefühlvoll und deprimiert. Er ist ein energischer und dramatischer Sprecher und läßt sein breites historisches Wissen ins Gespräch einfließen. Ihm haftet eine gewisse plumpe, professorale Aufrichtigkeit an. Er ist tadellos gekleidet, der Schlips gut ausgesucht – er ist nicht einer jener halsfreien, burschikosen Israeli-Typen. Die Unterhaltung ist ernst – »gequält« wäre vielleicht ein besseres Wort dafür. Er faßt zusammen, was ich seit Monaten höre – jeden Argwohn, Zweifel und jede Angst. Die Krise ist schlimm. Ein israelischer Freund hat mich mehr als einmal gewarnt: »Laß dich um Gottes willen nicht von dem hinreißen, was die hiesigen Intellektuellen sagen. Du vor allen müßtest dagegen gefeit sein.« Ich entsinne mich jetzt dieser Warnung, aber ich sehe zu gleicher Zeit, wie tief verstört der Professor ist, wie sich sein Herz verzehrt. Er spricht von der jüdischen Geschichte, von der europäischen Geschichte, der Weltgeschichte, aber mitten in einem seiner akademischen Sätze bricht er ab und sagt: »Hat Hitler nicht schließlich doch gesiegt? Soweit wir Juden in Frage kommen? Mindestens ein Drittel der sechs Millionen, die in den Lagern umgekommen sind, waren die beste Hoffnung eines künftigen Israel – Zionisten, liberale Demokraten, glänzend ausgebildet und tüchtig. Und sie sind vernichtet, vergast und verbrannt worden, diese Millionen, sind in Rauch aufgegangen. Die ›jüdische Frage‹ ist in Rauch aufgegangen. Die orientalischen Juden, die hergekommen sind, sind auf ihre Weise großartig, aber ihnen fehlen Kenntnisse, die so dringend gebraucht werden. Ja, während die Juden unter Hitler litten, war sich das Weltgewissen ihrer bewußt, aber als sie tot waren, ist auch dieses Bewußtsein gestorben. Ach ja, vor 1939 haben die Juden in Mittel- und Osteuropa eine reiche, lebendige Kultur geschaffen – eine Kultur, eine Literatur, Institutionen. Das ist alles in die Gräber und in die Öfen gesunken. Und als es verschwunden war, gab es nur noch die Synagogen, die das jüdische Leben in diesen zunehmend weltlichen Zeiten zusammenhielten. Das ist einer der Gründe für den Erfolg des jüdischen Klerikalismus in Israel. Unsere Politiker sind gezwungen, sich alles nutzbar zu machen, was uns zusammenführen kann.«

Professor Talmon, dessen Fach die Geschichte der Politik Europas ist, denkt weit über Israel hinaus. Wenn er von den neuen Formen des israelischen Nationalismus spricht, erwähnt er auch die Franzosen und slawophile Erscheinungen. Der integrale Nationalismus, wie er ihn nennt, läuft auf eins hinaus: die Macht der Toten über die Lebenden. Er hat mächtig Angst vor einem fanatischen nationalistischen Extremismus in Israel. Wir sprechen von der Debatte über die zukünftigen Grenzen. Es ist Wahnsinn, sagt er, die Begründung bis auf den Judaismus der Bronzezeit zurückzuführen und die Feindschaft der Amalekiter und Edmiter heraufzubeschwören, um ewige Rechte – vergangene, gegenwärtige und zukünftige – im Heiligen Land geltend zu machen und eschatologische Visionen mit modernen Waffen zu verbinden. Was Talmon beunruhigt, ist der Umstand, daß in anderen Ländern derartige Bewegungen ausnahmslos stark antisemitisch gewesen sind. Mystische Nationalisten in Israel sprechen in Begriffen eines heiligen Krieges. Die arabischen Extremisten rufen auch zu einem heiligen Krieg, einem *Dschihad* auf. Die Lage gleicht einem Pulverfaß. Die Existenz der Juden wird nicht nur von den Feinden bedroht, sondern auch von innen untergraben, sagt Talmon.

Nach dem Sieg von 1967 konnte sich Israel kurze Zeit für eine militärische Macht halten. Es konnte sich auch, sagt Talmon in einem Manuskript, das er mir zugeschickt hat, »für eins der wenigen Länder in der heutigen abgestumpften Welt halten, das noch ein Ziel anstrebt.«* Dieses letztere ist meiner Meinung von vorrangiger Bedeutung. Die Israelis hatten den Krieg, um daraus Kraft zu schöpfen, aber nicht das moralische Äquivalent eines Krieges, dem William James nachspürte. Sie hatten in ihrer Sorge um den Verfall der Zivilisation und in ihrem Stolz (Stolz und Sorge zu gleichen Teilen) der Welt etwas zu sagen. Die benommenen Überlebenden, die sich aus Auschwitz davongeschleppt hatten, hatten bewiesen, daß sie ein wüstes Land bestellen, es industrialisieren, Städte bauen, eine Gesellschaft gründen, Forschung betreiben, philosophieren, Bücher schreiben, eine große ethische Tradition pflegen und schließlich auch eine Armee von harten Kriegern schaffen konnten.

Der Krieg von 1973 hat ihr Vertrauen schwer erschüttert. Die Ägypter haben den Suezkanal überquert. Plötzlich öffnete sich wieder der Abgrund. Die Blockabstimmung in den Vereinten Nationen hat das Gefühl wieder aufkommen lassen, daß »sie nicht zu den Nationen gerechnet werden sollen«. Während Israel um sein Leben kämpfte, haben Diskussionsredner seine Sünden und besonders auch das Problem der Palästinenser auf die Waagschale gelegt. In diesem verworrenen Jahrhundert sind Menschen aus vielen Ländern geflohen. In Indien, in Afrika, in Europa sind Millionen Menschen vertrieben, verpflanzt, versklavt, über die Grenzen gescheucht, dem Hungertode ausgeliefert worden, aber nur das Problem der Palästinenser wird dauernd offengehalten. Wenn es um Israel geht, schwillt die Welt vor sittlichem Bewußtsein. Das moralische Urteil, ein Schemen in Europa, wird ein vollblütiger Riese, wenn Israel und die Palästinenser erwähnt werden. Ist es darum, weil Israel die Verantwortungen einer liberalen Demokratie übernommen hat? Hat es andere Gründe? Was die Schweiz für die Winterferien und die dal-

* »Reflections of an Historian in Jerusalem«, *Encounter*, Mai 1976

matinische Küste für Sommertouristen ist, sind Israel und die Palästinenser für das westliche Gerechtigkeitsbedürfnis – eine Art moralisches Erholungsgebiet.

Israels Existenzberechtigung, sagt Talmon, muß durch besondere Anstrengungen gewonnen werden, »durch eine besondere Sühne, dadurch, daß man besser ist als die anderen.« Das ist Israels dauerhaftestes Verhängnis und Paradox. »Wir verlangen mehr von diesem Staat«, sagt Sartre. Aber da Israels Souveränität angezweifelt wird und die Weltmeinung nicht bereit ist, zuzugeben, daß es in der Tat ein Land ist wie andere, ist das Verlangen nach »mehr« grausam absurd. Israel wird, nach Talmons Ansicht, zum »Ghetto-Staat«. Und von einem »Ghetto-Staat« sollte man mehr verlangen? Es wird nicht leicht sein, dieses ungeliebte Paradox bis zu seinem Ursprung zurückzuverfolgen. Die jüdische Moraltradition hat möglicherweise etwas damit zu tun. Andererseits haben viele europäische Radikale, wie mir scheint, moralische Erwartungen vorläufig suspendiert und sagen lieber voraus, daß die Geschichte – ihrerseits eine Art Moralmaschine – durch Klassenkampf und Revolution gerechte Gesellschaften schaffen werde. Sie fordern nicht, daß der afrikanische Bürger oder der analphabetische Fellache nach unseren Maßstäben moralisch sein sollen (man sollte vielleicht sagen, nach unseren früheren Maßstäben). Aber manche von ihnen scheinen zu glauben, daß die Juden mit ihrer kostbaren und veredelnden Geschichte des Leidens die einmalige Verpflichtung haben, die moralischen Bürden weiterzutragen, die alle anderen abgeworfen haben.

Daher, sagt Talmon, ist Israel, das kurze Zeit so stolz und zuversichtlich war, über Nacht zum Bettler geworden, während seine Todfeinde mit ihren Petrodollars die mächtigsten Bankiers und Investoren der Welt geworden sind. Die Botschafter stolzer Länder kriechen vor dem Ölprinzen. Amerikanische, britische und französische Geschäftsleute wetteifern, um ihnen Computer, Kernreaktoren, Raketen, Flugzeuge und ganze Industriesysteme zu verkaufen. Nur die Vereinigten Staaten können sich gegenwärtig leisten, Israel zu unterstützen. Der sanfte, übermäßig erregte Professor Talmon, der versucht, diese Flut von Ursachen und Wirkungen durch sein gelehrtes Hirn zu filtern, erwähnt in einem Augenblick die Hasmonier und die Römer und im nächsten Marx und Lenin oder Charles Maurras, Auguste-Maurice Barrès und die katholische Kirche. Wären die Dinge für ihn leichter, wenn er nicht an so vieles denken müßte? Obwohl er die Quelle dieser sich überschlagenden Gedanken ist, scheint er zuweilen auch ihr Ziel.

Gegen Ende unseres Gesprächs redet Professor Talmon auch über Israel und das Weltjudentum. Das Schicksal des Judentums in Israel und in der Diaspora ist so eng verknüpft, sagt er, daß die Vernichtung Israels auch die Vernichtung »der körperschaftlichen jüdischen Existenz in der ganzen Welt und eine Katastrophe« mit sich bringen würde, »die auch die amerikanischen Juden treffen könnte«.

Ein letzer Termin mit Mosche, dem Masseur. Seine kurzen Ausführungen über die Anatomie werden mir fehlen, nicht weil sie neue Erkenntnisse bringen (er wiederholt sich), sondern weil ich seine frische – und – verblühte, ältliche Jungenhaftigkeit und Naivität schätze und seine seherische Einstellung zu jenem Tempel, dem Körper. Er öffnet seine abgegriffene Tasche und legt seine Ölfläschchen bereit, er tränkt Handtücher in siedend heißem Wasser, um sie mir auf den Rücken zu legen, er schiebt ein Polster unter meine Knöchel, und während er mich durchknetet, erklärt er seine Techniken, enthüllt die geheimnisvollen Beziehungen zwischen den Muskeln und den Organen. Es ist alles ganz auf dem letzten Stand, wissenschaftlich, wunderbar; zu gleicher Zeit ist es uralt, äskulapisch. Als er mich über Masseure in der Literatur befragt, kann ich mich nur an den blinden Mann in Rayner Heppenstalls Roman *The Blaze of Noon* erinnern. Und verschwommen an jemand in einem japanischen Roman. War es Junichiro Tanizakis *Tagebuch eines alten Narren?* Tanizaki hat einige der ungeheuerlichsten Hypochonder der erzählenden Literatur gezeichnet. Sein jammervoller, perverser, halb sinnenwirrer alter Sexmolch ist herrlich konsequent; die schlaue Schwiegertochter, in die er verknallt ist, schwatzt ihm Geld ab. Er hatte eine Pflegerin, aber war da auch ein Masseur? Nein, es war in Tanizakis *A Blind Man's Tale*, wo der Masseur, an den ich denke, auftritt. Aber ich beschreibe Mosche die japanische Massage. Man zieht sich nicht aus; die Behandlung erfolgt durch die Kleidung. »Gescheit«, sagt Mosche. »Durch die Kleidung gibt es keine Reibung.« Er hat von dem Heppenstall-Buch nichts gehört und notiert sich den Titel. Er spricht von der Zukunft der Massage in diesem Land – Massage als eine Laufbahn für junge Israelis. Er erzählt mir von einem jungen Mann, der sich zu dem Beruf hingezogen fühlte. Der Vater des Jungen kam in das Badehaus gestürmt, in dem Mosche arbeitet. »Er hat mich beschimpft«, sagt Mosche. »Aber ich habe ihn besänftigt. Ich habe ihn überzeugt, daß es eine Kunst sei und eine echte Berufung. Er begann das einzusehen.«

Schließlich zieht sich Mosche seinen Wintermantel an und sagt: »Ich fürchte, das ist der Abschied.« Wir trinken ein paar Schluck echten rumänischen *Zuika*. Man kann sich annehmbaren Zuika in Jerusalem kaufen. Man kauft polnischen Wodka mit Kräutergeschmack oder Stolitschnaja beim armenischen Händler auf der anderen Seite des Tales. Aber nichts wie dieser klare Zuika aus den Karpathen ist hier zu bekommen. Ich teile diese seltene Pflaumenessenz mit Mosche, weil es mir leidtut, ihn gehen zu sehen. Ich frage mich, was es braucht, daß man bis ins mittlere Alter so hingegeben bleibt. Das Haar lichtet sich, aber die Gefühle sind frisch. Er hofft, daß ich nicht vergessen werde, die Zahlen von eins bis neun mit dem Kopf zu zeichnen. Es gibt nichts besseres für einen steifen Hals. Wenn er von einem guten Masseur in Chicago hört, wird er mir den Namen mitteilen.

Spät am Nachmittag stellen wir unseren ganzen Wein, den Brandy und die Schnäpse, die Oliven, Nüsse, Käsesorten, Würste und Biskuits heraus. Abreisende Besucher veranstalten manchmal ein Abschiedsgelage. Isaac Stern und seine Frau haben es getan und vor ihnen Alexander Schneider. Nichts was einer amerikanischen Cocktailparty gliche, wo die Leute sich paarweise unterhalten und versuchen, sich in dem Getöse zu verstehen. Ich habe oft gefunden, daß ein Hörgerät-Fabrikant ein Vermögen verdienen könnte, wenn er für Cocktailparties und Eßtische persönliche Kommunikationsanlagen verkaufte. Hier sitzen alle, essen und trinken, und es herrscht im allgemeinen nur ein Gespräch. Alexandras Mathematiker-Kollegen sind da mit ihren Frauen, Dennis Silk kommt, und wir tauschen Geschenke aus – ich bekomme sein Exemplar von Professor Werblowskys *Joseph Karo*, ein Buch, auf das ich scharf bin, er bekommt meinen wendbaren Cord-Regenmantel aus Mailand, weil ich weiß, daß er ihm in die Augen sticht. Peter Halban, der das Mischkenot leitet, erscheint und Hannah, Arane und Anny, die dort arbeiten; David und Schula Schahar kommen. Walter Hasenclever ist hier, auf der Rückreise vom Fernen Osten; und unsere Freunde, die Daleskis; und Teddy Kollek und Frau. Der gewissenhafte Kollek läßt es sich nicht nehmen; wir waren seine Gäste, wir reisen ab, er ist hier, um Abschied zu nehmen. Um uns den traurigen Anlaß zu versüßen, essen wir alles in Sichtweite und leeren die Flaschen.

Während der Nacht wird mehr geseufzt als geschlafen. Gedanken: Wie wird es sein, wenn ich nicht John Auerbach und Nola sehen kann, meine lieben Freunde vom Kibbuz Sdot Jam in Caesarea? Das Taxi kommt vor Tagesanbruch, und wir stehen auf, immer noch todtraurig über die Abreise, um fertig zu packen. Wir haben nie den Trick gelernt, wie man den Ofen anzündet, und wärmen unsere Brötchen immer noch auf dem Toaster, wobei sie oft anbrennen. Alexandra öffnet die Tür für einen letzten Blick auf den Berg Zion. Oben gibt es ein Problem. Die hilfsbereite Verwaltung hat in ihrem Eifer zweimal nach Taxis telefoniert, und zwei Fahrer sind da. Ich bringe unnütze Entschuldigungen hervor. Zusammen vereinbaren die Fahrer ruhig eine Lösung. Einer von ihnen wünscht uns gutherzig eine sichere Reise und geht.

Als wir zum Ben-Gurion-Flughafen abfahren, quillt eine riesige weiche Rauchwolke aus dem Motor des alten Mercedes. Alexandra sagt: »Ah, wir versäumen das Flugzeug«, hoffnungsvoll. Ich könnte es nicht ertragen, zu den leeren Flaschen, dem Geschirr und dem Papier, die auf jedem Tisch gehäuft sind, zurückzukehren. Aber der Fahrer weiß genau, was unter der Haube zu geschehen hat. Da ist nichts zu besprechen. Er fummelt mit einem Draht. Es läuft. In fünf Minuten sind wir aus der Stadt und brausen den Berg hinunter.

Auf einem Samstagsflug trifft man keine Chassidim. Über dem Mittelmeer trinken wir Kaffee. Die angenehmen Motoren haben uns in ihrer Macht, und wir schweben über der Schönheit, wie wir wissen – Schönheit über uns und unter uns, ein tieferes und ein helleres Blau –, und fühlen weder Geschwindigkeit noch Bewegung. Wir sind im Schwebezustand, und wir hören eins nach dem anderen und erhalten einen Drink nach dem anderen. Wir saugen Orangensaft durch Strohhalme aus einem geschlossenen Pappbecher, während wir über Zypern gleiten – oder ist es Kreta? Hat der Pilot auch die Adria erwähnt? Dann kommen die Gipfel der Alpen mit ihren Schneekappen und die Kumuluswolken. Einige Passagiere knipsen drauflos mit Blitzlicht. Ich erinnere mich daran, wie Ruskin gegen die neue Brut von Bürgern und Touristen donnerte. »Ihr habt die Kunst verachtet . . . Ihr habt die Natur verachtet; mit anderen Worten, alle tiefen und geheiligten Eindrücke der natürlichen Szenerie ... Ihr habt eine Eisenbahnbrücke über den Rheinfall bei Schaffhausen gebaut ... Es gibt kein ruhiges Tal mehr in England, das ihr nicht mit brüllendem Feuer gefüllt habt ...«

Die Wolken sind nicht mehr Kumulus und golden, sondern liegen flach und grau unter uns, wie wollene Unterwäsche zwischen dem hohen Blau, das sich nach Norden fortsetzt, und dem frostigen Boden. Wir stoßen durch diese graue Decke, und da ist das winterliche England, dunkelgrün und parkähnlich. Und Londons heimische, behagliche Düsternis, gutes Heilmittel für verwirrte Geister. Wir fahren zu Durrants Hotel in der George Street.

In der George Street wird der Blick auf den Berg Zion ersetzt durch die viktorianischen Mauern und Fenster des gegenüberliegenden Museums. Wir können in die Nebenstraße hineinsehen, in der Kapitän Frederick Marryat, der Verfasser von *Sigismund Rüstig,* seine Romane geschrieben hat. Um den Reisetatterich zu beseitigen, haben wir unsere noch halb gefüllte Flasche Zuika – gut für Gruselgefühle und moralischen Kater. Wir haben sie wohl verpackt in einem Einkaufsbeutel aus Rupfen transportiert.

Dann gehen wir aus. Die große Samstagsmenge in der Oxford Street. Terroristenbomben explodieren hier mit fast genauso großer Wahrscheinlichkeit wie in der Jaffa Road. Alexandra wünscht sich ein Mathematikbuch, darum nehmen wir den Bus zu Foyle's in der Charing Cross Road. Schauderhaft, alle diese Bücher! Aber ich kaufe noch ein paar, um sie meiner Bibliothek über den Nahen Osten einzuverleiben. Mit unseren Paketen schlendern wir zum Piccadilly und den Kinos – wenn man bei dieser Kälte von Schlendern sprechen kann. Ein Straßenkünstler, bemalt wie ein Clown, zieht zur Musik aus selbst mitgebrachten Lautsprechern eine Tanznummer als Landstreicher ab und jongliert dabei mit seiner Melone. Er kann den Fluß der Menge, die zum großen Teil nicht-englisch aussieht (Asiaten, Westinder, Spanier), nur verlangsamen, nicht ihn aufhalten. Wir betrachten die Kinoreklamen, um einen in Betracht kommenden Film zu finden. Es ist zu kalt für eine Stadtbesichtigung, zu früh fürs Abendbrot.

Wir entscheiden uns für einen Film von Tom Stoppard; er ist grauenhaft. Was wir wirklich wollten, war, von der kalten möwengrauen Straße wegkommen, im Dunkeln Schokolade essen und die Dinge harmlos an uns vorbeiwirbeln lassen, während wir uns von dem Jet-Lag erholten. Unter anderen Umständen wäre mir die schlechte Qualität des Films nicht so auf die Nerven gegangen. Aber nach drei Monaten im ernsten Klima Jerusalems sind wir nicht bereit, etwas so Schwaches in unseren Köpfen zuzulassen. Es ist ein Fall von kulturellem Schock. Die Leere des Streifens ernüchtert – betäubt. Sie gibt mir ein Gefühl von dem schnellen Ruin aller möglichen Revolutionen – gleichmacherischen, sexuellen, ästhetischen. Sie haben nicht lange gedauert, oder? Sie waren ernst, sie waren notwendig, aber sie wurden sehr schnell auf Boutiquenniveau heruntergedrückt. Der große Feind progressiver Ideen ist nicht das Establishment, sondern die grenzenlose Öde derer, die sie sich zueigen machen.

Das Leben in Israel ist ganz und gar nicht beneidenswert, aber es hat ein klares Ziel. Die Menschen kämpfen für die Gesellschaft, die sie geschaffen haben, und für Leben und Ehre. Israel ist zu klein und ein zu spezieller Fall, um mit den westlichen Demokratien zusammengesehen oder ihnen entgegengestellt zu werden. Es hat auch seine Probleme mit einer steigenden Verbrechensrate, einer schwachen Regierung und politischen Parteien, die in alle Richtungen zerren. Die Kriege, erzählen einem die Israelis zuweilen, haben ihnen die Gefahr von levantinischer Schlamperei und Korruption vom Leibe gehalten. Aber die Verbindung demokratischer Nationen mit der Zivilisation, die sie geschaffen hat, wird locker und schief. Sie scheinen vergessen zu haben, wozu sie da sind. Sie scheinen mit ihren Freiheiten zu experimentieren oder zu spielen, wodurch sie sich unwissentlich auf den totalen Staat vorbereiten oder ihn vielleicht halb bewußt sogar wollen. Joseph A. Schumpeter berichtet in seinem Buch *Kapitalismus, Sozialismus und Demokratie* von einer vorherrschenden Abneigung gegen den Kapitalismus in kapitalistischen Ländern. Ihn zu verdammen und seine Feindschaft ihm gegenüber zu erklären, sei beinahe zur unerläßlichen Pflicht bei Diskussionen geworden, sagt er. Wer totalitäre Gesellschaften kennt, fragt sich, wann – wenn überhaupt – der westliche Liberalismus ihre Gefahr erkennen wird. Das ist es, was Solschenizyn als die geistige Krise des Westens ansieht. Er sagt: »Ihr habt das Gefühl, daß die Demokratien weiterbestehen können, aber ihr seid nicht sicher. Die Demokratien sind Inseln, die im ungeheuren Fluß der Geschichte verloren sind. Das Wasser hört nie auf zu steigen.«

In London besuchen wir Elie Kedourie und seine Frau. Sie ist Sylvia Haim, eine bekannte Arabistin – dunkelhaarig, eine hübsche Frau mit vollem Gesicht. Sie bringt uns Tee und Kuchen und beteiligt sich an dem Gespräch. Kedourie ist groß, ein wenig gebückt, hat das Haar kurzgeschoren. Ich habe zwei von seinen Büchern gelesen, *The Chatham House Version* und *Arabic Political Memoirs* und bin tief beeindruckt. Er schreibt ohne Befürwortung oder rhetorische Färbung und meistert seinen verworrenen und oft blutigen Gegenstand. Ich habe einmal meinen Freund Shils sagen hören, daß das intellektuelle Leben das leidenschaftlichste Leben sei, das ein Mensch führen könne; ich denke daran, als ich mir überlege, was ein Mann wie Kedourie leistet, und frage mich, ob ich die Aufregung und Gefahr einer solchen Laufbahn aushalten könnnte – ich meine die emotionelle Gefahr und die geistige Verantwortung. Wenn Kedourie den neuen Nationalismus der Dritten Welt oder der Entwicklungsländer Asiens und Afrikas betrachtet, sieht er etwas anderes als die Verheerungen des westlichen Imperialismus, wie sie Hobson, Lenin, Toynbee, Sartre und ihre Schüler beschrieben haben. »Es wurde die Anklage wirtschaftlicher Ausbeutung erhoben, und die Tyrannei und Arroganz der Europäer verdammt«, hat Kedourie in einem langen Essay geschrieben.* »Trotzdem ist es eine einfache und klare Tatsache, daß diese Regionen, die heute angeblichlich unter dem Imperialismus leiden, während des größten Teils ihrer Geschichte nichts als Fremdherrschaft gekannt haben und daß sie bis zur Ankunft der westlichen Mächte als Regierung nur die Frechheit und Habgier einer ungezügelten Willkürherrschaft kennengelernt hatten. Daher ist nicht aus diesen Gründen das Auftreten des Westens in Asien und Afrika zu beklagen. Einen Fluch hat der Westen allerdings in den Osten gebracht, aber – hier liegt die Tragödie – nicht absichtlich; tatsächlich hat man den Fluch – und das trifft für viele heute noch zu – für eine kostbare Gabe gehalten, die kostbarste, die der Westen zur Sühnung seiner vermeintlichen Sünden dem Osten überreichen konnte; und der Fluch ist als solcher mit seinen schlimmen Folgen im Westen so mächtig wie im Osten. Ein Ausschlag, eine Seuche, eine Infektion, die sich von Westeuropa über den Balkan, das ottomanische Reich, Indien, den Fernen Osten und Afrika ausgebreitet und die Strukturen der gewachsenen Gesellschaft aufgefressen hat, so daß sie geschwächt und wehrlos

* *Nationalism in Asia and Africa* (New York 1970)

unwissenden und skrupellosen Abenteurern für weitere Schrecken und Metzeleien ausgesetzt war: mit solchen Worten muß man beschreiben, was der Westen dem Rest der Welt angetan hat, nicht willentlich oder wissentlich, sondern zumeist mit den besten Absichten und durch das Beispiel seines Prestiges und seines Reichtums.« Die politische Theorie war der verheerendste Exportartikel des Westens: Verfassungen und politische Parteien im westlichen Stil, der Gedanke des Klassenkampfes, Pläne für die Neuorganisation der Gesellschaft nach westlichem Modell. Zu welchen Ergebnissen hat das geführt? Kedourie beschreibt die Gesinnungen, die sich daraus ergeben haben, mit folgenden Worten: »Groll und Ungeduld, die Verkommenheit der Reichen und die Tugend der Armen, die Schuld Europas und die Unschuld Asiens und Afrikas, Erlösung durch Gewalt, das kommende Reich der universellen Liebe: das sind die Denkelemente von Sultan Galiew und Li Tatschao, von Ikki Kita, Michel Aflaq und Frantz Fanon. Diese Theorie ist jetzt am beliebtesten und einflußreichsten in Asien und Afrika. Es ist Europas jüngstes Geschenk an die Welt. Wie Karl Marx sagte, die Theorie wird selbst zur materiellen Macht, wenn sie die Massen ergriffen hat; und mit der Druckerpresse, dem Transistor, dem Fernsehen – jenen anderen Gaben Europas – ist es leicht für eine Theorie, für jede Theorie, die Massen zu ergreifen.«

Wir sitzen in Kedouries Wohnzimmer und sprechen zunächst vom israelisch-arabischen Konflikt. In der arabischen Welt, sagt Kedourie, ist die Macht jetzt vorwiegend in den Händen der Ölprinzen der arabischen Halbinsel, und das sind glühende Moslems, deren Denken am wenigsten von westlichen Ideen beeinflußt ist und die am stärksten der traditionellen Ansicht anhängen, wo der Nicht-Moslem in einer islamischen Gesellschaft hingehört. Diese Fundamentalisten wären am wenigsten geneigt, sich mit einem souveränen jüdischen Staat abzufinden, auf einem Gebiet, das sie als mohammedanisches Land ansehen. Der Westen versteht die arabische Welt nicht; auch Israel nicht, sagt Kedourie. Er zeigt uns ein ägyptisches Pamphlet, das großenteils aus Koranzitaten besteht. Sein Hauptthema ist der heilige Krieg, und es ist vor dem Ausbruch des Oktoberkrieges an die Offiziere und Soldaten verteilt worden. In seiner Einleitung zu diesem Pamphlet sagt Generalleutnant Sa'ad Schazli, der damals der Chef des ägyptischen Generalstabs war: »Meine Söhne, Offiziere und Mannschaften! Die Rechtlosigkeit und Überheblichkeit der Juden ist ins Grenzenlose gewachsen. Und wir Söhne Ägyptens haben uns entschlossen, sie zurückzutreiben, ihre Stellungen ringsum auszurotten, zu töten und zu zerstören, um die Schmach der Niederlage von 1967 zu filmen und unsere Ehre und unseren Stolz wiederherzustellen. Tötet sie, wo ihr sie findet, und seid auf der Hut, daß sie euch nicht täuschen, denn sie sind ein listenreiches Volk. Sie können so tun, als wollten sie sich ergeben, um über euch Macht zu gewinnen, und euch grausam töten. Tötet sie und laßt weder Mitleid noch Barmherzigkeit für sie walten.«

Der Fellach, so behauptet Sartre, wurde um die Vorteile und Rechte des Bürgers gebracht, weil er Analphabet war. Für die, die nicht lesen konnten, wurden 1967 leicht zu verstehende Comic-Books verteilt. Sie enthielten antisemitische Karikaturen im Nazistil. Ich dachte, sie wären mit Julius Streicher und *Der Stürmer* untergegangen. Aber nichts geht für immer unter. Die »Protokolle der Weisen von Zion« werden in den arabischen Ländern in großen neuen Auflagen verteilt und mit Petrodollars bezahlt. In den dreißiger Jahren haben die Nazis im Nahen Osten beträchtliche Unterstützung gefunden, und früher hatten französische Dreyfus-Gegner den Antisemitismus in Syrien und Libanon verbreitet, wo die französische Kultur hoch geachtet wurde.

Ich fragte Kedourie, ob es arabische Intellektuelle gäbe, die sich irgendwie von dem traditionellen religiösen Patriotismus freimachten. Es ist zwecklos, unsere westlichen Maßstäbe und Erwartungen an arabische Intellektuelle anzulegen, sagt er. Ein anderer Arabist, Bernard Lewis, erzählte mir später, daß die arabischen Intellektuellen, die sich freier äußern, in Israel selbst zu finden sind – in Ost-Jerusalem und auf dem israelisch besetzten Westufer.

Als ich Kedourie meine Unterhaltung mit Rabin wiedergebe, stimmt er mit dem Premierminister überein, daß territoriale Konzessionen an die Araber sinnlos wären. Sie wollen einfach die Juden aus dem Wege haben. Er ist hingegen nicht mit Rabins Prophezeiung einverstanden, daß eine Modernisierung letzten Endes den Konflikt entschärfen werde. Eine erfolgreiche Modernisierung würde den arabischen Staaten das Gefühl der Stärke geben, und dieses Gefühl einer erheblich gewachsenen Stärke könnte ihre Bereitschaft, den Konflikt beizulegen, eher verringern. Der Modernisierungsprozeß verursacht auch Stress und Spannungen in den Gesellschaften und ihren politischen Systemen. Die Schwierigkeiten, die sich aus der Modernisierung ergeben, haben die Beziehungen der arabischen Staaten mit den Israelis nicht erleichtert. Gewiß wird die Ölmacht der Araber abnehmen, sobald andere Energiequellen entwickelt sind. Die Ölmilliardäre legen sich zwar komplizierte Industrien zu, aber sie haben kein Training, kein Können und keine Organisation. In Algerien zum Beispiel, hat eine Regierung von anti-französischen Guerillas, die jetzt unendlich reich und ohne Verantwortung gegenüber einer Wählerschaft und ohne den Zwang, die Weltmarktlage zu berücksichtigen, an der Macht ist, die Herstellung von Stahl begonnen, aber bisher hat sich die Investition kaum gelohnt.

Was Rußlands Ziele anlangt, so gehört nach Kedouries Meinung die Vernichtung Israels wohl nicht dazu, aber um die Vereinigten Staaten zu hindern, im Nahen Osten festen Fuß zu fassen, könnten die Russen ihren bewaffneten Klienten einen zu großen Spielraum geben. Was geschieht, wenn hochentwickelte Waffen an ein kämpferisches Volk gegeben werden, läßt sich im Libanon ablesen, wo wöchentlich Hunderte in unbegreiflichen Straßenkämpfen getötet werden. Die Russen mögen vorgehabt haben, im Libanon »antiimperialistische« Einheiten aufzubauen, aber ihre Waffen wurden eingesetzt, um die Christen anzugreifen. Grausamkeit und Mordlust sind nicht leucht durch politische Strategien zu zügeln.

Es läge in Israels Interesse, mit den arabischen Staaten einzeln zu verhandeln, sagt Kedourie. Bündnisse sind zuweilen bei Verhandlungen von tödlicher Schwerfälligkeit. Die Meinungsverschiedenheiten innerhalb des deutsch-österreichisch-ungarischen Bündnisses im ersten Weltkrieg haben die Friedensbemühungen behindert. Die arabischen Nationen sind in dieser Hinsicht noch schwieriger. Eine Supermacht könnte, wenn ihr daran läge, die Verhandlungen vereinfachen. Aber die Russen scheinen kein Verlangen nach friedlichen und ordnenden Abmachungen zu haben. Und was die Amerikaner anlangt, so wäre es schwer, eine schlüssige Beschreibung ihrer Politik zu geben.

Als die Juden, als Folge des Zionismus, beschlossen, »politisch zu handeln«, wußten sie nicht, worauf sie sich einließen. Zu ihren geschichtlichen Schwierigkeiten kamen die Probleme eines kleinen Staates hinzu, der sich einem Ansturm wilder Feindschaft gegenübersah.

Kedourie sagt nichts leichthin. Seine Urteile sind absolut durchdacht. Und er ist nicht optimistisch.

Das bringe ich denn also bei unserer Rückkehr mit nach Chicago.

Die große, wintergraue Szenerie Chicagos – aschfarben mit schwarzen Strichen. Im Winter erhält es eine Art mineralisches Aussehen. Nach so vielen Jahren kann ich immer noch nicht glauben, daß die Ursachen für völlig natürlich sind, sondern vermute immer das Vorhandensein einer grimmigen Macht, deren Elemente Straßen, Bungalows, Mietshäuser, nacktes Eisenwerk, körniger Sand, Wind sind – eines Zauberers, der den Willen hat, daß jeder die Stadt als materiell, praktisch und ganz und gar betriebsam erkennen soll. Aber diese grimmige Macht ist auch komödiantisch, absurd, ironisch und ergötzt sich an Chicagos »Realismus«; sie tarnt ihre düstersten Phantasien in Chicagos Materialität, im Bauen, Pflastern, Entwässern, Installieren, Finanzieren und in der Elektrizität.

Wir stopfen unsere Gepäckstücke vorn ins Taxi und fahren los; der scharfe Zahn der Uhr klickt. Die Zeitungen berichten von einem neuen Betrug in Chicago: Fahrer entsiegeln ihre Uhren und verstellen sie. Man lernt, mit solchen Schlichen zu leben. Man macht sich darüber nichts vor (Ehrensache!), aber man macht mit. Widerstand kostet Zeit und vergeudet Emotionen. Schlimmer als die Gaunerei ist der heftige Gestank in diesem Taxi, eine Mischung von menschlichen Ausdünstungen und orientalischen Gewürzen. Wir öffnen die Fenster. Nun ja, wir sind zurück und fahren durch den Bungalow-Gürtel. Wer weiß, wie viele Backstein-Bungalows in Chicago existieren – eine galaktische Anzahl. Es muß für alle einen einzigen Entwurf geben: alle so und so viel Beton, so viele Knusperhäuschenziegel, ein Wohnzimmer, Speisezimmer, zwei Schlafzimmer, Küche, Veranda, Hinterhof und Garage. Unten eine »Bude« oder ein Freizeitraum. Und alles von Wand zu Wand, und die Vorhänge und die Rolläden, die Tiefkühltruhe, Fernseher, Waschmaschine und Trockner, abzugloser Kamin – Schmucklosigkeit, Regelmäßigkeit, Familienbande, Dollarsorgen, Verbrechensangst, Anerkennung der Routine. Wir fahren zwanzig Minuten lang durch die Bungalowreihen, stumm, nicht nötig zu sagen, was wir denken: der Fall erklärt sich von selbst. Am See entlang liegt das andere Chicago, die gigantischen Wohnhochhäuser, die aufs Wasser blicken. Der See, der jetzt grau ist, wird blau werden, wenn die Sonne sich zeigt.

Und hier ist es wieder – dieselben Umstände, dieselben Fragen und Anforderungen wie zuvor, dieselben Teppiche, Bücher, Möbelstücke. Morgens, während der Kessel kocht, stellt man das Radio an und hört dieselben Programme, Nachrichtensprecher, Reklamen. Die »Talman Federal Savings & Loan Bank« scheint, um ihre tschechischen und slowakischen Kontoinhaber zu erfreuen, Smetana und Dvořák zu bevorzugen; man hört »Die Moldau« und die »Slawischen Tänze« öfter, als man vielleicht mag. Man hört auch, was alle Ansager als »kulturelles Programmieren« bezeichnen, das von Wein- und Käseläden, von Hifi-Läden und ethnischen Spezialitätenrestaurants bezahlt wird und »Europäische Eßkultur« nach »Chicagoland« bringen soll. Immer »Chicagoland«, ein verzaubertes Land wie Alices Wunderland oder das Nimmerleinsland der Märchen. Obwohl es zuweilen mehr aussieht wie das Niemandsland des Muschkoten. Es war Colonel McCormick, der der Stadt diesen Hauch von Poesie verlieh. Er hatte viele vornehme Ideen. Wenn man die Fassade seines Zeitungshochhauses genau studiert, dann sieht man, daß sie Stücke der Akropolis, der Pyramiden, der Chinesischen Mauer, des Kolosseums in Rom und berühmter Kathedralen und Paläste enthält: der Turm des Colonel absorbiert, integriert und transzendiert sie alle.

So knistert also das Radio mit Reklamesprüchen für Peking-Ente und französische »Fonduh«-Gerichte, und den Namen von Weinen – zusammen mit den Katastrophen und Schandtaten der ganzen Welt. Und hier sind, genau wie wir sie verlassen haben, Bücher, Zeitungen und Schallplatten und Bündel von Briefen und Pakete, Zeitschriften und Manuskripte. Unmöglich, mit der Korrespondenz Schritt zu halten. Oscar Wilde sagte, er habe einen jungen Mann gekannt, der sich durch das Laster, Briefe zu beantworten, ruiniert habe. Unmöglich, sich durch den Kehricht von Zeitungen und den zwei oder drei Büchern, die täglich ankommen, durchzuarbeiten. In der Universität muß ich mit David Grene einen Kurs über die großen Erzählungen oder Kurzromane von Tolstoi halten: *Herr und Knecht, Chadshi Murat, Iwan Iljitsch, Pater Sergius.* Ich bin Gott sei Dank verpflichtet, diese Meisterwerke zuerst zu lesen. Dazu auch die *Odyssee*, denn Grene hat mich oft eingeladen, mit ihm Homer auf griechisch zu lesen. Ich wohne zwei Sitzungen seines Tutoriums bei und stolpere hinter den geübten Studenten her. Wir lesen das fünfte Buch. Odysseus nimmt Abschied von Kalypso, lenkt das Floß, das er gebaut hat, auf das »heilige Meer». Poseidon, der ihn erspäht, rührt die Wasser mit seinem Dreizack auf zu einem fürchterlichen Sturm; Ino mit den schlanken Fesseln kommt zu dem verzweifelnden Odysseus, gibt ihm ihren Schleier und fordert ihn auf, durch den Sturm zu schwimmen. Was kann schöner, rührender sein als das – Odysseus, der in seiner Ermattung zum Flußgott betet, der für ihn die Strömung verlangsamt und ihn die Küste erreichen läßt. So kommt denn Odysseus an die Küste; die Haut seiner Hände ist geschunden, das Meereswasser schießt ihm aus Mund und Nase. Er atmet wieder, und etwas Wärme regt sich in seinem Herzen.

Aber ich bin nicht imstande, neben meiner Israel-Besessenheit noch Platz für Homer zu finden. Ich lese wieder Samuel Butlers Übersetzung der *Odyssee*, die ich am besten kenne, und dann die herrliche Übersetzung von T. E. Lawrence, und Lawrence versetzt mich zurück in den Nahen Osten, denn ich habe erst kürzlich Elie Kedouries Essay über die Eroberung von Damaskus im Jahr 1918 gelesen und über die Rolle, die Lawrence bei diesem Ereignis spielte. Ich habe immer *Unter dem Prägestock* von Lawrences Büchern am liebsten gemocht und seinen Wahrheitsgehalt nie angezweifelt; es ist das Werk eines Mannes, der sich völlig entblößt. Der Mann, der die *Sieben Säulen der Weisheit* schrieb, war, wie ich immer geargwöhnt habe, aufgeblasen, kostümiert, vermischte Romanze mit Politik, posierte. Nach Kedourie ist die Schilderung, die Lawrence von der Eroberung Damaskus' anbietet, ganz einfach unwahr. Er spricht von den *Sieben Säulen* als »einem Werk, das vor Bosheit und Rachsucht siedet . . . fest verankert ist in einer Welt der Ränke, denen der Verfasser angeblich dauernd zu entrinnen suchte«. Das Wort »Ränke« soll hier Verschwörung und Intrige bedeuten. Kedourie glaubt, daß das Buch »von jener dämonischen Eigenschaft durchsetzt ist, die sich in Lawrences Laufbahn im Krieg und in der Politik ausdrückt.« *Sieben Säulen* hat auf viele Leser einen hypnotischen Einfluß ausgeübt, eine »machtvolle Faszination«. Das läßt sich auch aus den Illustrationen ersehen, die Eric Kennington für das Buch gezeichnet hat, »Bilder von Helden und Paladinen, Musterbeispielen von Treue und Ritterlichkeit . . . Wenn wir jedoch das, was diese Männer wirklich waren, die Mittelmäßigkeit einiger, die Falschheit anderer, die Gewöhnlichkeit der meisten mit Kenningtons Übermenschen vergleichen, dann fühlen wir uns abgestoßen wie von einer Täuschung, die der Künstler nicht so sehr verübt hat, als daß er wie ein Medium und im Rahmen seiner Sensibilität von einem mächtigen, aber unsauberen Geist in die Täuschung hineingewünscht wurde.« Und welche Gründe hat Kedourie, Lawrence einen unsauberen Geist zu nennen? Er zitiert Lawrence selbst, der in seinen Anmerkungen zu Robert Graves' Beschreibung der arabischen Abenteuer sagte, er, Lawrence, habe sich »auf dünnem Eis« befunden, als er das Kapitel über Damaskus schrieb, »und alle, die mir nachfolgen, werden einbrechen, wenn sie sich nicht vorsehen. *Sieben Säulen* ist voller Halbwahrheiten: an dieser Stelle.‹ Die Scharifianer haben Damaskus nicht erobert. Australische Kriegsberichte und Tagebücher liefern den erdrückenden Beweis, daß »Truppen der australischen Berittenen Division in der Nacht des 30. September in Damaskus eindrangen«. Der Verfasser einer Depesche, die am 8. Oktober in Kairo aufgegeben und in der Londoner *Times* vom 17. Oktober 1918 abgedruckt wurde, behauptet, daß die Araber als erste Truppen in der Stadt gewesen seien. Die Depesche war »höchstwahrscheinlich von Lawrence verfaßt«, sagt Kedourie, und zeigt eine Spur seiner üblichen kitschigen Übertreibungen, wenn sie den unfähigen ehemaligen ottomanischen Beamten beschreibt, der ein paar Tage lang das Oberhaupt der scharifinaischen Verwaltung in Damaskus als ›ältester Nachkomme Saladins‹ war«. Lawrence vermittelt den Eindruck, »daß Damaskus eine arabische – also Lawrences – Eroberung war«. Die Wahrheit scheint zu sein, daß General E. H. H. Allenby aus politischen Gründen den Scharifianern erlaubte, als die Eroberer von Damaskus in Erscheinung zu treten. Der »Nachkomme Saladins« öffnete die Gefängnisse und ließ etwa viertausend Gefangene frei, worunter sich Mörder, Räuber, Opiumsüchtige und Fälscher befanden. Sie begannen zu plündern und zu morden. Der australische General H. G. Chauvel mußte mit seinen Truppen in Damaskus einmarschieren, um die Radaumacher niederzuschlagen. Daß man die Araber hineinschickte, hatte den Zweck, den französischen Ansprüchen auf Syrien zuvorzukommen. Die »Eroberung« von Damaskus durch Lawrence und Faisal ist daher eine Erfindung – ein Stück Hollywood-Geschichte, für die Lawrence das Szenario schrieb. Er ist einer jener hochbegabten romantischen Legendenschmiede, die »die Araber« für uns geschaffen haben; er ist ein früher Stilist des arabischen Nationalismus.

Kedourie geht mit anderen Formen des Nationalismus nicht freundlicher um. Er hat auch wenig Schmeichelhaftes über den Zionismus zu sagen. Er bezichtigt die Zionisten, »nationale Folklore« in den Judaismus eingebracht zu haben.

In Stanford, wo wir einige Tage verbringen und das graue »Chicagoland« mit seinem Eisschild gegen das Zitrusgrün von »Rentenland« vertauschen, treffe ich mit Professor Jehoschafat Harkabi (ich glaube, er ist gleichzeitig auch General Harkabi) zusammen, dessen Spezialgebiet der arabisch-israelische Konflikt ist. Professor Harkabi, der einen akademischen Titel für Philosophie und arabische Literatur von der Hebrew University besitzt, hat auch eine militärische Laufbahn hinter sich. Von 1955 bis 1959 war er Chef der Abwehr in der israelischen Streitmacht. In Palo Alto treibt er akademische Forschung. Der Professor hat das Gesicht eines Mannes, der den größeren Teil seines Lebens in der Sonne und nicht an Bibliothekstischen verbracht hat. Seine Augen sind heller als seine Hautfarbe – ein klarer grauer Blick; sein Haar ist ergraut, sein Mund ist gerade, angenehm. Das Angenehme an ihm ist, daß er zielstrebig und problembewußt ist. Er und ich sind von einem meiner Freunde, Dr. Henry Kaplan, zum Mittagessen eingeladen, einem Radiologen, der das neue Krebsforschungslabor von Stanford leitet.

Uns werden große Portionen Rindfleisch vorgesetzt, die jedoch nicht groß genug sind, um unsere Gedanken von der Unterhaltung abzulenken.

Ich hatte bereits Professor Harkabis Buch *Palestinians and Israel* gelesen, das aus dem Jahr 1974 stammt. Ich hatte auch 1967 die arabischen Flüchtlingslager gesehen. Sie waren viel verdreckter als die Hooverville-Barackenstädte während unserer Wirtschaftskrise in den dreißiger Jahren. Die waren jämmerlich genug, aber es gab sie nur vorübergehend. Die Lager, die ich in Jordanien sah, waren damals fast zwanzig Jahre alt. Es kam mir so vor, als seien sie hauptsächlich von Frauen und Kindern bewohnt, von Großmüttern und alten Männern. Im vergangenen November bin ich auf dem Westufer an einigen dieser Lager vorbeigekommen, die jetzt leer sind und wo die engen Holzhütten vermodern. Viele der Flüchtlinge haben Arbeit und haben in Städten und Dörfern Unterkunft gefunden.

Die wirtschaftlichen Verbesserungen haben jedoch die Araber nicht besänftigt. Sie haben, wenn überhaupt, ihre Unzufriedenheit eher verschärft. Und doch hat noch 1972 Professor Harkabi geschrieben, daß diese Menschen auf dem Westufer »ganz von den neuen Möglichkeiten, ihren Lebensstandard zu verbessern, erfüllt seien« und daß viele der Frage ihrer politischen Zukunft gleichgültig gegenüberständen und praktisch »selbst-entpolitisiert«* seien. Das war nicht abschätzig gemeint. Er wollte damit sagen, daß sie beschäftigt seien, ihren Lebensstandard zu verbessern, und sich begnügten, die Politik den Politikern zu überlassen – vor allem denen in den arabischen Staaten.

Das ist nicht die Situation von 1976. Den palästinensischen Bauern und Stadtbewohnern, die Zeitungen lesen, Radio hören, fernsehen, ist bewußt geworden, daß sich die Aufmerksamkeit der Welt auf ihre politischen Probleme gerichtet hat. Gewiß ist die israelische Militärregierung behutsam vorgegangen, die offenen Wunden der Flüchtlingslager, in denen so viele Tausende unter jordanischer Verwaltung gelebt haben, beginnen sich zu schließen, aber eine Lösung ist nicht in Sicht. Für Israel ist die Besetzung kostspielig und peinlich. Israel, das aus einer nationalen Befreiungsbewegung geboren ist, scheint jetzt den Palästinensern die politischen Freiheiten vorzuenthalten.

Wir aus dem Westen verstehen das arabische Problem nicht, sagt Professor Harkabi; aber auch die Israelis wissen leider nicht viel davon. Sie sollten lieber lernen, worum sich der Konflikt dreht. Wenn Israels Führer das Problem vernünftig anpacken und lösen wollen, müssen sie erst einmal lernen, wer die Araber sind und worauf sich ein Friede gründen muß. Harkabi spricht schnell und ohne Umschweife. Die Zionisten sind nicht mit dem Plan nach Palästina gekommen, die Araber zu vertreiben. Der Zionismus hoffte, einen jüdischen Staat zu gründen, aber als es Herzl nicht gelang, für einen solchen Staat ein internationales Statut zu erhalten, beschränkten sich die Zionisten darauf, Land zur Bebauung zu kaufen. Dieses Land ist den Arabern abgekauft, nicht mit Gewalt weggenommen worden. Juden hatten seit alten Zeiten fortwährend in Palästina gelebt. Auch hat die Ankunft jüdischer Siedler aus Europa den arabischen Kampf um Selbstbestimmung nicht behindert. Bis vor kurzem hat es keine arabisch-nationalistische Volksbewegung gegeben und keinen Kampf um Selbstbestimmung. Von diesen frühen Tagen – den achtzehnhundertachtzigern und -neunzigern – schreibt Harkabi: »Die palästinensischen Araber haben nur wenige Beweise geliefert, daß sie mit dem Land besonders verwachsen waren, und sogar von ihren Führern haben viele Land verkauft, während sie nach draußen dagegen protestierten.« Ich habe übrigens die Behauptung

* »The Problem of the Palestinians«, *Palestinians and Israel* (Jerusalem 1974)

gehört, daß es vor dem ersten Weltkrieg eine palästinensische Autonomiebewegung gegeben habe.

Sowohl die Briten wie die Juden haben in den zwanziger Jahren Lösungen vorgeschlagen, die von den extremistischen arabischen Führern abgelehnt wurden. Es gab Aufstände und Blutvergießen. Die jüdischen Siedler organisierten Verteidigungseinheiten, die der Kern ihrer späteren Armee wurden. »Die arabische Unnachgiebigkeit hat die Teilung und den jüdischen Staat erzwungen«, schreibt Harkabi. Die Araber wollten mit dem Teilungsbeschluß der Vereinten Nationen nichts zu tun haben; sie haben den Plan für einen eigenen palästinensischen Staat abgelehnt und von allen Seiten angegriffen. Während des Konflikts ist die palästinensische Gesellschaft, die nie sehr stark war, auseinandergebrochen. »Die meisten reichen Familien« haben das Land verlassen. Auch arabische Führer waren aus Palästina ausgezogen, wie ein arabischer nationalistischer Historiker, Walid al-Qamhāwi berichtet hat.* Sie suchten »Ruhe in Ägypten, Syrien und Libanon«. Sie überließen »die Bürde des Kampfes und des Opfers den Arbeitern, Dorfbewohnern und der Mittelklasse . . . Diese Faktoren waren es, die kollektive Angst, die moralische Desintegration und das Chaos in allen Bereichen, die die Araber aus Tiberias, Haifa, Jaffa und Dutzenden von Dörfern vertrieben haben.« Harkabi folgert: »Wenn die Palästinenser entwurzelt wurden, dann haben sie sich selbst enwurzelt.«

Das klingt hart, aber Harkabi spricht die Zionisten nicht von aller Verantwortung frei. Er ist keineswegs ohne Gefühl für die Araber. Trotzdem schreibt er von den arabischen Führern, wenn sie von einer »gerechten Lösung der palästinensischen Frage« sprächen, dann meinten sie völlige Beseitigung der israelischen Frage: »Der Islam erkennt für die Juden weder die Unabhängigkeit noch die Gleichberechtigung an.« Im Jargon der arabischen Nationalisten ist Israel »eines der gefährlichsten Nester des imperialistischen Widerstands gegen den Kampf der Völker« und muß »liquidiert« werden. Eine Änderung der arabischen Auffassung erfordert viel mehr als Diplomatie oder Politik. Die arabischen Staaten, seien sie nun feudalistisch oder linksgerichtet, erkennen nur die islamische Religion an. Sie tolerieren Juden, Maroniten, Kopten, aber nur als Minderheiten unter islamischer Oberherrschaft. Die Terroristen der Fatah

* *Disaster and Construction in the Arab Fatherland*, I, pp. 69-70 zitiert von Harkabi in a.a.O.

haben bei den Religionsführern des Islam beantragt, ihren Kampf gegen die Juden zum Dschihad zu erklären: ein heiliger Krieg muß geführt werden, um eine weltliche Republik zu begründen.

Vom israelischen Standpunkt wäre es die ideale Lösung, wenn es Mittel gäbe, die jahrhundertealten verhärteten Vorurteile aufzuweichen. Aber es ist nutzlos, besonders in einer Stimmung des erhitzten Nationalismus, davon zu träumen, daß man die arabische Kultur ändern oder auf die Entwicklung neuer Organe hoffen könne. Altruistische Organe scheinen nirgends zu wachsen. Wenn die freundlich gesinnte europäische Linke neue Herzen zu spenden hätte, bezweifle ich, daß die Verpflanzung gelingen würde. Harkabi zitiert einen syrischen Fedajin mit den Worten: »Ich habe zu denen gehört, die vor fünf Jahren glaubten, daß wir die Juden abschlachten müssen. Aber selbst wenn wir über Nacht siegen sollten, kann ich mir nicht mehr vorstellen, daß wir sie oder auch nur ein Zehntel von ihnen abschlachten könnten. Ich kann mir das nicht ausmalen, weder als Mann noch als Araber. Wenn dem so ist, was wollen wir dann mit diesen Juden anfangen? . . . Ich glaube, daß unter vielen Juden, solchen, die in Palästina leben, besonders aber den arabischen Juden, der große Wunsch besteht, in ihre Ursprungsländer zurückzukehren, da der zionistische Versuch, sie in eine homogene, geschlossene Nation zu verwandeln, gescheitert ist . . . Wir haben die Juden zwanzig Jahre lang ständig in dem Glauben gelassen, daß das Meer vor ihnen und der Feind hinter ihnen liegt und daß sie keine andere Wahl hätten, als sich ihres Lebens zu wehren.«

Die Palästinenser, sagt Harkabi, bilden unter den Arabern eine deutlich getrennte Gruppe und fühlen sich in den benachbarten arabischen Ländern nicht zu Hause. »Unter den Flüchtlingen«, schreibt er, »hat sich eine Geisteshaltung entwickelt, die eine Eingliederung in arabische Gesellschaften als einen Akt der Untreue brandmarkt.« Manche Palästinenser widersetzen sich den Bemühungen, die Lebensbedingungen in den Lagern zu verbessern, damit man nicht denken soll, daß sie die Hoffnung auf Rückkehr aufgegeben haben. Harkabi unterscheidet zwischen der älteren Flüchtlingsgeneration, mit der Sehnsucht, ihr Land und ihr Eigentum wiederzugewinnen, ihr Idyll vor der Katastrophe, und der jüngeren Generation, bei der der Haß an die Stelle der Nostalgie getreten ist und die nicht das Ziel hat, die verlorenen Dörfer ihrer Väter zurückzugewinnen, sondern als Eroberer und Herren zurückzukehren. Diese neue Generation, die Marxismus und Terrorismus miteinander vermischt, hat Mao

Tse-tung, Fanon und Che Guevara zu ihren beliebtesten Theoretikern erkoren, und ihre ideologischen Bekenntnisse haben ihr die Sympathie und Unterstützung der europäischen Linken eingebracht.

Die Palästinenser sind Pan-Arabisten, aber ihre Bekanntschaft mit den arabischen Staaten hat »diese nicht immer bei den Palästinensern beliebt gemacht, denn sie haben wahrhaftig genügend bittere Erfahrungen mit ihnen gemacht«, schreibt Harkabi. Sie haben einige Unterstützung gefunden, sind aber auch ausgenutzt und mißbraucht worden.

Professor Malcolm H. Kerr hat 1971 in seinem Buch *The Arab Cold War* die Ansicht vertreten, »es ist ein althergebrachter westlicher Mythos, daß die Sache der Palästinenser die arabischen Staaten eint, selbst wenn sie in allem anderen gespalten sind. Richtiger wäre zu sagen: wenn die Araber gerade mal zusammengehen wollen, dann findet das meist seinen Ausdruck in einer Vereinbarung, jedes Eingreifen in Palästina zu vermeiden, wenn sie sich jedoch streiten wollen, dann wird die Palästina-Politik ein Thema ihres Streites. Die Aussicht, daß die eine oder andere arabische Regierung einseitig Feindseligkeiten mit Israel provozieren könnte, weckt bei den anderen Angst um die eigene Sicherheit oder zumindest ums politische Prestige.« Die Streitkräfte der benachbarten arabischen Staaten sind 1948 in Israel nicht vor allem deswegen einmarschiert, um die Palästinenser zu schützen, sondern um ihre Rivalen zu hindern, ihr Gebiet zu vergrößern.

Wir Außenseiter bringen die Arabisten zur Verzweiflung. Wir können uns nicht von unseren westlichen Mythen über die moslemische Welt freimachen. Selbst wenn wir das Wort »Araber« gebrauchen, sind wir der Unwissenheit überführt. Die wahren Verhältnisse im Nahen Osten sind Leuten, die nicht hoffen können, ihre romantischen Denkgewohnheiten und ihre parteiischen oder ideologischen Irrtümer zu überwinden, schwer zu erklären. Ich habe Kerrs Buch über die inneren Zwistigkeiten zwischen Nasser und seinen Rivalen in der Absicht aufgegriffen, etwas über die Politik der Länder zu erfahren, die Israel umringen. Ich war ziemlich erschüttert, als ich Kerrs Bericht über den Konflikt zwischen den palästinensischen Guerillas und Jordaniens König Hussein im Jahr 1970 las. Die palästinensischen Fedajin in Amman brausten in ihren Jeeps mit geladenen Waffen umher. Sie benahmen sich, schreibt Kerr »wie eine Besatzungsarmee; sie erpreßten Geldspenden von Privatleuten, darunter Ausländern, in deren Häusern und auf offener Straße, sie mißachteten einfache Verkehrsregeln, versäumten es, ihre Fahrzeuge registrieren zu lassen und sich eine Zulassung zu verschaffen und weigerten sich, an militärischen Kontrollstationen anzuhalten; sie prahlten mit ihrer schicksalhaften Sendung gegen Israel und machten die legitimen Streitkräfte verächtlich. Allein ihre Anwesenheit in Amman, weit entfernt vom Schlachtfeld, schien die Regierung herauszufordern.« Die Guerillas waren gegen Israels Grenzpatrouillen nicht eben erfolgreich, aber »mit ihrer eigenen Armee, eigenen Finanzen, sozialen Einrichtungen und einer internationalen Diplomatie errichteten die Fedajin die Anfänge eines eigenen Staates innerhalb von Jordanien.« Die jordanische Regierung mußte nach der Niederlage von 1967 die verschiedenen palästinensischen Widerstandsgruppen dulden, aber versuchte, sie zu kontrollieren und im Zaum zu halten. Hussein wollte einen Konflikt vermeiden; einige der palästinensischen Organisationen wollten ebenfalls den Frieden wahren, aber eine extremistische Minderheit, die Volksfront für die Befreiung Palästinas, geführt von Dr. George Habasch, spielte verrückt. Für Habasch waren die Regierungen von Saudi Arabien, Kuwait, Libanon und Jordanien von den Vereinigten Staaten abhängig und »daher mittelbare Helfer Israels«. Die Volksfront boykottierte Jassir Arafats PLO und nannte sie bürokratisch und antirevolutionär. Habasch und seine Gefolgsleute begannen, dem Kampf einen mehr revolutionären Charakter zu geben, indem sie Menschen und Flugzeuge entführten und gegen Jordanien Propaganda trieben. Die anderen palästinensischen Gruppen enthielten sich in der Hoffnung, die Einheit zu wahren, jeder Kritik, obwohl sie den Kurs, den die Volksfront einschlug, nicht billigten. Es war unvermeidlich, daß sich daraus Zusammenstöße zwischen den Revolutionären und der jordanischen Regierung ergaben. Teile von Husseins jordanischer Armee haßten die palästinensischen Guerillas. »Im Laufe der letzten zwei Jahre hatte sich einen ganz besonderen Haß gegen das arrogante Verhalten der Palästinenser aufgestaut. Die politische Spannung war eng verquickt mit sozialen Spannungen zwischen den stolzen Männern mit ihrer Stammestradition, die unter dem väterlichen Auge der Briten ausgebildet und deren ganzes Leben und ganzer Lebensunterhalt auf dem treuen Dienst für die haschemitische Krone beruhte, und den raffinierten Städtern, den gesellschaftlich wendigen, ideologisch flinken, ehrfurchtslosen jungen Männern, die die Widerstandsbewegung anführten.« Professor Kerr sieht eine Ähnlichkeit zwischen diesen jungen Männern und unseren Yippies: es war, sagt er, die Polizei von Chicago, die sich den studentischen Demonstranten in den Weg stellte. Die Analogie ist ungenau, aber sie ist trotzdem nützlich.

Im Juni 1970 besetzten die Volksfront-Guerillas Hotels, nahmen europäische und amerikanische Geiseln und drohten, die Gebäude in die Luft zu sprengen. Ein sehr besorgtes interarabisches Komitee arbeitete im Juli eine Vereinbarung aus, nachdem Hussein bestimmte Offiziere entlassen hatte, um den Forderungen der Volksfront zu genügen. Aber im September entführte die Volksfront vier westliche Flugzeuge. Jetzt konnte Hussein, obwohl Nasser zum Frieden mahnte, den Kampf nicht länger umgehen. Seit 1967 war er mit Nasser durch gemeinsame Interessen verbunden gewesen, aber Hussein konnte zu einer Freundschaft, die so unverkennbar taktisch war, nur wenig Vertrauen haben. Die Palästinenser waren Nassers Klienten, Hussein war sein Feind gewesen, einer jener reaktionären Herrscher, die er stets verunglimpft hatte.

Mitte September bereiteten die palästinensischen Kommandos einen Generalstreik vor, um Forderungen nach einer Säuberungsaktion in Husseins Regime zu unterstützen, die dem König »eine nur nominelle Autorität« lassen sollte. Diese unverblümte palästinensische Herausforderung ging Hussein und seinen Armeeoffizieren zu weit. Am 17. September griff die Armee die Palästinenser an. »Nicht nur Stützpunkte der Fedajin, sondern allgemein auch palästinensische Siedlungsgebiete – vor allem die Slums in den Amman umgebenden Hügeln, die von Flüchtlingen überlaufen waren – wurden von Maschinengewehren, Mörsern und Artillerie direkt unter Beschuß genommen.«

Eine irakische Streitmacht von mehr als zwanzigtausend Mann, die in Jordanien stationiert war und sich verpflichtet hatte, den palästinensischen Widerstand zu schützen, griff nicht ein. Eine syrische Panzerkolonne überschritt zwar die Grenze, zog sich aber nach einigen Tagen blutiger Kämpfe wieder zurück.

Husseins Beduinen haben etwa sechsunddreißigtausend Menschen niedergemetzelt. Die jordanische Armee, sagt Kerr, »hat 1970 mehr Palästinenser getötet als Mosche Dajan 1967. Die Bitterkeit dieser Erkenntnis ist den Palästinensern, die auf dem Westufer unter israelischer Besatzung leben, noch gut im Gedächtnis. Welche Aussichten eröffnete das für sie und ihre Bestrebungen, falls sie jemals wieder unter haschemitische Souveränität gerieten? . . .

Einige Flüchtlinge am Ostufer versuchten jetzt zurückzukehren und wollten lieber unter israelischer Herrschaft leben, als der jordanischen Armee weiterhin ausgeliefert zu sein. Diese Bitterkeit war den Israelis auch bewußt, die ihrerseits schneidende Bemerkungen machten. Wenn die Araber so miteinander verführen, fragten sie, welche Behandlung war dann wohl der Bevölkerung von Israel zugedacht, falls die Araber jemals die Oberhand gewännen?«

In der arabischen Welt wurde Nasser scharf kritisiert, denn seine Freundschaft mit Hussein machte ihn zum Komplizen des Massakers. Sein politisches Geschick, für das er so hoch gelobt wurde, hatte wieder einmal zum Tod von Tausenden von Arabern geführt. In einer Wertung von Nassers Karriere erkennt Professor Kerr dessen politische Fähigkeiten an und sieht in ihm »einen Mann von bemerkenswerter persönlicher Stärke und politischer Befähigung«, einen Möchtegern-Bismarck, dessen wirklicher Vorläufer »vielleicht tatsächlich« Napoleon III war. Auch Napoleon hatte »großen Ehrgeiz für sich und sein Land« gehabt, hatte »seinen internationalen Kredit geschwächt, weil er zu durchtrieben und verschwörerisch gewesen war, und war schließlich in eine Kraftprobe hineingestolpert, in der der Schein militärischer Größe kein Ersatz für die Wirklichkeit war.«

Es war Nassers Ziel gewesen, die arabische Welt zu einen, ihre korrupten reaktionären Führer zu vertreiben und sich des jüdischen Staates zu entledigen, aber er blieb erfolglos in Jemen, wurde in der Sinaiwüste besiegt, und sein »politisches Geschick« wurde am eindrucksvollsten durch die Leichen belegt, die ich 1967 nach der Schlacht in der Sinaiwüste gesehen habe – große Mengen, verwesend, stinkend und zerfließend. Eine bemerkenswerte persönliche Kraft und politisches Geschick waren auf Irrwege geraten, und dies war das Ergebnis. Ich fragte mich, wie ich reagiert hätte, wenn ich so gerechnet hätte und der Führer gewesen wäre, der an diesem Gemetzel schuld war. Inmitten der Toten hatte ich bereits das Gefühl, als versuchte ich, etwas Schweres, sich an mich Klammerndes und Krankhaftes loszuwerden, das mich befallen hatte. Wie konnte jemand die Schuld daran ertragen? Aber wahrscheinlich hat mich der Beruf, den ich schon so viele Jahre lang ausübe, naiv gemacht. Männer in der Politik sind anders. Die Nachricht erreichte uns in der Wüste, daß Nasser eine Geste gemacht habe, als wolle er zurücktreten, daß er aber zugleich auch Treuekundgebungen organisiert habe. Unter dem Gewicht so vieler Leichen hatte er die Geistesgegenwart, noch richtig zu spuren. Ein anderer Mann hätte sich erschossen. Kerr vermutete, daß die Katastrophe in Amman mehr war, als Nasser ertragen konnte, und daß diese letzte Schmach den tödlichen Herzanfall verursachte. Ägypten war ein zu armes und schwaches Land, um Nassers Bismarcksche Pläne tragen zu können, und er selbst, wenn Kerr recht hat, war nicht stark genug, um die wachsende Last des Mißerfolgs zu tragen.

Man hat Harkabi in meiner Gegenwart einen Falken genannt, aber er scheint mir ausgewogener als die meisten Leute, mit denen ich die arabisch-israelischen Probleme besprochen habe. Auch tiefergehend, denn die moralischen Fragen, die durch diesen Konflikt aufgerührt werden, sind ihm sehr wichtig. Er gibt zu, daß den Arabern Unrecht geschehen ist, aber er besteht auf der moralischen Bedeutung der Existenz Israels. Israel hat in der westlichen Geschichte seinen Stellenwert. Die Fragen sind nicht so einfach, wie ideologische Partisanen sie hinzustellen suchen. Die Zionisten waren nicht absichtlich ungerecht, die Araber waren nicht schuldlos. Das Böse wieder so gutzumachen, wie es die Araber wünschen, würde die Vernichtung Israels bedeuten. Die arabischen Flüchtlinge müssen unterstützt und entschädigt werden, aber Israel wird ihretwegen nicht Selbstmord begehen. Bis jetzt sehen sich die Araber mit Blut und Feuer zurückkehren, aber Israel wird nicht bereit sein, zu bluten und zu brennen. Eine pauschale Zurückweisung arabischer Beschwerden ist jedoch ein Hindernis für den Frieden.

Man hat Golda Meir zuweilen die Behauptung vorgeworfen, daß die Zionisten den Arabern überhaupt kein Unrecht zugefügt hätten. In der Londoner *Sunday Times* vom 15. Juni 1969 wird sie folgendermaßen zitiert: »Es hat ja gar kein palästinensisches Volk in Palästina gegeben, das sich als palästinensisches Volk betrachtete; und dann sind wir gekommen, haben es angeblich vertrieben und ihm das Land weggenommen. Das Volk existierte nicht.« Genau genommen hat sie recht. »Palästinensisch« ist ein Wort, das erst vor kurzem durch die arabischen Nationalisten zur Bedeutung gelangt ist. Die Araber haben immer behauptet, daß das palästinensische Problem ein pan-arabisches Problem sei. Palästina war für sie Süd-Syrien. Zur Zeit der Balfour-Erklärung haben die arabischen Nationalisten schon allein den Gedanken an eine eigene palästinensische Entität zurückgewiesen und darauf bestanden, daß die arabischen Länder ein unteilbares Ganzes seien. Für Golda Meir ist das nicht bloße Haarspalterei. Unter dem Einfluß der arabischen Propaganda spricht jetzt die ganze Welt von einer »palästinensischen Heimat« und einem »palästinensischen Volk« und das Wort »palästinensisch« ist zur Waffe geworden. Aber was wird aus den Arabern, die 1948 wirklich vertrieben wurden? Viele haben sich unzweifelhaft selbst vertrieben. Als die Feindseligkeiten begannen, sind sie nicht in die Verbannung geflüchtet, sondern in bekanntes Gebiet auf dem Westufer. Marie Syrkin, eine Professorin an der Brandeis-Universität, schreibt: »Niemand sieht es gern, daß sein Besitz von anderen benutzt wird, selbst wenn er dafür entschädigt wird. Aber gerade die Nähe des verlassenen Gebietes, so quälend sie auch ist, ist der eigentliche Maßstab dafür, wie wenig nationalen Verlust die palästinensischen Araber erlitten haben. Für so unbedeutende Pläne wie den Bau einer neuen Untergrundbahn oder eine städtische Umsiedlung werden Menschen über größere Entfernungen und in fremdere Umgebungen versetzt als die Mehrheit der arabischen Flüchtlinge. Nasser hatte keine Bedenken, ganze Dörfer für seinen Assuan-Damm umzusiedeln, trotz der Einwände der Einwohner, und die eindrucksvolle Selbstverständlichkeit, mit der die Sowjetunion Unmengen von Menschen wiederholt neu angesiedelt hat, um irgendeinen sozialen oder politischen Zweck zu erfüllen, ist sattsam bekannt. Nur im Falle der Araber ist der Dorfpatriotismus zur heiligen Sache erhoben worden.*

Es ist nachweislich wahr, daß andere Leute Bauern von ihrem Land vertrieben haben. Trotzdem ist das *tu quoque*-Argument unzureichend, und daß es Ungerechtigkeiten gegeben hat, muß zugegeben werden. Im Jahr 1967 gab es mehr Flüchtlinge – wie steht's um die?

Diese Ungerechtigkeiten sind für die Juden eine Qual und eine Bedrohung – sie drohen, ihnen ihre Leistung zunichte zu machen. Unter Hitler waren die Juden die Aussätzigen Europas. Nein, sie waren schlimmer als Aussätzige. Aussätzige werden isoliert, gepflegt und behandelt. Es gibt für das, was die europäischen Juden zwischen 1939 und 1945 waren, kein Wort. Nach dem Krieg sind die Überlebenden geflohen. Sie waren in anderen Ländern nicht willkommen. Sie gingen nach Palästina – nach Israel. Dort gesellten

* »Who are the Palestinians?«, *People and Politics in the Middle East* (New Brunswick, N.J., 1971)

sich zu ihnen etwa achthunderttausend Flüchtlinge aus arabischen Ländern, die von aufgeputschten Nationalisten und Revolutionären vertrieben und ihres Besitzes beraubt worden waren. Herman Melville war nicht der einzige, der sein Grauen über die Trostlosigkeit des jetzt umstrittenen Landes, in das sie kamen, ausgedrückt hat. Mark Twain schrieb in *Die Arglosen im Ausland:* »Palästina sitzt in Sack und Asche. Darüber brütet die Macht eines Fluches, der seine Felder verdorren und seine Kräfte versiegen ließ . . . Nazareth ist verloren; an der Furt des Jordans, wo die Scharen Israels das Verheißene Land mit Singen und Jauchzen betraten, findet man nur ein verkommenes Lager phantastischer Beduinen . . . Palästina ist trostlos und reizlos. Und warum sollte es anders sein? Kann der *Fluch* der Gottheit ein Land verschönern? Palästina ist nicht mehr von dieser alltäglichen Welt. Es ist der Dichtung und Tradition geheiligt – es ist Traumland.«

In diesem reizlosen Traumland haben die Zionisten Obstgärten gepflanzt, sie haben Felder gesät und eine blühende Gesellschaft aufgebaut. Unter den neuen Staaten, die nach dem zweiten Weltkrieg entstanden, waren nur wenige erfolgreich. Israel ist einer davon. Libanon ist, oder war, ein zweiter.

Kedourie hatte in London gesagt, es sei ein Jammer, daß die Juden politisch werden mußten. War es für sie notwendig, in einer Gefahrenzone der Welt einen neuen Staat zu gründen? Der Nationalismus – so wollte er sagen – war ein Übel, das die Juden ihrer allzu schmerzlichen Geschichte nicht auch noch anzutun brauchten. Er wollte meiner Meinung nach sagen, daß er dies bedauerte, nicht daß er jemand beschuldigte. Wenn ich über diese Feststellung hinausgehe, dann tue ich es auf eigene Verantwortung. Aber es ist schwer, auf die Überlebenden der Gaskammern vernünftige Regeln anzuwenden. Ihnen mag es so vorgekommen sein, als seien sie einem so abgründigen und wahnverzerrten Geist entronnen, wie wir anderen Menschen ihn nicht ermessen können, einem Wüten, das den Hirnen gelehrter historischer Deuter oder den »Ursachen«, mit denen die Studenten der Psychologie und der Gesellschaftswissenschaften normalerweise zu tun haben, fremd ist – einem böseren Bösen, als es die meisten von uns in ihre Hypothesen einkalkulieren. Vielleicht wollten viele von denen, die das Grauen der Vernichtungslager durchlebt hatten, später zusammensein. Es war ihr Verlangen, als Juden zusammenzuleben. Auf alle Fälle ist es müßig, von Alternativen zu reden. Die Gründung eines Staates war unvermeidlich. Es war die verzweifelte, nackte Notwendigkeit, die die jüdischen Überlebenden in den Nahen Osten trieb. Sie entwarfen keine abstrakten historischen Probleme. Sie hatten dem eigenen Untergang ins Auge sehen müssen.

Welchem Geschick mußten die Araber ins Auge sehen, als diese jüdischen Flüchtlinge ankamen? »Das schlimmste Geschick, das den Arabern widerfahren konnte«, schreibt Walter Laqueur, einer der besten Erforscher des Nahen Ostens, »war die Teilung Palästinas und der Minderheitsstatus für einige Araber im jüdischen Staat.« Die Gründung Israels war nicht sündenlos und rein, sagt er, aber es gab kein Mittel, einen Konflikt zu vermeiden, denn »die Basis für einen Kompromiß war nicht vorhanden*.« Wie sieht er dann die Schuld der Zionisten? Ihre Sünde war, daß sie sich verhielten wie andere Menschen. Nationalstaaten sind nie friedlich und ohne Ungerechtigkeiten entstanden. Im Mittelpunkt eines jeden Staates, ja in seinem Fundament, wie es ein Schriftsteller kürzlich ausgedrückt hat, liegt ein Haufen Leichen. »Es war die historische Tragödie des Zionismus«, sagt Laqueur, »daß er auf der internationalen Bühne erschien, als es auf dem Weltatlas keine leeren Räume mehr gab.« Mit der Zeit verwischen sich die Grausamkeiten längst gesicherter Nationen und werden vergessen. In unseren heutigen Tagen werden die Sünden der Mächtigen selten erwähnt. Die Russen haben Tscheschen, Kalmücken, Wolgadeutsche und andere in Massen aus ihren angestammten Gebieten vertrieben. Ihre Probleme werden in den Vereinten Nationen nicht diskutiert. So stehen denn also die Dinge: was andere mit großer Geste getan haben, wirft man den Juden vor, weil sie es in kleinerem Maßstab tun. Je schwächer man ist, desto mehr Beachtung finden die Verstöße; je gefährdeter der Zustand, desto mehr feindliche Kritik muß man erwarten.

Unabhängige arabische Staaten wurden gegründet, nachdem die Alliierten das Reich der Ottomanen zerschlagen hatten. Es war damals die Hoffnung Lord Balfours, daß die Araber, die nun selbst von den Türken befreit waren, den Juden ein Prozent der befreiten Gebiete für die Gründung einer jüdisch-nationalen Heimat nicht neiden würden. Eine »kleine Kerbe – denn geographisch ist es nicht

* *A History of Zionism* (New York 1972)

mehr, was es auch historisch bedeuten mag –, diese kleine Kerbe in dem, was jetzt arabisches Territorium ist, soll dem Volk gegeben werden, das Hunderte von Jahren davon getrennt war«, schrieb Balfour. Seine schwache Hoffnung wurde verworfen.

Der glänzende junge israelische Schriftsteller A. B. Jehoschua hat seine Leser mit der Überlegung erschüttert, daß in den Juden etwas stecke, was andere Menschen zum Wahnsinn treibt. Die deutsche Grausamkeit gegen die Juden war eine einzigartige Form des Wahnsinns. Jehoschua sieht einen ähnlichen Wahnsinn bei den Arabern und im Entwicklungsstadium bei den Russen. »Vielleicht ist etwas Ausgefallenes an unserem Judentum«, schreibt er, »in all den Risiken, die wir auf uns nehmen, in der Tatsache, daß wir am Rande des Abgrunds leben und wissen, wie man das macht. Uns ist unsere jüdische Natur klar, und wir können sie fühlen – aber es läßt sich kaum sagen, daß die Welt sie verstehen kann, und mit einer gewissen Logik kann man diesen Mangel an Verständnis sogar rechtfertigen, denn wenn man das Phänomen ›Jude‹ genau festlegen will, dann ist es nicht leicht zu verstehen. Für Nationen, die uns in einer bestimmten historischen Situation begegnen, wie die Deutschen oder die Araber, könnte allein unsere Existenz und die Unbegreiflichkeit unseres Wesens in ihren Augen der Auslöser für welchen Wahnsinn auch immer sein, der sie zu jener Zeit besessen hat.« Man sollte sich von solchen Überlegungen zu einem der großen Verbrechen unserer Zeit – einem Verbrechen, das sich wiederholen kann – nicht schockieren lassen. Wenn man die Möglichkeit ausschließt, daß eine Macht der Finsternis oder ein Geist des Bösen so etwas verursacht, dann muß man vermuten, daß manche von uns, ohne zu wissen wie, andere zu Wahnsinn und Mord herausfordern.

Es ist diese »Unbegreiflichkeit des Wesens«, die die Juden in Israel zu überwinden suchten, indem sie das Geheimnisvolle abtaten und einfache Leute wurden – prosaische Farmer, Arbeiter, Mechaniker und Soldaten –, teils weil sie den Charakter ablehnten, den sie im Exil angenommen hatten, teils um nicht »jenen Wahnsinn« auszulösen, der potentielle Feinde packen könnte. Juden, die die jüdische Geschichte kennen, sehen unvermeidlich überall Wahnsinn. Hat man schon einmal darüber nachgedacht, warum die jüdischen Ärzte in der Entwicklung der modernen Psychiatrie eine so bedeutende Rolle gespielt haben? Die Erfahrung scheint zu lehren, daß geistige Normalität weder stabil noch zuverlässig ist. Daher haben die Israelis die Normalität besonders betont. Jehoschua spricht von der »Normalisierung« der Juden in ihrem eigenen Land. Hätten sie nicht mit den Arabern kämpfen müssen, dann wäre diese Normalisierung – die Hauptaufgabe des Zionismus – erreicht worden, glaubt er.

»Warum denn rasen und toben die Nationen im Zorne und die Völker reden so vergeblich?« fragt Händel mit einem Bibelzitat im *Messias*. Ja, hier sind wir nun einige Jahre später und toben noch und reden noch vergeblich. Und hier ist Israel, jetzt eine Nation unter Nationen. Die Zionisten waren nicht gewillt, ihr Judentum in den Ländern der Verbannung durch Assimilation aufzugeben. Assimilation hat sowieso nicht funktioniert, und was gab es, in einem Zeitalter des Niedergangs, womit man sich assimilieren konnte? Aber die israelische Gesellschaft als Ganzes kann gewisse Formen der Assimilation nicht vermeiden. Denn Hand in Hand mit der »Normalisierung« geht auch die »Politisierung«. Als kleiner Staat in einer Dauerkrise ist Israel gezwungen, mit den Supermächten Schritt zu halten, hochentwickelte Waffen zu hohen Kosten zu kaufen und sie zu meistern, im Zustand einer Teilmobilisierung zu leben; es muß Handel treiben, die amerikanische Fiskalpolitik richtig analysieren und ebenso die Stimmung im Kongress und die Macht der amerikanischen Massenmedien. Aus reiner Notwendigkeit, um des Überlebens willen, muß es sich in amerikanische Probleme vertiefen. Ist es unfair zu sagen, daß die Juden in Tel Aviv durch ihr Interesse für amerikanische Angelegenheiten den Juden New Yorks und Chicagos ähneln? Israel muß mit der Welt rechnen und mit dem Wahnsinn der Welt, und zwar in einem grotesken Ausmaß. Und das alles, weil die Israelis wünschten, in einem jüdischen Staat ein jüdisches Leben zu führen.

Am nächsten Tag bin ich wieder in Chicagoland. Wie der alte Seemann, der zum Pol getrieben wird:

Und jetzt kam beides, Dunst und Schnee,
Und es ward grausig kalt:
Masthoch trieb leis getürmtes Eis,
So grün wie Emerald.

Nordwärts von meinem Fenster sehe ich den neuen Sears-Turm, nicht Emerald –, sondern schiefergrün in dieser Beleuchtung. Er ähnelt einem Säulendiagramm und ist höher als ein Dutzend aufeinandergetürmte Eisberge. Ich muß dabei an japanische Transistorgeräte denken, Hunderttausende, die gestapelt auf Verschiffung warten.

Ich weiß, wie ich mir in dieser Stadt den Geist warmhalte. Ich rufe meinen Universitätskollegen Morris Janowitz an und verabrede mich mit ihm im ›Eagle‹, einer Kneipe in der Nachbarschaft. Der ›Eagle‹ ist eine Bar mit Restaurant und Ladenfenster. Erinnerungsstücke von Roosevelts New Deal und Fotos von Filmstars und Kunstwerke hellen seine Düsternis auf. Mein Lieblingsstück unter den Kunstwerken ist ein halbmondförmiges Holzgemälde, das aus einer abgerissenen Schule gerettet wurde. Als ich klein war, hatten wir eins dieser Gemälde in unserer Aula; derselbe Maler muß sie dutzendweise angefertigt haben. Es zeigt die Stadtsilhouette von Chicago im Jahr 1906. Im Vordergrund steht eine milde, aber ziemlich dumm aussehende Puppe, die ein Krönchen trägt. Der Name dieser königlichen Person ist *Ich will*, und sie ist der Geist von Chicago. In der Bar ist ein rosenrotes Porträt von Franklin D. Roosevelt, wie er 1932 nicht ausgesehen hat, und ein Adler der New Deal Administration und Fotos von Filmgrößen der alten Zeiten. Ältere Kunden können sie identifizieren und sich heimisch fühlen.

Janowitz hat das Gemeinwohl im Auge und ist mit Ideen erfüllt, die Universität zu verbessern und den Verfall der umliegenden Wohnviertel aufzuhalten. Ihm ist es zu danken, daß ausgezeichnete Buchantiquariate in die 57th Street gekommen sind. Er hat mit der sozialen Planung neuer Wohnsiedlungen zu tun. Er ist gerade an der Arbeit für ein neues Viertel am südlichen ›Loop‹, bei den alten Abstellgeleisen der Eisenbahn. Er weiß, wie sich die Polizei verhält, kennt das Verhältnis unserer lokalen Verbrechensrate zu der von Cambridge, Massachusetts und New Haven, Connecticut, ist informiert, wie es den Familien geht, die Wohlfahrt bekommen, und was die Negerkinder in den Schulen Chicagos im Schilde führen. Janowitz ist durchaus nicht naiv. Wie soll man ihn beschreiben: er ist gedrungen, massiv, er hat nicht viel Farbe, aber er hat die Blässe einer kräftigen Konstitution, er hat eine dunkle Locke, die zuweilen bis zur Brille fällt. Er liest viel, macht sich aber nicht viel aus Romanen und Gedichten. Er hat sich mit Themen vertraut gemacht, die zu erarbeiten mich umbringen würde. Er ist der Verfasser von *The Pro-*

fessional Soldier, einer soziologischen Studie des Militärwesens. Er hat ausführlich über die Rolle der Streitkräfte in der Politik der Dritten Welt geschrieben. Er hat zusätzlich städtische Probleme in Erziehung, Verbrechen und Wohlfahrt studiert. Er kennt diese riesige, dreckige, brillante und bösartige Stadt. Janowitz' Verhältnis zu Chicago ist einer der Gründe, die uns zusammenbringen. Er mag sich nicht sehr für Conrad, Tolstoi oder Stendhal interessieren, aber er ist trotzdem, wie man hier sagt, »einer meiner Leute«. Ich schätze sein Wissen und seine Intelligenz. Er denkt schnell und genau. Er kann sich nicht leisten, in Tagträume zu verfallen, während er spricht. Seine Sprache, sturzbachartig und verständig, hat ein leichtes, aus New Jersey stammendes Knarren. Sein letztes Buch war über den Wohlfahrtsstaat, aber heute sprechen wir über Israel. Er stammt aus einer Familie, die in die Ziele des Zionismus tief verwoben ist, und ist stets ein Parteigänger Israels gewesen. Dessen Schicksal liegt ihm sehr am Herzen.

Janowitz fragt mich, wie ich die Situation in Israel einschätze und was ich empfehlen würde. Ich antworte, daß ich mein Urteil nicht sehr hoch einschätze. Ich bin einfach ein interessierter Amateur – ein Lernender. Ich kann ihm jedoch sagen, was ich von intelligenten und erfahrenen Beobachtern gehört habe.

Viele von diesen, sage ich, meinen, daß sich Israel schon längst vom Westufer hätte zurückziehen sollen – zu vorteilhaften Bedingungen, selbstverständlich. Kein verantwortungsbewußter Mensch spricht von einem Rückzug, der Israel militärischen Risiken aussetzen würde. Aber die Regierung ist mit der Besetzung unselig belastet. Einige Ratgeber König Husseins sind jetzt der Ansicht, er solle Israels Angebot, das Gebiet zurückzugeben, ablehnen. Die Palästinenser haben Jordanien nichts als Ärger gemacht. Diese Ratgeber argumentieren so: »Wir mußten diese Leute regieren, während andere sie bestochen haben. Laßt jetzt die Israelis sie regieren, während wir sie bestechen.« Gestärkt mit Ölgeld und der Unterstützung der Welt, besonders von seiten der Linken, sehen die arabischen Staaten keine Notwendigkeit, mit Israel zu verhandeln. Sie planen die schließliche Vernichtung Israels, und sie beobachten seine innere Zwietracht und Zerrissenheit mit Befriedigung. Dann gibt es das Problem der ultra-orthodoxen Zeloten, die behaupten, die Besetzung des Westufers sei ihr gottgegebenes Recht. Die zornigen Araber deuten das Zögern der Rabin-Regierung, diese Siedler in Schach zu halten, als ein Zeichen des Einverständnisses oder gar als ihre heimliche Politik. Die israelischen religiösen Nationalisten bilden selbst keine politische Gruppe, aber sie haben die parlamentarische Unterstützung der Rechtsgerichteten. Ich habe mit Experten über den Nahen Osten gesprochen, und sie meinen, daß im Augenblick für Israel nichts gefährlicher ist als dieser religiöse Nationalismus. Sie halten ihn für anti-zionistisch, denn die Führer der zionistischen Bewegung hatten keine religiös-territorialen Ambitionen. In Amerika sehen selbst die, die mit Israel sympathisieren und ihm die Stange halten, keinen Grund, weshalb die Vereinigten Staaten aufgefordert werden sollten, einen religiösen Expansionismus zu befürworten. Andererseits schaudern viele Israelis bei dem Gedanken, daß Israel ein amerikanischer Satellit werden könne, und wenn sie mit Bewegungen wie Gusch Emunim sympathisieren, versuchen sie vielleicht nur, ihre politische Unabhängigkeit zu demonstrieren. Was sie sagen, läuft praktisch darauf hinaus, daß sie ihre Unabhängigkeit nicht bloß deshalb opfern wollen, weil Amerika ihnen mehr als zwei Milliarden Dollar pro Jahr bezahlt. Israelis sind sehr bekümmert, wenn sie an die Möglichkeit denken, daß das Schicksal ihres Landes anderswo entschieden werden könnte – zum Beispiel in Washington. Können wir es ihnen verübeln? Amerika, Gott helfe uns allen, ist kein bequemes Land, wenn man sich darauf verlassen muß. Und Nixon, obwohl er uns alle fast zu Tode geängstigt hat, war schließlich durchweg freundlich zu Israel. Aber was wird die nächste Regierung tun? Wenn die Wahlen vorbei sind und die jüdischen Stimmen nicht mehr wichtig sind, wer weiß, was für Lösungsvorschläge sie dann machen wird.

Janowitz will die Möglichkeit, daß ein neuer Präsident vielleicht hart, ja brutal sein wird, nicht ausschließen. Er weist allerdings darauf hin, daß es von Anfang an Amerikas Politik gewesen ist, Israel zu schützen. Ohne Amerikas Zustimmung und Hilfe hätte Israel niemals entstehen können. Und die Amerikaner behaupten schon seit geraumer Zeit, daß nur sie dem Nahen Osten den Frieden bringen können. Trotzdem ist diese Abhängigkeit ein besonders harter Brocken. Zwischen 1967 und 1973 hatten sich die Israelis endlich von der Schirmherrschaft frei gefühlt. Jetzt wird Rabin von seinen giftigsten Kritikern bezichtigt, daß er Israel den Amerikanern ausliefere. Sie würden lieber auf sich selbst gestellt sein, als Jasager zu werden und von Almosen zu leben; daher bestehen sie darauf, daß sie vom Westufer und von Sinai keinen Zollbreit hergeben. Aber, sagt Janowitz, die Besetzung des Westufers macht es der internationalen Öffentlichkeit möglich, alles, was im Nahen Osten nicht stimmt, den Israelis anzulasten; die Besetzung kostet die Israelis eine Menge Geld und bringt nichts als Kummer. Gewiß, Israel hat sich dort hervorragend bewährt; die Wachstumsrate der Landwirtschaft auf dem Westufer ist seit 1967, dank den Israelis, sehr hoch, aber die Araber wollen von Israel nicht regiert werden. Sie wollen sich selbst regieren. Wegen des arabischen Geburtenüberschusses wäre die Annexion ein Eigentor – die Araber würden die Juden schnell an Zahl und Wählerstimmen überflügeln. Wie würde ein demokratischer jüdischer Staat das Bevölkerungsproblem lösen?

Die Verteidigung Israels ist »die Hauptaufgabe der jüdischen Gemeinschaft«, sagt Janowitz, der jetzt von der amerikanisch-jüdischen Gemeinschaft spricht. Aber die Menschen sind in erregter, schreckhafter Verfassung, und immer wenn er vor Gruppen über die Probleme gesprochen hat, denen sich Israel gegenübersieht, dann wurde er angegriffen, wobei die Angreifer manchmal zu verstehen gaben, daß er die arabische Sache unterstütze. Er nimmt diese Ausbrüche einigermaßen gelassen hin. Wenn man geliebt werden will, darf man nicht über israelische Politik diskutieren. Seine Einstellung ist folgende: »Während militärische Macht Israel geschaffen hat und es am Leben erhält, kann nur eine politische Übereinkunft seinen Fortbestand sichern – physisch und moralisch.« Er fügt hinzu: »Die Zukunft der Juden basiert darauf, daß man die zionistischen Impulse mit den Schwierigkeiten der über die Welt verstreuten Juden auf einen Nenner bringt.«

Die endlose Krise hat in Israel »fanatische und verkrampfte Reaktionen hervorgerufen«. Von den paramilitärisch-religiösen Siedlungen im besetzten Gebiet sagt er, die religiösen Siedler hätten verständliche historische Gründe für ihre weiteren Versuche, sich in dicht von Arabern bevölkerten Gebieten einzunisten, und unter normalen Umständen würde das kein direktes Problem darstellen. »Aber unter den gegebenen Umständen sind sie bei der Suche nach einer politischen Lösung des arabisch-israelischen Konflikts furchtbar schädlich.« Israels politische Führer müssen die weitere Ausbreitung dieser Siedlungen zu verhindern suchen.

Der ordnungsliebende Janowitz schickt mir am nächsten Tag ein Memorandum, in dem er einige der beim Essen behandelten Punkte weiter ausführt. »Die Israelis müssen anfangen, realistische Initiativen zu ergreifen und Vorschläge für einen Friedensschluß zu machen«, schreibt er. »Sie müssen eine Reihe von umfassenden Vorschlägen machen, die das Westufer betreffen, da die palästinensischen Forderungen auf das Westufer gerichtet sind.« Einleitende Vorschläge müssen zur Diskussion gestellt werden. »Eine Form von Gemeinschaftsregierung könnte Thema einiger Gespräche sein. Das Gebiet am Westufer könnte mit beiderseitigen Zugeständnissen als Basis für einen palästinensischen Staat dienen. Aber es wäre ein Staat, der die gegenseitige Abhängigkeit in der heutigen Welt anerkennt. Das Kondominium würde bedeuten: einige gemeinsame Ämter wie Fernmeldewesen, Transport, Währung und verschiedene gemeinsame Regelungen für Handel und Wirtschaft. Man könnte besondere Abkommen mit anderen arabischen Staaten treffen. Der entscheidende Punkt wäre die Garantie der militärischen Sicherheit und vorbeugende Maßnahmen gegen den Terrorismus. Als erster Schritt könnte eine gemeinsame israelisch-jordanische Polizeitruppe geschaffen werden, die diese Aufgaben übernimmt.«

Verhandlungen in Genf könnten mit einem solchen Vorschlag eröffnet werden. Diese Verhandlungen sollten sofort beginnen. Janowitz sagt, es gebe Grund zur Annahme, daß Rußland an einem derartigen Abkommen interessiert sei, wenn Rußland an den friedenssichernden Aktivitäten auch nicht unmittelbar beteiligt wäre. Vielleicht könnten auch andere Staaten – zum Beispiel Saudi-Arabien – eine solche gemeinsame Verwaltung unterstützen. Man könne die Saudis »an der Vatikanisierung der nicht-jüdischen Heiligen Stätten in Jerusalem« beteiligen. Die Frage des Zutritts zu den Heiligen Stätten ist für die Araber so wichtig wie die Sicherheit des Westufers für die Israelis.

Warum wäre die Sowjetunion gewillt, die Unterstützung eines solchen Planes zu erwägen? Die Sowjets haben Angst vor einer weiteren »Kriegsrunde«, deren Folgen gefährlich werden könnten – das Risiko der Eskalation macht ihnen sehr zu schaffen. »Sie sind über die Verbreitung nuklearer Waffen im Nahen Osten besorgt«, sagt Janowitz. »Es muß die Politik Israels sein, alle Möglichkeiten auszuschöpfen, durch die die Einführung nuklearer Waffen in sein Rüstungssystem verhindert wird. Das ist wesentlich für seine Sicherheit auf lange Sicht und für seine moralische Stellung in der Weltgemeinschaft. Gewiß könnte Israel gezwungen sein, Nuklearmacht zu werden, aber das wäre eine Maßnahme äußerster Not. Es muß eine internationale Organisation gebildet werden, die die Internationale Atom-Agentur einschließt und die Macht hat, die Einführung nuklearer Waffen im Nahen Osten zu verhindern.«

Janowitz gibt zu, daß einige israelische politische Führer und Intellektuelle überzeugt sind, eine weitere Kampfrunde sei unvermeidlich, und daß sie glauben, eine solche Auseinandersetzung würde Israel stärken und eine günstigere Verhandlungsposition schaffen. Er bezweifelt nicht, daß die israelische Armee sich tapfer und wirkungsvoller als 1973 schlagen würde. Aber sie könnte keinen entscheidenden Sieg erringen. Ein neuer Krieg würde »eine neue Pattsituation und eine neue Runde der Wiederbewaffnung mit sich bringen«. Die Verluste wären massiv, die Opfer an Menschen riesig. Ein weiterer Krieg würde »das soziale Gefüge Israels mit tieftragischer und zerstörerischer Wirkung zerbrechen«.

Was die Vereinigten Staaten anlangt, so bleibt die Unterstützung Israels durch ihre politischen Führer »stark und dauerhaft, obwohl sie schwerem Druck ausgesetzt ist. Die Unterstützung Israels bei den Streitkräften der USA ist ebenso groß, aber das steht nicht zur Debatte, weil die Streitkräfte den Befehlen ihrer zivilen Führer gehorchen werden. Trotzdem wollen sowohl die politischen als auch die militärischen Führer der USA, daß Israel sich den Realitäten von Spannungen und Konflikten der Stunde stellt. Die Vereinigten Staaten werden – nicht aus wirtschaftlichen Gründen, sondern wegen der Tatsachen der internationalen Situation – kleine Schritte machen, die man auch als Schwächung Israels deuten könnte. Die einzige Alternative ist für Israel, mit Hilfe der amerikanisch-jüdischen Gemeinschaft, geradewegs auf eine Lösung zuzusteuern, die dazu dienen kann, die Verpflichtungen und Hilfsmaßnahmen der Vereinigten Staaten an Israel zu festigen.«

Die amerikanisch-jüdische Gemeinschaft hat »lebenswichtige Hilfmittel geliefert, um den Staat Israel zu ermöglichen«. Ihre Hilfe konnte in der Vergangenheit »nicht an spezifische Bedingungen geknüpft sein, denn die Amerikaner sind weit von der Front entfernt. Es ist jedoch fast seit der Errichtung des Staates Israel klar gewesen, daß eine dauerhafte politische Existenz nicht allein durch militärische Macht erreicht werden konnte; die Zeit arbeitete für einen Sieg der Araber. Eine politische Lösung, mit militärischer Rückendekkung, ist erforderlich. Ein solches Abkommen würde auch die Lösung der palästinensischen Frage einbeziehen und den Status der religiösen Stätten in der Altstadt von Jerusalem. Die amerikanisch-jüdische Gemeinschaft hat ihre Verpflichtung, bei der Lösung dieser beiden Fragen mitzuwirken, vernachlässigt. Die Lösung dieser beiden Probleme ist entscheidend für die Sicherheit Israels.«

Im Augenblick ist das Bild häßlich, aber es gibt positive Anzeichen. Es ist möglich, daß die Anarchie im Libanon die Syrier erschreckt und ernüchtert hat. »Wie es auch ausgeht, Israel muß die politische Initiative ergreifen«, sagt Janowitz. Gewiß ist das mit großen Risiken verbunden. Die militärische Lage ist heikel. Das »innere Gleichgewicht in Israel ist von Schwäche und Zersplitterung gekennzeichnet.« Trotzdem muß sofort gehandelt werden. Der innere Zwist unter den Führern muß aufhören. Politische Karrieren müssen aufs Spiel gesetzt werden. Es ist jetzt nicht die Zeit, um an das persönliche Schicksal zu denken. »Meiner Meinung nach«, sagt Janowitz, »ist in Israel eine Wahl fällig. Ganz gleich, wer gewinnt: jedenfalls müssen die politischen Führer nüchterner und verantwortlicher handeln.«

Trotz der Krise und der umliegenden feindlichen Staaten ist Israel durchweg demokratisch geblieben. Nicht jedes Land würde freie Wahlen in einem besetzten Gebiet zulassen. Aber diese Wahlen kamen zu spät; sie hätten schon lange vorher stattfinden sollen. Die Araber des Westufers hätten als erste ermutigt werden sollen, politische Alternativen zur PLO zu schaffen. Es ist kaum zu erwarten, daß sie bei ihrem Wohlstand erpicht sind, sich in die Hände von Extremisten und Terroristen zu begeben. Aber die Israelis waren 1967 nicht sehr realistisch. Als Janowitz 1970 Israel besuchte und zu einer Besichtigungstour militärischer Anlagen mitgenommen wurde, sagte ein israelischer General zu ihm, als sie zusammen am Ufer des Suezkanals standen: »Das werden wir für die nächsten fünfzig Jahre behalten.«

Neue Staaten geraten oft in Schwierigkeiten, wenn der Gründervater stirbt, bemerkt Janowitz. Ben-Gurion hatte die Autorität, gegensätzliche Parteien im Zaum zu halten und unpopuläre, aber notwendige Entscheidungen zu erzwingen. Jetzt ist keiner da. Und es ist auch keine Zeit mehr, den Himmel um einen Nachfolger anzuflehen.

Ich habe praktisch einen persönlichen Abriß über Israel verfaßt – nach dem Studium von Dutzenden von Büchern und ungezählten Dokumenten. Man wird zuweilen zu dem Gedanken verführt, daß alles, was erforscht und geschrieben werden kann, auch einer vernünftigen Lösung zugänglich ist. Aber dann muß man daran denken, daß die, die das Thema am besten kennen, am pessimistischsten sind. Und manchmal kommt man auf die Idee, daß eine vernünftige Lösung vielleicht die unwahrscheinlichste Möglichkeit ist. Gelegentlich bricht sich die wahre Natur der Sache Bahn. Ich lese einen Artikel* von David Gutmann, der Mitglied einer Gruppe von Professoren war, die vergangenen Sommer an einer Konferenz über die Region teilnahmen und umherreisten, von arabischen und israelischen Führern unterrichtet wurden und sie befragten. Professor Gutmann zitiert wörtlich aus einer Rede, die General Mstafa t'Las, der Verteidigungsminister, vor der syrischen Nationalversammlung gehalten hat. In einer Lobrede auf einen Kriegshelden, der eigenhändig achtundzwanzig Israelis getötet hatte, sagte der General: »Er schlachtete drei von ihnen mit einer Axt und enthauptete sie. Mit anderen Worten, statt ein Gewehr zu benutzen, um sie zu töten, nahm er ein Beil und schlug ihnen den Kopf ab. Er kämpfte Mann gegen Mann mit einem von ihnen, warf seine Axt nieder, und es gelang ihm, sein Genick zu brechen und sein Fleisch vor den Augen seiner Kameraden zu verschlingen. Dies ist ein besonderer Fall. Muß ich es besonders hervorheben, um dem Mann die Medaille der Republik zu verleihen? Ich will diese Medaille jedem Soldaten verleihen, der es fertigkriegt, achtundzwanzig Juden zu töten, und ich will ihn mit Anerkennung und Ehre zudecken.« Ägyptische und syrische Führer sprechen von der Gründung Israels als der »Erbsünde«; ist diese Sünde so groß, daß sie nicht nur Schlächterei, sondern auch Kannibalismus rechtfertigt? Kommentatoren und Gelehrte – links, rechts oder Mitte – sprechen von Imperialismus und Sozialismus, von Nahost-Nationalismus – müssen wir auch den Kannibalismus auf die Listen dieser ismen setzen? Ist diese fleischfressende Rede Taktik der Angst, ein Fletschen der Zähne, das Furcht einjagen soll; ist es einfach so etwas wie Lemuel Gullivers Scherz, einen sich duckenden Lilliputaner zu verschlingen? Ich neige zu der Ansicht, daß der General gemeint hat, was er sagte. Laßt uns dem Feind das Genick brechen und sein Fleisch mit den Zähnen zerreißen. Der neue Nationalismus hat nicht das Beste im Islam oder, nach dieser fürchterlichen Roheit zu urteilen, in der menschlichen Seele aufleben lassen.

In Westeuropa und in den Vereinigten Staaten benutzten die Intellektuellen des linken Flügels weiter das bekannte marxistisch-leninistische Vokabular; sie hofften auf eine radikale Lösung und

* In *Middle East Review*, Herbst 1975

schoben die Konflikte im Nahen Osten auf die rivalisierenden Supermächte, besonders auf das imperialistische Amerika. Für Sartre ist es offenkundig, daß nur der arabische Sozialismus Friede und Gerechtigkeit bringen kann, und mit Sozialismus meint er eindeutig den revolutionären Sozialismus – das Produkt von Klassenkampf und Gewalt. Ich bezweifle, daß er sich damit einverstanden erklären würde, dem Feind das Genick zu brechen oder ihn aufzufressen. Von der äußersten Linken warnt auch Noam Chomsky in *Peace in the Middle East?*, daß Israel völlig in die Abhängigkeit des kapitalistischen Amerika geraten könne. In dem Kapitel »Eine radikale Perspektive« schreibt er: »Es ist üblich, daß man dieser Tage Israel als Werkzeug des westlichen Imperialismus beschreibt. Als Beschreibung trifft das nicht ganz zu, aber als Prophezeiung könnte es wohl so sein. Vom Standpunkt amerikanischer imperialer Interessen wäre eine solche Abhängigkeit aus vielen Gründen zu begrüßen. Ich möchte einen erwähnen, den man selten in Betracht zieht. Die Vereinigten Staaten haben großen Bedarf an einem internationalen Feind, damit man die Bevölkerung, wie im letzten Vierteljahrhundert, wirksam mobilisieren kann, um den Einsatz amerikanischer Macht in der ganzen Welt und die Entwicklung einer Form des hochmilitarisierten, hochzentralisierten Staatskapitalismus im eigenen Land zu unterstützen. Diese politischen Maßnahmen verursachen natürlich erhebliche soziale Kosten und erfordern eine zustimmende, passive, verängstigte Bevölkerung. Jetzt, da der Konsens des Kalten Krieges abbröckelt, begrüßen die amerikanischen Militaristen die Bedrohung Israels. Mit äußerstem Zynismus beuten sie eifrig die Israel drohende Gefahr aus und behaupten, daß nur der amerikanische Kampfgeist und amerikanische Kriegsmacht imstande seien, Israel von dem vor den Russen unterstützten Völkermord zu retten. Die Kampagne hat Erfolg gehabt, und sogar linksliberale Unterstützung gefunden.«

Das bolschewistische Schlagwort, der größte Feind sei im eigenen Haus zu finden, das schon etwa sechzig Jahre alt ist, hat nichts von seiner Wirksamkeit verloren. Für die amerikanischen Radikalen hat der größte Feind seine Basis in Washington, woher alles Übel kommt. Aber kann man den drohenden Völkermord oder die Fähigkeit dazu, kann man den Blutrausch dem »hochzentralisierten Staatskapitalismus« anlasten? Ich kann mir nicht denken, daß dieser »Staatskapitalismus« so diabolisch, verschwörerisch und allmächtig ist, wie Chomsky es darstellt. Brauchen wir eigentlich

Feinde im Ausland, um uns fügsam, verängstigt und passiv sein zu lassen? Wir sind bereits durch Überfälle, Vergewaltigung und Mord in unseren Städten genügend verängstigt und passiv geworden. Viel klarer als die lichtscheuen Machenschaften eines zentralisierten Staatskapitalismus ist die Tatsache, daß junge Männer, bloße Kinder von zwölf und vierzehn Jahren, in den Straßen von Beirut automatische Waffen tragen und absolut ungestraft morden und daß annähernd dreißigtausend Menschen in etwas über einem Jahr im Libanon getötet worden sind.

T. S. Eliot hat einmal die Staatsmänner als die größten der gardarenischen Schweine bezeichnet. Ach, wären es doch nur die Staatsmänner. Bei diesem Amoklauf gibt es noch viele andere.

Angesichts des unversöhnlichen Hasses und der endlosen Debatten kommen viele Israelis zu dem Schluß, daß man sich besser für einen Kampf rüsten solle. Gewiß könnten die Verluste fürchterlich werden, aber wenigstens würde die Freiheit gefestigt und die Würde gewahrt. Unter der Drohung der Vernichtung zu leben, ist unerträglich. Ein amerikanischer Satellit zu werden, ist zu bitter. Es wäre besser, meinen diese Israelis, sich allein zu helfen. Die Unterstützung der Regierung für Siedlungen in Gaza, auf dem Westufer und auf den Golan-Höhen deutet darauf hin, daß auch in der Regierung Widerstand gegen den amerikanischen Einfluß vorhanden ist. Diese Siedlungen sind nicht, wie Terence Smith von der *New York Times* ausführt, beliebig angelegt, sondern sie folgen einem Schema. Es scheint klar, daß sie einen dauernden Bestandteil des israelischen Verteidigungssystems bilden sollen. Sie sind nicht, wie manche behaupten, dort nur angelegt, um der Regierung ein Faustpfand für Verhandlungen zu liefern. Israel beabsichtigt offensichtlich, sie auch in einem eventuellen Friedensvertrag zu behalten.

Einer von Israels führenden Ärzten, Juwal Ne'eman, gehört zu denen, die einen harten Kurs befürworten und fordern, daß man nicht nachgeben dürfe. Professor Ne'eman, bis vor kurzem der führende Wissenschaftler in Verteidigungsfragen und Hauptratgeber des Verteidigungsministers Schimon Peres, ist im vergangenen Winter zurückgetreten, als das Zwischenabkommen mit Ägypten unterzeichnet wurde. Ne'eman hat praktisch behauptet, daß Israel von Henry Kissinger hinters Licht geführt worden sei und daß die Räumung der Ölfelder von Abu Rudeis ihm nichts weiter eingebracht hätte als ein wertloses Stück Papier aus Washington. Ne'eman hat Rabin bezichtigt, die Bedingungen des Abkommens seinem eigenen Kabinett falsch dargestellt zu haben. Israel sei überredet worden, einseitige Zugeständnisse zu machen. »Und als Ergebnis dieser Zugeständnisse«, schrieb die *Jerusalem Post* in einer Zusammenfassung von Ne'emans Argumenten, »ist Israel jetzt ein Satellit der Vereinigten Staaten geworden, deren gegenwärtige Regierung es Stück um Stück an die Araber verfüttert, um die eigenen Ölreserven zu sichern.« Es ist unrealistisch, sagte Ne'eman, angesichts der Wirtschaftslage der Vereinigten Staaten und der dortigen »Atmosphäre«, auf eine massive, langanhaltende Unterstützung zu hoffen. Israel hätte sich bindende politische Verpflichtungen von den Amerikanern geben lassen sollen. Die eigene Regierung hätte gepfuscht. Israel gab nach, Ägypten gab nichts. »Um die Angst vor einer zweiten Ölblockade zu beschwichtigen und nach dem Kollaps von Vietnam einen politischen Erfolg vorzuweisen, brauchten die Amerikaner ein Sinai-Abkommen.« Dem israelischen Kabinett ist ein Abkommensentwurf vorgelegt worden, dem es zustimmte, aber ein neuer Entwurf sei bald darauf eingetroffen, in dem frühere Versprechungen zurückgezogen wurden. Dieses neue Dokument, das nichts versprach, war nicht das, dem das Kabinett zugestimmt hatte. Ne'eman glaubt, Kissinger habe wie ein Basarhändler erwartet, daß die Israelis feilschen würden. Statt dessen habe Israel Kissingers Taktik akzeptiert, Ägypten alles zugestanden und endgültige Abmachungen mit den Amerikanern zurückgestellt. Dadurch, daß Israel Abu Rudeis aus der Hand gegeben habe, habe es sich für sein Öl völlig in die Abhängigkeit von den Vereinigten Staaten begeben. »Wir haben jeglichen Anschein verloren, ein selbstbewußter, unabhängiger Staat zu sein, der eigene nationale Interessen hat.«

Professor Ne'eman findet, daß Kissinger »ein rücksichtsloser Improvisator ist, der nicht weiter als ein paar Monate voraussehen kann«. Er hält einen Frieden zwischen Israel und den Arabern für einen »utopischen Traum«. Die Ford-Regierung hat »Israel als lästigen Posten abgeschrieben. Es kann allerdings noch einen Zweck erfüllen – an die Araber alle ein, zwei Jahre im gegenwärtigen Zustand scheibenweise verfüttert zu werden, um den amerikanischen Einfluß zu vergrößern und eine Öl-Erpressung abzuwehren.« Das ist die Bedeutung der »Schritt-um-Schritt«-Politik. Ne'eman glaubt auch nicht, daß die »Verfütterung« an den Grenzen von vor

1967 aufhört. Was die Araber betrifft, so hatten sie 1973 den »Sieg«, den, nach der Diagnose der »politischen Psychoanalytiker«, ihr Selbstbewußtsein so bitter brauchte, und sie sind »vom Machtgefühl berauscht. Sie sind nicht etwa zufrieden – weit gefehlt; sie sind jetzt überzeugt, daß sie schließlich doch die Chance haben, Israel zu vernichten. Nicht in einem großen Angriff, sondern in einer Reihe von Schlägen.« Professor Ne'eman macht den Vereinigten Staaten keinen Vorwurf, denn sie haben das Recht, ihre eigene Politik zu entwickeln. Er beschuldigt die Regierung Israels. Trotz ihrer kräftigen Losungen ist sie unfähig und schwach. Sie hat erklärt, daß sie niemals syrische Truppen im Libanon dulden würde, hat aber in den Anfängen des Bürgerkriegs den Eindruck abzuschwächen gesucht, daß eine syrische Invasion stattgefunden hätte. »Mit unseren eigenen Händen haben wir das Schicksal Libanons besiegelt«, wird er von der *Jerusalem Post* zitiert. Professor Ne'eman beschuldigt auch die Regierung, den »irrigen Eindruck« erweckt zu haben, »daß sie 1973 durch die Luftbrücke der Vereinigten Staaten gerettet worden sei. Es ist zu spät, diesen Eindruck zu korrigieren. Aber nicht zu spät, uns aus der Abhängigkeit von amerikanischen Waffen zu lösen; und wenn uns die Vereinigten Staaten fallen ließen, wäre das keine Katastrophe.«

An dieser Stelle beginne ich mich zu fragen, ob die Ansichten von Professor Ne'eman wohl ebensoviel Substanz besitzen wie Dreistigkeit. Fast alle meine Informanten sind sich darin einig, daß Israels Munitionsvorräte 1973 dahinschmolzen. Ich war stets so erpicht wie jeder Schriftsteller, mich von den Fesseln des gesunden Menschenverstandes zu befreien, aber trotz meiner größten Bemühungen ist es mir nicht gelungen, ihn ganz loszuwerden, und der gesunde Menschenverstand fragt nun: »Wenn die Russen, Franzosen und auch die Amerikaner fortfahren, Saudi-Arabien, Ägypten und die anderen arabischen Nationen mit hochentwickelten Waffen zu unterstützen, wie will sich dann Israel verteidigen?«

Professor Ne'eman glaubt, daß Israel es allein schaffen kann. »Und wie dem auch sei«, sagt er, »wir können nicht erwarten, daß die massive amerikanische Hilfe andauert.« Aus diesen Gründen befürworte er die jüdischen Siedlungen in Judäa und Samaria auf dem Westufer. Ne'eman stellt die nächste Frage an sich selbst. »Glaubst du nicht, daß du uns dadurch wieder einen Krieg an den Hals schaffst?« Er erwidert, daß es eher die territorialen Zugeständnisse sind, die zu einem Krieg führen werden. »Die Aufgabe des Westufers würde einen Generalangriff ermöglichen, den Israel vielleicht um den Preis von fünfzig- bis hunderttausend Toten überstehen kann und der in einem zweiten Masada auf dem Berg Carmel enden könnte, wenn wir schnell genug wären. Wenn wir uns andererseits dem Druck widersetzen, dann steigen die Chancen, daß wir zu irgendeiner Vereinbarung gelangen (obwohl sie sehr gering sind). Und wenn der Krieg käme, dann unter Umständen, die immer noch einen Sieg zuließen. Auf alle Fälle ist hier die Frage nicht, ob man eine Alternative zum Krieg findet. Die Frage ist, ob man eine Alternative zur Massenvernichtung findet, ob man einen Verteidigungskrieg führen will oder am Galgen endet.« Israel muß sich auf sich selbst verlassen. Wenn es seine Abhängigkeit von den Vereinigten Staaten aufgibt, könnte es noch einmal ein »starker Verbündeter werden statt ein verachteter Satellit«.

Seine Einstellung ist folgende: wenn wir nicht die Grenze ziehen, wird man uns zerstückeln. Wir müssen den Gedanken an politische Lösungen fallenlassen und uns auf unsere Stärke verlassen. Ich weiß nicht, wieviel Realität darin enthalten ist – wenig, wie ich befürchte. Aber es gibt keine glatten Alternativen. Alle stecken voller Schwierigkeiten, Ärger und Herzeleid.

Ein Versuch, das Ganze zusammenzufassen, »zur Klarheit zu gelangen«, wie einer meiner Professoren zu sagen pflegte. Wie hübsch, wenn man dorthin gelangen kann. Aber dieses Thema widersetzt sich der Klarheit. Dinge wie die Geschichte des Islam, israelische Politik, russische Gelüste und amerikanische Probleme – äußere und innere – treten dazwischen, ganz zu schweigen von den Erschütterungen in der Dritten Welt und der Krise der westlichen Zivilisation. Statt zur Klarheit zu gelangen, wird man vom Chaos angesteckt. Und ich habe gefunden, daß es nicht immer hilft, wenn man mit den Personen des öffentlichen Lebens spricht, von denen man in Zeitungen und Büchern liest. Meine fruchtlosesten Unterredungen haben mit Menschen stattgefunden, die angeblich am meisten zu sagen hatten.

Es hat kaum Zweck, mit Henry Kissinger zu sprechen. Denn erstens will er sich nicht äußern. Nicht wirklich. Und zweitens hat er sich schon geäußert. Alle seine Ansichten sind aktenkundig und der ganzen Welt bekannt. Alles ist bereits gesagt.

Die Sonne scheint in Washington. Ich werde in Kissingers Vorzimmer geführt. Ich erhasche einen Blick auf den (vermeintlichen) Hund des Ministers, einen goldenen Retriever, und ich betrachte die Porträts von Benjamin Franklin und J. Q. Adams und dann die Gegenstände von Hepplewhite und Duncan Phyfe im James-Monroe-Saal. Während ich warte, schlürfe ich den Whisky und lese die den Saal beschreibende Literatur, die mir von einem höflichen Diener zusammen mit dem Getränk überreicht worden ist. Dann erscheint Henry Kissinger, ein Mann mit einem vollen Gesicht und einem bemerkenswerten Haarwuchs, bei dem die kurzen Locken in dichten Wellen aufwärts steigen, ein höchst amerikanischer Ausländer, der die Sprache von Harvard und Washington spricht. Er führt mich in sein privates Speisezimmer, wo uns der Kellner einen Teller Suppe vorsetzt, ein Kalbsgericht und Nachspeisen, die mir zu süß sind. Kissinger kostet den Pudding und schiebt ihn ungeduldig von sich. Er sagt, er könne mir nicht gestatten, ihn zu zitieren. Das macht nichts. Alle anderen zitieren ihn im Übermaß. Ich habe nicht nur unzählige Gespräche über Kissinger gehört, und zwar von Leuten, die ihn gut kennen, sondern ich habe Matti Golans Buch gelesen und ein Memorandum von Martin Lipset, das Kissingers Ansichten über Israel wiedergibt. Die Tatsachen kommen mir zu den Ohren heraus. Was tue ich dann hier? Ich bin neugierig, ob ich erfahren kann, welche Gefühle der Außenminister für Israel hegt. Nach dem Lipset-Memorandum hat Kissinger gesagt, er glaube nicht, daß seine »Religion« ihn dazu verleiten werde, in seiner Unterstützung für Israel schwach zu werden. Seine Verwandten seien in Konzentrationslagern gestorben und er sei natürlich emotional engagiert. Hätte er gewußt, daß sich in der Nahost-Situation so bald nach seiner Ernennung zum Außenminister so viele Schwierigkeiten entwickeln würden, hätte er die Stellung vielleicht abgelehnt. Aber er werde bestimmt alles in seiner Macht Stehende tun, um den bestmöglichen Frieden zu erreichen.

Der Außenminister sitzt mir sehr ernst gegenüber, das Gesicht mir voll zugewandt. Seine Stimme ist leiser geworden, und er spricht fromm von seinen jüdischen Gefühlen. Ich komme nicht von dem Gedanken los, daß wahrscheinlich ein Tonbandgerät unter dem

Tisch mitläuft. Ohne Zweifel macht er eine Aufnahme von dieser Unterhaltung, um sich zu schützen. Und warum nicht? Es gibt keinen Grund, warum er sich Besuchern ausliefern sollte, die ihn vielleicht falsch zitieren. Es ist schwer zu beurteilen, ob er mir sagt, was er sehr ernstlich fühlt, oder was er glaubt, daß ich hören will. Er sagt, daß der Schatten der Vernichtung über ihn fällt, wie er über andere Juden fällt, daß auch seine Seele durch die Furcht für Israels Sicherheit schwer belastet ist. Wenn die Welt die moralische Probe, diese Sicherheit zu wahren, nicht besteht, dann bedeutet das das Ende unserer Zivilisation. Er stellt sich als starker Beschützer Israels dar, dessen Anstrengungen nicht anerkannt werden. Er hat dem Nahen Osten mehr Zeit gewidmet, als sonst ein Außenminister getan hätte. Amerika, das Israels einzige Stütze ist, hat eigentlich mehr Interesse an den Arabern. Er will den Eindruck vermitteln, daß er in der amerikanischen Regierung zwischen Israel und seinen Feinden gestanden hätte. Wenn er abtritt, und er muß bald abtreten, werden ihn genau die Leute vermissen, die ihn jetzt angreifen. Kissinger hat die Geschicklichkeit eines meisterlichen Drahtziehers, aber so geschickt er auch ist, fühle ich doch seine Finger. Er will mich um jeden Preis von seiner Wärme überzeugen. In dieser Wärme gibt es aber eisige Stellen – hingeworfene Drohungen, die er vielleicht gewohnheitsmäßig macht, wenn er mit amerikanischen Juden spricht: sie sollten sich's lieber gesagt sein lassen: Wenn sie sich als Lobbyisten von Israels Führern benutzen ließen, dann hülfen sie weder Israel noch sich selbst; in dem unseligen Fall von Israels Niederlage würden auch sie ihren Teil abkriegen. Daher sollten sie lieber aufhören, in Washington so viel Lärm zu machen und die Stellung ihres besten Beschützers, Henry Kissingers, zu untergraben.

Kissinger sagt das nicht gerade heraus. Er ist ein Mann von einiger Kultur (oder hat diesen Eindruck weiterhin gepflegt), und ein ernstzunehmender Erforscher von Geschichte und Politik. Ist es möglich, daß er sich inzwischen die Verachtung der Großkotze in Washington für den bloßen Professor zueigen gemacht hat? Die Leute sprechen von seiner Doppelzüngigkeit, seiner Kälte, seinem Zynismus, und vielleicht *ist* er wirklich ein kalter Zyniker und verschlagen. Um sich in Nixons Washington zu behaupten, muß ein Mann schon von verdächtiger Anstelligkeit, komplex und nach vielen Seiten hin begabt sein – auch nach manchen unangenehmen. Während wir sprechen, erinnere ich mich an einen Satz aus Golans Buch. Er spricht von Kissingers Pendeldiplomatie: »Die Aufzeichnungen der Unterredungen enthüllen ein Geflecht von Täuschung und gebrochenen Versprechungen, über die selbst Kissingers Helden, Metternich und Castlereagh, errötet wären.«

»Ach«, sagt Kissinger, der nun schließlich abbricht und wegsieht, »wäre doch die Bibel in Uganda geschrieben worden. Dann wären alle so viel besser dran.«

Er entschuldigt sich jetzt und läßt mich mit dem Gefühl zurück, daß er viel lieber weiter plaudern würde, daß aber ein langweiliger Parlamentsausschuß auf ihn warte.

Joe Alsop, den ich auch in Washington sehe, ist einer von Kissingers treuen Anhängern. Alsop hat auch keinen Mangel an Feinden. Manche halten ihn für einen fanatischen Falken und Militaristen. Vielleicht ist er's. Ich will mit ihm etwas trinken, aber nicht so tun, als ob ich seine Ansichten unterstütze. Die haben mich gelegentlich abgestoßen, aber ich habe seine Gesellschaft immer genossen. Ich finde seine Magoo-Stimme (die ältliche, quäkende Stimme einer amerikanischen Karikaturfilmfigur) angenehm. Seine kreisrunden Brillengläser sitzen ihm auf der Nasenspitze. Er befindet sich in seiner Bibliothek in Georgetown, Bücher türmen sich bis zur Decke, und er trinkt Tee aus einer riesigen Tasse; er irritiert seine Besucher hin und wieder, aber er unterhält sie auch. Seine Erinnerungen lohnen das Zuhören. Er redet zu lange. Er bezieht sich allzu oft auf seinen Lieblingsroman über Washington, Henry Adams' *Democracy*. Aber er läßt es zu, daß wir das Thema wechseln. Er ist kein tyrannischer Kauz, er ist ein burlesker Typ. Er debattiert, indem er eine lange Serie von aggressiven Fragen aneinanderreiht und sie mit »He?« »Eh?« »Stimmt's nicht – eh?« punktiert. »Hat Israel bessere, beständigere Freunde als mich? Als Henry – eh? Wo werden die anderen Burschen stecken, wenn die Sache brenzlig wird, eh?« (Er nennt die anderen Burschen nicht beim Namen, aber er spricht von Parteigängern Israels im Abgeordnetenhaus und im Senat.) »Wo sollen wir sie suchen, wenn drüben zum Appell gerufen wird – eh? eh? Werden sie den Mumm haben, beim Kampf dabeizusein, oder werden sie abhauen, um ihre verdammte politische Haut zu retten? Reden Sie? Eh?« Er geht in der Bibliothek auf und ab, eine gebückte, aber kräftige Figur. »Ich werde da sein, wenn zum Appell gerufen wird«, sagt er mir. »Was ist los mit diesen Israelis? Können sie nicht ihre verdammten inneren Zwistigkeiten beilegen? Wollen sie so überrumpelt werden wie die Engländer und Franzosen 1939? Kämpfen wie in die Enge getriebene Ratten? Versuche ich ihnen nicht einzuhämmern, daß sie das vermeiden sollen? Aber werde ich ihnen nicht auf alle Fälle zur Seite stehen? Bis zum letzten, eh? Ich bewundere diese Burschen. Sie können kämpfen. Aber sie sind mir jetzt nicht freundlich gesinnt, oder?«

»Sie glauben, Ihr ›Lieber Amos‹-Artikel sei von Kissinger inspiriert.«

»Blödsinn. Das bin ich. Das denke ich schon die ganze Zeit, und das wissen sie. Rabin war einer meiner liebsten Freunde in Washington. Liebe ihn wie einen Bruder. Aber zieren sich diese Burschen nicht zu sehr, Boden zu räumen? Frieden mit Boden kaufen?«

Aber bisher haben sie praktisch nichts gekauft.

Später im Frühjahr, der Flieder ist gekommen und vergangen, und die blühenden Bäume haben die Blüten verloren – der Frühling dieses Jahres 1976 ist kühler als normal. Im März höre ich aus Israel, wie schön die Jahreszeit ist. Ich denke an die Anemonen im Hügelland von Galiläa. Dennis Silk schickt mir einige Gedichte und schreibt, daß er von der Politik deprimiert sei. Er zerstreut sich mit einem Spielzeug aus dem kommunistischen China; es könnte im Marionettentheater, für das er Stücke schreibt, eingesetzt werden. Ein Brief von John Auerbach berichtet, daß er in dem zum Kibbuz gehörigen Seebad arbeitet, indem er telefonische Vorbestellungen annimmt und die Sommersaison vorbereitet. Von der Politik schreibt er, daß er jetzt seit dreißig Jahren in Israel lebt und jedes Jahr verwirrter wird. Die Politiker liegen sich in den Haaren – »all das in einer feindlichen Welt, und die Waffenhaufen wachsen täglich auf allen Seiten«. Es gibt Zwistigkeiten in Jerusalem über den Tempelberg und Demonstrationen und Aufstände auf dem Westufer. Es wäre furchtbar, wenn solche Kämpfe chronisch werden sollten und wenn, so wie die Vergeltung den Erschießungen folgte, sich eine Ulster-Situation ergeben würde, mit Jerusalem in der Rolle von Belfast – Jerusalem, um das sich Teddy Kollek soviel Mühe gegeben hat, um es zu einer friedlichen und wohnlichen Stadt zu machen.

Die Wurzel des Problems ist einfach die – daß die Araber sich mit der Existenz von Israel nicht abfinden wollen. Walter Laqueur schreibt, daß es weder um Grenzen noch um die Bildung eines palästinensischen Staates geht.* Der Kern des Problems ist, wie Eli Kedourie es ausgedrückt hat, das Recht der Juden, »bislang eine

Untertanengemeinschaft unter dem Islam, in einem Gebiet, das als Teil der Moslemherrschaft angesehen wird, politische Souveränität auszuüben.« Und Laqueur, der Kedourie zitiert, fragt: »Warum . . . sollten die Araber, die achtundzwanzig Jahre lang nicht gewillt waren, den Juden dieses Recht zu gewähren, plötzlich dazu bereit sein, nachdem Macht und der Einfluß der Araber gerade so ungeheuer zugenommen haben?«

Nationalistische Bewegungen verzichten nicht auf nationales Gebiet.

Ein binationaler Staat würde nicht von langer Dauer sein, sagt Laqueur. In einem »weltlichen demokratischen Palästina« wäre ein Bürgerkrieg unvermeidlich. Und welche Aussichten bestünden da für einen von auswärtigen Mächten garantierten Frieden? Welchen Mächten? Den Vereinten Nationen? Europa? Die »kann man ohne weiteren Kommentar abtun«. Die Sowjetunion hat wenig Interesse gezeigt, den Konflikt zu beenden. Sie hat die arabische »Ablehnungsfront« nicht aufgefordert, sich für Friedensangebote zugänglicher zu zeigen. Die Sowjetunion »könnte wahrscheinlich jede Übereinkunft, die nicht ihren Gefallen findet, torpedieren«. Daraus folgt, daß die Sowjetunion gebeten werden müßte, einer möglichen Vereinbarung zuzustimmen. Es ist nicht wahrscheinlich, daß die Russen eine Vereinbarung garantieren würden, die »ihren arabischen Freunden und Schützlingen weniger gibt, als sie verlangen«. Und was die amerikanischen Garantien anlangt, so sind sie »fast ebenso problematisch«. Garantien sollten eine militärische Intervention vorsehen, und die Nation befindet sich in einer isolationistischen Stimmung. Selbst wenn ein klarer Fall von Aggression vorläge, könnte sich der Ruf »keine Vietnams mehr« erheben. Wenn sich übrigens die gegenwärtige Entwicklung fortsetzt, wäre Amerika vielleicht gar nicht mehr imstande zu intervenieren, »weil es in seinem Rüstungsstand ständig weiter hinter die Sowjetunion zurückfällt«. Die Araber sprechen von einer Liquidierung Israels, da aber Israel über Massenvernichtungswaffen verfügt, würden die PLO und die Ablehnungsfront einen solchen Versuch mit der Vernichtung ihrer eigenen Völker zu bezahlen haben. »Wenn sie einmal begriffen haben, daß die einzige Alternative zur Koexistenz die wechselseitige Ausrottung ist, wird eine Lösung des Konflikts möglich werden«, sagt Laquer.

* »Is Peace Possible in the Middle East«, *Commentary*, März 1976, pp. 28-33

Die *New York Times* bringt am 5. Mai eine Rede des früheren Verteidigungsministers James R. Schlesinger, die er bei einem Treffen des israelischen Ausschusses für Öffentliche Angelegenheiten gehalten hat. Die Regierung Ford, sagt er, untergräbt die moralische Unterstützung Israels, indem sie es unter übermäßigen Druck setzt, den Arabern Zugeständnisse zu machen. Er meint, daß wir Israel behandeln, wie wir Vietnam während der Friedensverhandlungen von 1972-73 behandelt haben, als wir Süd-Vietnam die Schuld gaben, daß wir zu keiner Übereinkunft gelangten. Kissinger hat sich während seiner Pariser Verhandlungen oft beschwert, daß Nguyen Van Thieu seinen Bemühungen, Einigkeit zu erzielen, im Wege stehe. »Zuletzt gab Thieu nach, weil Präsident Nixon Versprechungen auf ausgedehnte amerikanische Hilfe machte und verhüllte Drohungen an ihn richtete«, sagt die *Times*. Schlesinger spricht von der »Vietnamisierung Israels in den letzten Jahren«. Kissinger, der ein gerütteltes Maß an Verantwortung für die Ereignisse in Vietnam trägt, fordert von Israel Vertrauen, daß er ihm seine Stellung im Nahen Osten sichern werde. Mehr noch, er scheint zu verlangen, daß Israel sein Vertrauen allein auf ihn setzen solle.

Welch ein Jammer, daß der große Metternich nicht in Uganda geboren wurde.

Im März hat Laqueur geschrieben, daß Israel seine Stellung behaupte, aber keine andere Strategie habe. Lange Zeit hat es schon keine außenpolitischen Initiativen mehr gegeben – nur Reaktionen auf die Züge der anderen. Was könnte Israel tun? Laqueur meinte, Israel würde realistisch handeln, wenn es der Welt mitteilte, es habe nicht die Absicht, arabische Territorien zu annektieren, und es sei bereit, sich der UNO-Entschließung 242 zu fügen, die die »Unzulässigkeit der Gebietsaneignung durch einen Krieg« betont. Laqueur schlägt vor, daß Israel seine Bereitschaft erklärt, die Gebiete etappenweise zu räumen, »über einen Zeitraum von fünf bis zehn Jahren, innerhalb des Rahmens einer allgemeinen Friedensreglung, die die Anerkennung Israels und eine festgelegte Berichtigung der Grenzen von 1967 im Interesse der Sicherheit beinhaltet«. Nachdem Laqueur diese Empfehlungen abgegeben hat, fügt er hinzu, daß schon lange keine konkreten Vorschläge für eine Koexistenz mehr gemacht worden seien.

Aber Ende Mai habe ich mit Vergnügen in einem Artikel vom Nachrichtendienst der *Chicago Tribune* gelesen, daß der Botschafter Gideon Rafael in London israelische Vorschläge für Friedensverhandlungen erläutert habe. Sie haben kein großes Echo gefunden. Die Presse war damals mit den Beichten eines Kongress-Abgeordneten von Ohio beschäftigt, der seine Freundin, eine geschwätzige Sexbombe, auf die bundesstaatliche Gehaltsliste gesetzt hatte. Wenn diese faszinierende Episode der amerikanischen Geschichte beendet ist, könnten diese neuen Vorschläge auf die erste Seite der Zeitungen rücken. Einer davon fordert ein Moratorium für Waffenprogramme. Die vielen Milliarden Dollar, die durch ein Abrüstungsabkommen gespaart werden, könnten für die Neuansiedlung von Flüchtlingen und die Entwicklung des Nahen Ostens angelegt werden. Israel schlägt zudem vor, daß der Kriegszustand beendet wird; daß sich die Streitkräfte in sichere und anerkannte Grenzen zurückziehen, daß eine Lösung des Flüchtlingsproblems ausgehandelt wird, daß die Schifffahrt auf dem Suez-Kanal und anderen Wasserstraßen freigegeben wird. Zuletzt kommt der Vorschlag, daß die großen Mächte als Neutrale zusehen, während Araber und Israelis verhandeln.

Diese neuesten Vorschläge werden wahrscheinlich von den Arabern ignoriert werden, aber sie sind ein Indiz, daß Israel nicht unbeweglich und starr geworden ist, paralysiert durch politische Rivalitäten oder führerlos. Seine Führer sind offenbar immer noch imstande, sich am Riemen zu reißen. Vielleicht hat das Blutvergießen im Norden (es Massenmord zu nennen, wäre keine Übertreibung) sie ernüchtert.

Niemand kann wissen, wie hoch die Verlustzahlen im Libanon sind. Und wenn wir es wüßten? Würden uns vierzigtausend Tote mehr entsetzen als dreißigtausend? Man kann sich nur wundern, wie dieses ganze Gemetzel sich im Kopf und Geist des Menschengeschlechts niederschlägt. Es ist geschätzt worden, daß die roten Khmer anderthalb Millionen Kambodschaner umgebracht haben; offenbar als Teil eines Planes zur Verbesserung und Erneuerung. Was ist der Sinn einer solchen Leichenanhäufung? In alten Zeiten hat man die Mauern eroberter Städte im Nahen Osten manchmal mit den Häuten der Besiegten behängt. Dieser Brauch ist ausgestorben. Aber der Drang, für politische Zwecke zu töten – oder das Töten mit solchen Zwecken zu rechtfertigen –, ist heute so lebhaft wie eh und je.

Walter Laqueur

Weimar – Die Kultur der Republik

Mit zahlreichen Abbildungen

Ullstein Sachbuch 3383

ein Ullstein Buch

Die Gründung der Weimarer Republik gab den Weg frei für die Entstehung der ersten modernen Kultur Europas. Ein außerordentlicher Reichtum von geistigen Strömungen und künstlerischen Richtungen brach sich Bahn. Laqueur gelang hier der schwierige Versuch, die Geschichte der Weimarer Kultur mit der Geschichte der Republik zu verbinden.

Hannah Arendt

Rahel Varnhagen

Lebensgeschichte
einer deutschen Jüdin
aus der Romantik

Ullstein Buch 3091

ein Ullstein Buch

Hier ist eine große »innere Biographie« entstanden, eine genau dokumentierte und zugleich romanhaft spannende Darstellung eines romantischen Frauenschicksals. »Es hat lange kein Buch gegeben, in dem leidenschaftlichster Anteil am Thema zu solcher Objektivität gebändigt ist. 1933 »schon mit dem Bewußtsein des Untergangs des deutschen Judentums geschrieben«, legt es Gesetzlichkeiten bloß, die nicht nur Rahel betreffen.«

Frankfurter Allgemeine Zeitung